民俗价值论

——中国当代民俗学者民俗价值观研究

王德刚 著

人民出版社

责任编辑:宫 共
封面设计:源 源
责任校对:吕 飞

图书在版编目(CIP)数据

民俗价值论:中国当代民俗学者民俗价值观研究/王德刚 著. —北京:
 人民出版社,2018.12
ISBN 978-7-01-020214-3

Ⅰ.①民… Ⅱ.①王… Ⅲ.①民俗学-价值论-中国 Ⅳ.①K892

中国版本图书馆 CIP 数据核字(2018)第 285986 号

民俗价值论

MINSU JIAZHI LUN

——中国当代民俗学者民俗价值观研究

王德刚 著

人民出版社 出版发行

(100706 北京市东城区隆福寺街 99 号)

中煤(北京)印务有限公司印刷 新华书店经销

2018 年 12 月第 1 版 2018 年 12 月北京第 1 次印刷
开本:710 毫米×1000 毫米 1/16 印张:23 字数:331 千字

ISBN 978-7-01-020214-3 定价:62.00 元

邮购地址 100706 北京市东城区隆福寺街 99 号
人民东方图书销售中心 电话 (010)65250042 65289539

目　　录

前　　言

2018 年，是"歌谣运动"100 周年。

在这样一个重要的时间节点上，我们探讨作为对民俗学本体论核心命题的民俗和民俗学的价值问题，既是民俗学科发展的现实诉求，也是对民俗学百年历史的呼应！

题目是三年前定下的。当时并没有想到选择这样一个研究领域跟"歌谣运动"——中国民俗学发端 100 周年有什么关系。直接起因有二：

一是受刘铁梁教授的情绪感染。2015 年 1 月 19 日，在一次学术聚会上，铁梁教授喝了点酒有些激动，慷慨激昂地说："民俗学就是研究老百姓的学问，民俗研究就是要替老百姓说话，要替那些生活在社会底层、在社会上没有话语权的老百姓表达他们的诉求。"当时心里很震动，铁梁教授的话语和表情中表达出的那种学者为民请命的社会责任感深深触动了我，于是就产生了想法——"民俗和民俗学学的意义"或者"民俗和民俗学的价值"是不是可以作为一个学术问题来进行研究。

二是试图回答"张士闪之问"。多年前张士闪教授曾在民俗学领域发起一个专题讨论——"民俗学何以安身立命"。当时，赵世瑜教授、高丙中教授等许多学者都曾经主持或参与了讨论，也有几篇学术研究成果发表，但最终的结果是无结论收场，不了了之，但却在民俗学界留下了一个像阴影一样挥之不去的话题。

这个研究领域的选择具有很大的挑战性！

但这的确是一个值得自己去探讨、也需要时代回答的问题。

在城市化、工业化、现代化和全球化语境下，民俗有什么价值？民俗学研究到底有什么现实意义？民俗学对于文化进步、意识形态建设和社会发展到底有什么作用、应该如何去发挥作用？等等！这些问题既是民俗本体论研究的核心命题，也是民俗学者在学术领域、社会领域角色定位的决定性因素。因此这也必然成为当代民俗学者们在面对政治、经济、文化、学科和学术格局不断变化的情况下，经常伏案自问并试图求解的现实问题。同时，在民俗学领域之外，人们对民俗、民俗学的作用和存在价值也心存疑问：民俗学有用吗？甚至一些人会用这种疑问式描述来作为否定民俗学存在价值的意见表达方式。

因此，民俗价值问题的确需要我们在"当下"给出一个明确的回答。

本项研究以"民俗和民俗学的价值"为主题、以"中国当代民俗学者"为研究对象，选取20位民俗学者进行深度访谈，获得了30多万字的能够充分表达个人学术思想的口述资料，采用扎根理论质性研究方法将口述资料与文献研究成果进行"对读"研究，经分析、聚类、归纳和综合论证，总结出了以他们为代表的"中国当代民俗学者"这一价值观共同体的民俗价值观共识。

通过研究所形成的民俗价值观共识，具体包括几个方面：

一是关于民俗和民俗学价值的维度。研究认为，民俗和民俗学的价值体现在"人类个体、特定人群、整个人类"三个维度上，具体表现为：在人类个体日常生活层面，民俗具有"对日常生活的规范价值"，民俗学具有"解释、服务和提升人的日常生活"的价值；在人类特定群体意识形态层面，民俗具有作为"地方认同、民族认同、国家认同的意识基础"的价值，民俗学具有"服务于国家、民族发展和意识形态建构"的价值；在整个人类知识体系建构层面，民俗具有"完整地反映人类知识谱系"的价值，民俗学具有"建构完整的人类知识谱系"的价值。

二是关于民俗学的地位。一方面，民俗学在社会上从来就没有被弱化，一直在服务老百姓的日常生活、社会文化发展、意识形态建设等领域发挥着重要作用。即使是在"非民俗学领域"，也一直都在使用民俗学的理论和方法去处理各种与民俗和社会文化相关的社会事务。另一方面，无论是从学理，还是民俗学对其他学科的影响以及解决社会问题的能力上看，民俗学都具备上升为一级学科的基本条件。

三是关于民俗学者社会价值的发挥途径。在现行社会体制下，民俗学者要发挥自身的价值和民俗学的社会价值，要树立命运共同体观念，以价值共创理念为指导，在坚守、保持学者独立性的前提下与政府及其他价值主体合作，共同进行价值创造。同时，要将老一辈民俗学者的团队精神发扬光大，把民俗学的事情办好，把民俗学的价值做大。

本项研究，在国内民俗学领域进行了一点探索。在研究内容上，"民俗价值观"概念的提出本身在民俗学领域即具有特殊意义，民俗的价值、民俗学的价值、民俗学和民俗学者作用于社会的途径等，以往的学术论著中虽也有涉及，但多是呈碎片化地散见于不同的研究论述中，缺乏系统性研究，本项研究试图对这些民俗本体论的关键性命题展开系统研究，形成民俗价值观共同体的共识。在研究路径上，本项研究采取由个人叙事到集体共识的研究路径，把民俗学者的书斋作为"田野"，采取深度访谈的方法采集民俗学者的个体学术思想信息，通过质性研究方法对这些信息进行分析、聚类、归纳，由个人叙事过渡到集体叙事，形成民俗价值观共同体的群体共识。在资料的鲜活性方面，通过对20位民俗学者和民俗职业人的深度访谈，获得了30多万字的口述资料，受访者的年龄从50多岁到92岁，访谈过程本身对他们来说就是一次个人和学科发展史的深情回顾，获得的口述资料主题鲜明，语言鲜活，既有理论深度，又注入了受访者的情感。这些资料本身就是非常有价值的关于民俗学发展的口述史资料。

"民俗学从来都不寂寞"——访谈过程中国民俗学会会长朝戈金教授如是说，这是给笔者的鼓励，也是对整个民俗学界的鞭策。

王德刚

2018 年 8 月 18 日

绪　　论

一、研究背景与意义

（一）研究背景

民俗的价值、民俗学的价值、民俗和民俗学对社会发展的作用和意义等，自民俗学产生以来就一直是学者们关心、关注的重要问题，也是民俗学者们时常会伏案自问的本体论命题。特别是在当下——整个社会都在加速推进城市化、工业化、现代化和全球化进程，传统文化日渐式微，经济诉求和市场意识主导社会价值观走向，消费时尚的"西化"、文化的娱乐化等趋势日渐成风，很多人在这种环境下已经无法坦然处之；为应对这种传统文化衰落、社会价值体系蜕变的趋势，国家开始实施文化复兴战略，对内，社会主义核心价值观体系建设、"国学"工程、优秀传统文化传承工程、"非遗"保护工程、乡村记忆工程等等，开始引领传统文化价值体系的修复；对外，"孔子学院"汉语推广工程、"讲好中国故事"等国家软实力提升工程也开始有计划地将中国传统文化推上国际社会。一方面在这样一个文化变迁、意识形态导向交替的复杂历史时期，在民俗学研究领域内部，民俗和民俗学研究有什么现实意义？民俗和民俗学对于当代学术发展、文化建设、社会进步以及在经济领域、政治领域和意识形态领域的作用如何去发挥，价值如何去体现？民俗学者如何更有效地去参与社会事务、发挥学者的社会价值等等，更成为人们关心和关注的焦点，因此而有学者发出了"民俗学何以安身立命"①"我们从事民俗研究的意义何在"的自我追问。②

因此，民俗价值观问题的提出，实际上是社会的发展历史性地把这一问题推了出来！

另一方面，基于笔者自身学习民俗学的经历：出身于历史学背景；三十多年一直在高等院校从事管理学科的教学、研究工作；跨界进入民俗学领域后，作为初学者，也自然而然地会用管理学"功利性"的惯性思维来审视民俗学这门学科——民俗到底有什么价值？在当代社会大背景下，民俗学有什么价值，应该怎样去发挥自身的价值？正是由于这种原本带有一定"功利性"的学术关切，引发了笔者对"民俗学的当下意义"这一命题的研究选项：

——民俗和民俗学到底有什么价值？

是经济之用，还是经世之用，抑或是哲学意义上的"无用之用"？

实际上，这既是民俗学本体论研究的核心命题，也是确立民俗学者在学术领域、文化领域和社会领域角色定位的决定因素。

自民俗学产生开始，几乎所有的民俗学者也都曾经自问和思考过这个问题，很多学者也试图对此给出自己的应答。但由于早先中国民俗学初创时一开始就存在着理论建设的先天不足，使民俗学的基础理论一直没有形成成熟、完整的体系。正像赵世瑜教授借用赵卫邦的评价所指出的那样："这个领域的科学研究工作的起点还是不充分的。主要缺点是，那些民俗学研究工作的创始者们没有一个人充分熟悉民俗学这门科学的性质、理论和方法。"③因此，当时他们很难"拟定出一个恰当的计划"去建构民俗学的基础理论体系。④

---

① 赵世瑜：《传承与记忆：民俗学的学科本位——关于民俗学何以安身立命问题的对话》，《民俗研究》2011年第2期。

② 施爱东：《中国现代民俗学检讨》，社会科学文献出版社2010年版，第214页。

③ 赵世瑜：《中国现代民俗学初创时期的多学科参与》，《民间文学论坛》1998年第2期。

④ 赵世瑜：《中国现代民俗学初创时期的多学科参与》，《民间文学论坛》1998年第2期。

　　自上世纪 70 年代末 80 年代初中国民俗学科恢复以来，学者们开始对民俗学的学科性质、任务、作用等问题展开讨论。钟敬文先生主编、多位学界前辈参与编写的《民俗学概论》中曾指出：民俗学的"主要任务就是以科学的态度，对历史与当代的民俗事象，进行调查、收集、整理、描述、分析和论证，探求它的本质结构、特点与社会功能，揭示其发生、发展、传承、演变、消亡的规律，为人类社会的健康发展服务"①。我们许多的民俗学者也就是怀着这样一种愿望和情怀，孜孜耕耘在民俗学研究的田野上。但在民俗学领域浸淫的时间越久、涉猎的问题越多，特别是越来越多地目睹和见证了许多民俗传统日渐消逝，文化遗产要么被打入冷宫、要么被过度商业化利用等现象之后，人们也开始越来越多地产生疑问甚至是怀疑：在当代社会中，民俗和民俗学到底还有什么价值？民俗学研究对于现实社会到底应该发挥什么作用、通过什么途径去发挥作用？民俗学研究真的能够"为社会的健康发展服务"吗？到底谁在主导着现实社会的发展？作为学者，我们能够得心应手地掌握理论武器，甚至创造理论武器，但这个武器如何去使用——即在现实社会中我们如何用民俗学理论和民俗学研究成果去服务社会生活、去发挥社会价值？民俗学者要不要参与社会政治、经济主体的活动和实践？民俗学者在政治主导的主流语境中如何获得并保持自己的独立意识和话语权？等等，这是我们很多学者一直在思索、但也一直未能求解的关键性问题。

　　同时，在民俗学领域之外，无论是其他的学科还是在社会领域，人们也会对民俗、民俗学的作用、意义、存在价值等有不同的认知和理解。"知我者谓我心忧，不知我者谓我何求。"②民俗学并不属于、也不可能成为"显学"，学术群体的规模也不大，学科的社会知名度不高，至今也没有一位民俗学者能够像一些热门经济学家、文学家、"国学"家

---

① 钟敬文主编：《民俗学概论》，上海文艺出版社 2009 年版，第 6 页。

② 引自《诗经·王风·黍离》。

那样成为在社会上广为人知的"学术超男""学术超女"。因此，研究民俗和民俗学有什么用？也成为众多不了解民俗和民俗学的人们的一个共同疑问，甚至一部分人会用这种疑问式描述来作为其否定民俗学存在价值的意见表达方式。

所以，"民俗学的当下意义"的确需要我们在"当下"给出一个明确的回答。

但在民俗学及其相关学术领域，虽然很多前辈在不同的学术论著中发表过自己对于民俗、民俗学价值的认识和论断，但这些观点多"碎片化"地散见于前辈们不同的专门论述中，至今还没有哪位学者专门对民俗学研究的意义和作用——民俗价值观问题进行过全面、深度的研究和系统的学术表达。因此，"民俗学的当下意义"这一研究命题的确具有非常现实的理论意义和社会意义。

（二）研究目的

从民俗学科理论建设和学术发展的现实出发，"关注当下"不仅仅是一种学术导向，也是民俗学者的一种社会责任。在进入后工业社会的"当下"，城市化、工业化、现代化和全球化已经成为社会发展不可逆转的大趋势和社会文化的主流语境，民俗的存在环境、民俗学研究的学术环境和民俗学者个人的发展环境等都在不断发生改变。研究和回答"民俗学的当下意义"，既是时代对民俗学研究的一种倒逼和拷问，也是当代民俗学者必须担当的学术责任——民俗学者必须对这一命题做出明确的应答。

传统文化、民俗和各类非物质文化遗产，"是农耕社会的产物，它们的存在和发展所依赖的是与传统农耕社会对应的社会空间。"① 但由于社会的发展，"我们今天所面对的是一个正在快速走上城市化、工业化、

---

① 王德刚：《空间再造与文化传承——栖霞古镇都村"非遗"保护工程实验研究》，《民俗研究》2014年第5期。

现代化和全球化，并被现代物质文明淹没、被现代科技文化覆盖的后工业时代。后工业时代社会空间的基本特征就是人类的社会生活正在被强大的资本力量殖民化。"① 同时，政治、资本和商品的力量也越来越强大，并逐步地"将原始的、历史的、自然的、物质的具体空间淹没和殖民，使日常生活陷入空间的异化状态中"，"同质化、集权化、商品化已经成为现代性日常生活的表征"，"消费与市场逐渐成为中心，而传统文化则逐步被边缘化"。② 即从整个世界的现状和发展趋势来看，"整个社会空间已经在被资本整合，而在文化被边缘化的过程中，历史性、传统性的民俗文化则逐渐被抛弃或被挤出社会空间。"③

　　作为民俗学者，我们的研究对象所面临的就是这样一种"被逐步挤出社会空间"的现实。而民俗的境遇与民俗学者的境遇——生存与发展环境是密切关联的，也几乎是完全对应的。虽然后工业时代的民俗生存危机也唤起了一些机构、学者甚至是政府的关注和重视，一些国际组织和各国政府也纷纷出台关于民俗、非物质文化遗产、传统文化的传承、保护政策，如评选各级"非物质文化遗产"和"非物质文化传承人"，开展"非遗"保护工程，拿出一些公共财政资金用于"非遗"保护和补贴"非遗传承人"等，因为有了这些工作，也使部分民俗学者从学术的"冷板凳"上走到了政府搭建的社会舞台上，甚至成为舞台上的"主角"。但这些表象实际上并没有从根本上改变民俗和民俗学者们的生存、发展境遇。首先，文化的边缘化、传统民俗的式微依然在加剧，城市化、工业化、现代化和全球化的进程一直在加快着乡村的萎缩和古村、古镇、古城等的消失速度，电视、网络、移动终端等技术的发展正在进一步改变人们的生活方式，以科学和技术为导向的现代教育则更加彻底

① 王德刚：《空间再造与文化传承——栖霞古镇都村"非遗"保护工程实验研究》，《民俗研究》2014 年第 5 期。
② 刘先颖：《列斐伏尔〈空间的生产〉理论述评》，黑龙江大学硕士学位论文，2012 年。
③ 王德刚：《空间再造与文化传承——栖霞古镇都村"非遗"保护工程实验研究》，《民俗研究》2014 年第 5 期。

地在改变人类新生群体的世界观、价值观和生活观，这些变化都在向我们传达着一个强烈的信号——传统正在被摈弃。其次，民俗和各类非物质文化遗产的"保护"正在成为商业开发的托词、借口和幌子，民俗和各类非物质文化遗产正在被各级政府、企业以"保护"的名义资源化、商业化、功利化。国际组织和学术机构倡导保护传统民俗和非物质文化遗产的目的在于保护人类文化的多样性，并使其得到有效传承，但在许多国家和地方，却把民俗和非物质文化遗产当作能够赚取经济利益的资源来进行商业化开发利用。在我国的许多地方，这种功利化的"保护"还相当普遍。这实际上完全背离了民俗和非物质文化遗产保护、传承的宗旨。最后，在民俗和非物质文化遗产被资源化利用、商业化开发的同时，民俗学者们也同样成了"被利用"的对象，在许多场合甚至是大多数场合，民俗学者们被政府和企业请上舞台，并俨然成为舞台上的"主角"，但由于政府在组织、政策、公共资源等方面强大的掌控力，开发企业在政府体制和市场上的影响力，民俗学者们所扮演的实际只是皮影戏舞台上的"主角"——完全被政府、企业的手在操控。

基于这样的现实，我们有必要在学术上对民俗和民俗学的价值进行具有时代意义的重新定义。因此，"民俗学的当下意义"这一命题的研究目的为：

基于当下社会环境（世界环境：全球化与后工业社会。国家战略：中华民族和中华文化的伟大复兴，国家软实力提升。学科诉求：明确学科价值和定位，确立民俗学恰当的社会地位和学科地位），明晰民俗、民俗学的价值及其对于社会不同层次、不同领域的作用；

通过对部分民俗学者的个体意见表达和学术观点的汇集，提炼、归纳、总结，形成"民俗价值观共同体"（即"中国当代民俗学者"）的群体共识——即由个人叙事转化、上升为集体共识，并因此进一步在学理上确立民俗学的学科地位和社会地位。

同时，通过对民俗价值、民俗学价值的研究，探索、明确民俗学研究作用于地方、民族、国家意识形态和社会发展的有效路径，让民俗和民俗学研究能够对人类知识体系的建构、对人类文明的进步和社会发展起到更大的促进作用。

最终目标：希望以本次研究为起点，推动民俗学领域最终能够建构起完整的民俗、民俗学的现代价值体系。

需要说明的是：

（1）该目标是作为本项研究设定的一个未来愿景。本次研究只是作为这项学术工程的一个开始，希望本项研究能够为今后更多学者参与民俗价值观研究并为民俗价值观体系的建构打下一点基础。

（2）本项研究只是把民俗学科内部——民俗学者的民俗价值观作为研究对象，即民俗学者对民俗价值观的自我认知和定位。因此，本项研究并不涉及"民俗价值观共同体"之外的其他领域或社会对民俗、民俗学价值的认识和定位，那是另外一个研究范畴。

（三）研究意义

中国现代民俗学缘起于 20 世纪初，本身就是先进知识分子在强烈的民族意识驱使下"关注社会""走向民间"的结果。① 之后的 20 世纪 20 年代到 40 年代之间，陈翰笙、梁漱溟、费孝通及毛泽东等民俗学家、社会学家和革命家们，也都从关心国家前途和民族命运的大境界出发，从"眼光向下"的关注社会、关注民间的小处着手，去观察社会生活，研究社会问题，特别是关注农村、关注农民等普通的"小地方""小人物"，由此而形成了许多至今仍在民俗学、社会学、历史学等领域极具影响力的研究成果，如费孝通的《乡土中国》《江村经济》，梁漱溟的《乡村建设论文集》《乡村建设大意》等；毛泽东在大革命时期一直非常重视对中国农村和社会基层群众的调查研究，从 1926 年至 1941 年间，

---

① 穆昭阳：《中国现代民俗学发端史研究》，中央民族大学民俗学硕士学位论文，2011 年。

共写出了 17 篇关于农村的调查论著，主要包括《寻乌调查》《兴国调查》《木口村调查》《长冈乡调查》《才溪乡调查》等，正是这些"探底"式的田野调查、深度研究和微观透视，才产生出了关于中国革命道路选择的大思路、大智慧，才奠定了中国革命的理论基础。实践证明，人文科学、社会科学研究总是离不开社会，同时也受制于社会，因此其研究视角、研究内容、研究方法和研究成果的社会转化等也必然要带有时代特征，打上时代的烙印。因此，以往相关学者们的观点也未必适应今天的现实，以往学者们"服务社会""改变社会生活"的方式、方法同样也未必适用于当代。梁漱溟先生曾经指出：人类社会有史以来没有任何一种文化、学说、思想等能够成为贯通古今的普世理论，那些试图建立"普遍适用理论"的，其实"都是妄人"。① 因此，虽然前辈们对民俗学的性质、任务、意义等已有训示，但我们仍需基于当代的社会环境和语境进行重新定位或校准。民俗学研究本身也一直倡导"关注当下"——当下的经济、文化、社会、政治、信仰、价值观等等，特别是要更加关注当下社会老百姓的生活、利益、诉求和创造等，这既影响民俗学者自身的生活和学术研究发展，也影响民俗学的研究环境、发展环境，更能够影响民俗学作用于社会的方式和途径。正像刘铁梁教授所指出的那样："民俗学就是研究老百姓的学问，民俗研究就是要替老百姓说话，要替那些生活在社会底层、在社会上没有话语权的老百姓表达他们的诉求。"② 这正表达了在"当下"，民俗学者要具有为民请命的社会责任感。

因此，研究"当代民俗学者"的民俗价值观——他们对民俗、民俗学价值的认知和共识，也更具有现实意义——这种价值观共识是确立民俗学者的学术使命感和社会责任感、确立民俗学的社会地位和学科地位进而影响民俗学研究社会认同的前置性条件和理论依据。

---

① 梁漱溟：《中国文化的命运》，中信出版社 2013 年版，第 109 页。
② 刘铁梁教授 2015 年 1 月 19 日在山东大学民俗学术沙龙上的讲话。

黑格尔认为：本质是"设定"的概念。① "民俗学的当下意义"这一命题本身属于民俗学本体论的核心命题，本体论就是研究事物、现象的本质和本原的科学，而且，本体论关心的正是事物"存在的意义"。② 因此，研究当代中国民俗学者的民俗价值观，也是民俗本体论研究的重要内容和组成部分。

本书将在学术史梳理的基础上，通过对部分民俗学者的深度访谈来获得能够充分表达他们学术思想和观点的口述资料，以每一位民俗学者的个体意识为原点，采用扎根理论质性研究方法，对民俗学者们的观点进行分析、聚类，并汇集他们前期散见于不同研究成果中的相关论述，进行"对读"式综合归纳、总结，形成"中国当代民俗学者"关于民俗价值观的群体意识，即由个人叙述到群体共识、由个体自觉到群体觉醒，建构具有时代意义的民俗价值理论，树立民俗和民俗学的现代价值观。这项研究，既能够丰富我国民俗学理论体系，也是对我国民俗学学术史发展的贡献。同时，更为重要的是，民俗价值观的确立，不仅能够唤起民俗学界集体意识的觉醒，正确确立民俗学者自身在文化、学术和社会领域中的角色定位，同时也能够进一步确立民俗、民俗学的学科地位和社会地位，为民俗学教育和民俗学研究的发展奠定学理基础，创造更好的发展空间。

二、国内外相关研究分析

如前所述，自民俗学产生时开始，很多学术前辈们在不同的领域和不同的专项研究中对民俗价值观问题多有论述，但都散见于他们不同的学术论著中。他们的研究既是今天我们建立民俗价值观的认识基础，也

---

① ［德］黑格尔:《小逻辑》，贺麟译，商务印书馆 2005 年版，第 241 页。
② 黄颂杰:《本体论在当代：结构与重建》，《学术月刊》2002 年第 4 期。

是本项研究进行后续内容设计的学术基础。

（一）国外相关研究

欧洲是在 17、18 世纪时开始出现了早期的民俗学研究，到 19 世纪中期时正式出现了"民俗"和"民俗学"概念。在国外民俗学研究的发展过程中，学者们也一直在不间断地探讨民俗学的价值、民俗学的发展历程与学科性质、民俗与社会等与民俗本体论相关的一些问题。

1. 关于民俗、民俗学的概念界定和学科性质

民俗学（folklore/folkloristics），顾名思义就是研究民俗（folk）的学问（lore），原本含义是"民众的知识"或"民间的智慧"（The Lore of Folk）。"民俗（folklore）"这个专业概念是 1846 年在英国首次出现的，最早提出这个概念并倡议对这一领域展开研究的，是英国考古学者威廉姆·汤姆斯（W. J. Thoms），他提出可以用"民俗"（folklore）这个概念，替代已经流行的"民间古俗"（popular antiquities）。但是这种概念表达术语的演替（从拉丁文造词的"民间古俗"到盎格鲁－撒克逊语的"民俗"），也被其他学者提出质疑，瑞吉纳·本迪克斯（Regina Bendix）认为："'folklore'这一术语既被作为学科研究对象，也被用作学科名称，在学术领域里同时使用，既容易被混淆，也模糊了学科的概念体系，是不恰当的。"① 对此，19 世纪后期的几位民俗学家对民俗和民俗学的概念表达进行了专门研究论述，其中莱因霍尔德·考尔夫（Reinhold Kôhler）② 建议，用"'folklore'（民俗）来指称学科研究的对象，用'folkloristics'（民俗学）来指称对于该学科对象的研究"③。这

① Bendix, Regina. "Of Names, Professional Identities, and Disciplinary Futures", *Journal of American Folklore*, 1998, 111 (441): 235-46.

② Kôhler, Reinhold. "Folk-lore or Folklore", In Brockhaus' Conversations-Lexikon, Supplement-band, Leipzig: Brockhaus, 1887, pp. 335-6.

③ Alan Dundes. "Folkloristics in the Twenty-First Century", *Journal of American Folklore*, 2005, 118 (470): 385-408.

一观点后来被民俗学界普遍接受。

自此之后，学术领域把民俗和民俗学两个概念进行了区别对待。例如：美国著名民俗学者查尔斯·G. 利兰（Charles G. Leland）① 于1889年12月7日在匈牙利民俗协会成立大会上的演讲中，在讨论"民俗的消逝"这一话题时，认为这本身就是历史发展的必然结果，如同语言学就是要对语言进行研究，民俗学就是要对民俗展开研究，而且这种研究已经进行一个多世纪了。在罗伯特·乔治（Robert Georges）、迈克尔·欧文·琼斯（Michael Owen Jones）② 合著的《民俗学导论》（*Folkloristics：An Introduction*）一书中，开篇第一页就专门强调了"folklore"（民俗）和"folkloristics"（民俗学）两个概念的区别。在之后的民俗学研究领域，"folkloristics"（民俗学）这一术语及其英文表达方式，被人广泛使用。由此，"folklore"（民俗）和"folkloristics"（民俗学）这两个概念得到学术界的广泛认同并被固定了下来。

2. 民俗学研究的发展历程

民俗和民俗学在19世纪时得到了广泛的关注，欧洲学者提出前工业化时代的农民（民间）的传统习俗是"有价值"的，应该将它们保存下来并在它们消失之前进行完整的收集，然后加以保护。美国学者 F. J. 蔡尔德在他的著作《英国和西班牙的流行民歌》中，对产生于不同阶级、阶层的民俗文化进行了介绍，并指出民俗具有阶级、阶层的融合性，它可以是奴隶的，也可以是农场主的，或是中产阶级的文化，也可以是它们的融合，并加以同化的内容③。促使19世纪的民俗学者意识到民俗学并不只是研究乡村和没文化（文盲）群体领域里的事象，民俗实

---

① Leland，Charles G. "Aus dem Begrüssungschreiben an die Gesellschaft"，*Ethnologische Mitteilungen aus Ungarn*，1890-1892，2 (1) 2-3.

② Georges，Robert A.，and Michael Owen Jones. *Folkloristics：An Introduction*，Bloomington：Indiana University Press，1995.

③ Child，Francis James，ed. 1962 (1882-98) . *English and Scottish Popular Ballads*，5 Vols. New York：Cooper Square Publishing.

际上存在于整个社会。

蒂莫西·伊文思（Timothy Evans）①在《西方民俗学》中将民俗学的复兴冲动追溯到19世纪中古史学家中的积极分子，比如约翰·拉斯金（John Ruskin）和威廉·莫里斯（William Morris），他们把功能性的手工制品、每天的工作和简单的农业生活看作是工业生产失去个性行为的重要替代物。在民俗学研究中，伊文思指出，中古史学家发现了"异化的解毒剂"，"一种在面对贪婪和人格丧失时保存亲密的一种方式"。传统是本地化的，能使个体不仅相互联结，也可以将过去和未来进行联结。传统是人类本体（人类认同，Human identity）的来源。他在追踪民俗研究的复兴过程中，追溯到英国民俗音乐的复兴，美国手工艺运动的复兴，20世纪20年代的社会服务所和"新政"（美国总统罗斯福的国内政策和政府）的文化运动。同样，在十年之后，蒂莫西·罗伊德（Timothy Lloyd）在美国民俗节事发展过程中和民俗手工艺品展览中发现了民俗的反现代压力的证据。当时的社会激进分子都在关心"工作意义和休闲意义的丧失"。②通过积极地振兴民俗实践，政策领导者可以抵消工业化过程中流水线工人逐步递减的工作积极性，同时提供有益健康的替代方案。民俗用来解决工作和休闲问题的最初应用采用了很多形式，它通过民俗音乐的普及、传统手工艺品的搜集、民俗舞蹈的复兴和讲故事渗透到了流行文化中。或明或暗，所有工艺美术思考的民俗化延伸都带来了价值和前工业时代实践的回归。理查德·道尔逊（Richard Dorson）③认为民俗学是对起源、影响和人类行为等兴趣问题的专业检验。

---

① Evans, Timothy. "Folklore as Utopia: English Medievalists and the Ideology of Revivalism", *Western Folklore*, 1988, 47: 246-268.

② Evans, Timothy. "Folklore as Utopia: English Medievalists and the Ideology of Revivalism", *Western Folklore*, 1988, 47: 246-268.

③ Dorson, Richard M., *The British Folklorists: A History*, Chicago: University of Chicago Press, 1968.

随着 20 世纪城市化、工业化、现代化和科学文化教育在欧洲和北美的发展，北美的民俗学家开始重构民俗学的学科体系来对"民俗"与"流行、高雅文化"进行区别。民俗学研究的内容是古老的、传统的或日常的，但都是无名的；民俗起源于乡村，与书面和印刷相比，民俗多是通过口头传播并被一群生活方式相同的人所共有的文化。而"流行文化"是新的，至少不是古老的，它的创作者大家是知道的，通常起源于城镇，并被印刷下来，通过广播、纪录片、电视、视频和网络传播；流行文化是短暂的，它的创作是作为一种消费的商品，并能够赢利。"高雅文化"有很多"流行文化"的元素，但高雅文化的艺术家都是专业的，或者在某个艺术领域非常精通的。① 高雅文化的创作不需要考虑到金钱的约束。虽然高雅文化的产品也会出售，但不是大众都可以享受的。最初的创作有很高的价值，但是复制品，比如流行文化就不具备这种特点。

20 世纪 70 年代以来，民俗学家们开始聚焦个体的文化表述和处于同一社区的小规模团体的研究，不管是乡村还是都市，口头还是书面，无名还是有名。民俗群体中的成员，可能代表任何的区域、阶层、职业、教育背景等等，他们分享着背景、身份识别、美学爱好，并具有很高的稳定性。有时，民俗团队会共享伦理、性别、阶层，或者年龄，这成为一种独特的文化现象。

进入 21 世纪后，民俗学的发展状况不容乐观，欧洲许多国家的民俗学科被弱化，甚至被合并或撤销。有学者研究认为："全世界的民俗研究课题被废除或遭到了严重的削弱。"② 美国著名民俗学家、美国民俗学会会长阿兰·邓迪斯（Alan Dundes）认为，民俗学"'宏大理论'创

---

① Titton, Jeff Todd. Part I Social and Cultural Dimensions: 2. Popular Music Studies: Folklore, *Continuum Encyclopedia of Popular Music of the World*, Vol. 1, 2003, pp.76-7.

② Alan Dundes. "Folkloristics in the Twenty-First Century", *Journal of American Folklore*, 2005, 118 (470): 385-408.

新的持续缺乏以及众多给这一领域带来坏名声的业余爱好者，是导致民俗学学科衰落的重要原因"①。阿兰·邓迪斯分析民俗学研究水平低下的原因有三方面："一是许多人只阅读坎贝尔②的书而对民俗学的其他方面知之甚少；二是知识的缺失；三是民俗资料提供者的胁迫。值得庆幸的是，尽管21世纪初的民俗学现状并不令人乐观，但波罗的海诸国的民俗学活动使人们看到了民俗学的希望，民俗学并不是一门逐渐或普遍消失的学科。"③

从民俗学研究本身的发展来看，进入21世纪后，民俗学的研究开始发生转向，民俗学家虽然还在通过历史悠久的田野工作、记录、文本与音乐的研究来进行研究和深入，但对于现代民俗学家来讲，对过去、历史和地理的考虑已经让位于对人、经验、美学、社区、表演中沟通、权利问题、意识形态和性别的研究等领域。

随着现代通信技术、移动终端和互联网技术的广泛使用，民俗研究也开始受到这些技术的影响。网络为探索新的民俗研究群体（比如邮件、博客、微信、短信）和民俗的概念、视觉与展示的新方法提供了无限的可能性。之前通过面对面，或者传真和图片方式记录的民俗资料现在通过网络大肆流行，让以前专属于某个领域的故事、笑话或区域行为不再具有独占性。④ 这也就意味着网络时代的民俗研究从概念到传递都

---

① ［美］阿兰·邓迪斯（Alan Dundes）著，王曼利译，张举文校：《21世纪的民俗研究》，中国民俗学网，2009年5月31日。

② "坎贝尔"，即约瑟夫·坎贝尔（Joseph Campbell，1904—1987），美国比较神话作家，是20世纪一位不隶属于任何学术机构、没有博士学位和学术头衔，单纯以自己的方式读书、写作和研究的"学者"。研究成果始终没有被学术界充分肯定，但在大众生活领域的影响力却非常巨大。他研究的是传统神话和古代文化，并开创了英雄神话的故事模式。他的研究成果被作为流行文化的元素成为好莱坞影视作品的重要素材。

③ ［美］阿兰·邓迪斯（Alan Dundes）著，王曼利译，张举文校：《21世纪的民俗研究》，中国民俗学网，2009年5月31日。

④ Trevor J. Blank. "Newslore: Contemporary Folklore on the Internet", *Journal of American Folklore*, 2014, 127.

要发生变化，不再仅限于传统的面对面的沟通，不再被认为是边缘化的和非正式的，"数字化和视觉化民俗"正在出现。①

3. 民俗学的研究内容与价值取向

早期"民俗"概念的含义，"指的是民众的知识或学问，它的内容包括传统的风俗习惯、信仰、民间故事、歌谣、谚语等。"② 西方民俗学的研究内容主要包括人物传说、神话、寓言和民间故事，主要为口头表现形式。

欧洲早期，对民俗学研究的价值取向主要有两种倾向：一是"启蒙主义的哲学基础……强调经验、理性的知识追求是进步的重要条件……人一定要抛弃传统的权威"③，才能够具备独立思考的能力，才会"促进知识的发展"；二是"浪漫主义的民族主义思想"，认为构成一个民族的真正的基础，恰恰是该民族的人民创造的歌谣、故事、传说等民俗文化，这是"一个民族精神"的"真正表达"和"民族认同的一种重要表达方式"，"也是该民族社会生活与政治生活的根本依据"，研究民俗，就是要"揭示过去的思考方式"，并为了民族精神的保留、传承而"把它从濒临消亡的状态中抢救出来"。④ 启蒙主义和浪漫主义在对民俗价值的判断上有着两种决然不同的观点：对启蒙主义民俗学者来说，"传统的民俗是愚昧的、落后的"；而浪漫主义民俗学者则认为"传统的民俗是纯洁的，甚至是先进的"。⑤

---

① Trevor J. Blank. *Folklore and the Internet：Vernacular Expression in a Digital World*，Logan，Utah：Utah University Press，2009.

② 黎泽媛：《浅谈成都民俗旅游资源开发》，《西昌师范高等专科学校学报》2003 年第 3 期。

③ Richard Bauman：《作为表演的口头艺术》，杨莉慧、安德明译，广西师范大学出版社 2008 年版，第 208—211 页。

④ Richard Bauman：《作为表演的口头艺术》，杨莉慧、安德明译，广西师范大学出版社 2008 年版，第 208—211 页。

⑤ 吕微：《走向实践民俗学的纯正形式研究》，载施爱东、巴莫曲布嫫《走向新范式的中国民俗学》，中国社会科学出版社 2015 年版，第 140 页。

　　德国学者艾伯华（Wolfrarn Ebeehard）通过对中国和世界民俗学的学科发展、民俗学学科地位的研究，认为民俗学实际上在绝大多数国家实际上都是民族主义"政治科学"的附庸。而且，在社会科学领域，民俗学是"发育程度最低的学科"，只有在世界上为数不多的几个国家中，民俗学才被视为"一个独立的特殊的领域"；而在大部分的国家，包括在欧洲，民俗学的发展与这些国家民族主义的发展都是"同步的"，是作为"政治科学"，并且"与民族主义者的政治意识形态的升起紧密相关"的。而在中国，从民俗学初创时期开始，"都仅仅是其他运动的工具，而非一个独立的学术领域。"①

　　20世纪后半期，西方民俗学者研究的视角开始关注到了对物质文化的研究。美国民俗学者沃伦·罗伯特（Warren E. Roberts），作为美国民俗学专业的第一位博士，在跟随导师从事民间传说研究之后，将兴趣转移到了物质文化的研究。他认为民俗的物质文化包括一切与民俗生活相关的有形物品，比如美术、手工艺品、建筑和生产工具等等。另外，他还很关注传统手工艺品的生产者，他认为传统工艺生产者比消费者更具有价值。他的研究将民俗学研究引入关注人类的物质文化研究范畴。他的基本工作就是去调查、研究和保护因为工业化生产而正在消失的民俗的物质文化。由此，西方民俗学研究关注的对象，不仅仅限于口头形式的人物传说、神话、寓言和民间故事，也开始包括有形的与民俗生活相关的事物，涵盖了与民俗发展相关的所有的内容。② 而对有形的物质文化的研究，更加注重了民俗、民俗技艺、民俗传承人或生产者本身的价值，与早起启蒙主义和浪漫主义思潮影响下的民俗价值观产生了不同的价值取向。

　　除西方外，亚洲民俗学领域的相关研究也同样具有典型性。其中，

---

① ［德］艾伯华：《中国对民俗的使用》，岳用逸译，《民俗研究》2014年第2期。

② Bae，Young-Dong. A Study of Folk Material Culture in American Folkloristics-Focusing on studies by Warren E. Roberts，first titlist of Ph.D. in folklore in USA，Asian Comparative Folklore，2014，55：133-172.

日本民俗学研究在亚洲具有代表性。日本现代民俗学研究开始于 20 世纪 30 年代。在日本，民俗学被认为是一种"阐释现代"的"自省之学"。① 而对日本民俗学思想和民俗价值观影响最大的是柳田国男的"一国民俗学"学说，即以"国家"为基本单元来建构民俗学体系，并"由国家和国家的集合而形成'世界民俗学'"。② 这与当时日本的"去欧化"思潮是有关的，以柳田国男为代表的一派学者认为，科学技术是世界性的，只有民俗才是体现一国特色的文化基石，日本之所以成为日本，就是因为有日本的"一国民俗"。民俗学研究的作用在于，它能够"以独特的领域为基础，开拓足以对抗西欧进口学科的土著理论思想，并建构新的方法或范式"③。柳田国男的这种民俗学价值观是对欧洲文化具有"强烈的对抗意识"，并最具"民族主义"色彩的价值理念，他试图沿着"从乡土研究到一国民俗学"的路径，来"探求以往的学问没有找的""贯通古今的法则"，"建立一门本国人以此反思自我的学问"。④

对于民俗学的价值，柳田国男除了其具有民族主义色彩的理念外，他还认为，民俗学是一门很有历史价值和文化价值的学科。在其民俗学代表著作《民间传承论》一书中，柳田国男认为，民俗学是一门"将惠及人类文化史的一切领域"，"能为人类智识的进步"产生巨大贡献，甚至"可以应用到一切领域"的学科；人类历史著述忽视了很多"事实与真相"，而民俗学正好能够去揭示它们。因此，民俗学"是一门前景无

---

① ［日］铃木正宠著，赵晖译：《日本民俗学的现状与课题》，载王晓葵、何彬主编《现代日本民俗学的理论与方法》，学苑出版社 2010 年版，第 4 页。

② ［日］岩田重则著，［日］宫岛琴美译：《民俗学与近代》，载王晓葵、何彬主编《现代日本民俗学的理论与方法》，学苑出版社 2010 年版，第 25 页。

③ ［日］铃木正宠著，赵晖译：《日本民俗学的现状与课题》，载王晓葵、何彬主编《现代日本民俗学的理论与方法》，学苑出版社 2010 年版，第 20 页。

④ ［日］桑三敬己著，［日］西村真志叶译：《柳田国男的"世界民俗学"再考——一个人类学者的视角》，载王晓葵、何彬主编《现代日本民俗学的理论与方法》，学苑出版社 2010 年版，第 49—57 页。

限，以期开创万人倾向、天下归一的新时代学问"。①

柳田国男之后，日本民俗学界部分民俗学者的研究也曾涉及民俗学的性质、目的、作用等与民俗价值观相关的领域。周星教授主编的《民俗学的历史、理论与方法》一书中汇集了一系列有关日本民俗学史的论文，包括何彬、蔡文高、王晓葵、王建新以及日本学者小岛璎礼、小松如彦、河野真、渡边欣雄、田村和彦等的研究成果。其中小岛璎礼的《民俗学之存在意义——从村落社会发展起来的一门构想性科学》中，探讨了民俗学的本质，认为"作为认识论的民俗学"的本质，就是要"探究'人究竟是什么'这一审视人之存在的意义的哲学性构想问题"。② 另一位日本学者河野真在其《现代社会与民俗学》一文中，探讨了民俗文化、民俗学研究与现代社会的关系。作者认为，民俗学"是一门系统地研究和揭示民众之生活文化的传统形态的一门学问"③。民俗学的本质一是要关心民众的生活文化，二是要着眼于传统形态，三是要系统地去研究和揭示它们。但由于在现代社会里，民俗文化"已经正在变成为脱离日常生活层面的异质性存在"，因此，民俗文化实际已经演化为现代社会的"异质文化"了，与现代生活文化之间产生了很大的"落差"，因而这"两种文化相互遭遇乃至于冲突"就成为必然。④ 这反映了日本当代民俗学者对民俗文化的担忧和对民俗学研究社会地位的期望。

4.民俗学的价值与意义

关于民俗、民俗学的价值和意义的研究，是国内外民俗学者们共同关心的问题，但由于每个国家、民族的社会发展水平、政治制度、文化和学科背景等不同，在认识上会存在一定的差别。

---

① ［日］柳田国男：《民间传承论与乡土生活研究法》，王晓葵、王京译，学苑出版社2010年版，第3、10页。

② 周星：《民俗学的历史、理论与方法》，商务印书馆2008年版，第339—355页。

③ 周星：《民俗学的历史、理论与方法》，商务印书馆2008年版，第403—414页。

④ 周星：《民俗学的历史、理论与方法》，商务印书馆2008年版，第403—414页

（1）民俗学的科学意义

阿兰·邓迪斯在《21世纪的民俗学》一文中指出："在认识民俗对于促进种族自豪的重要性方面，以及为发现世界观和价值的本土认知种类和模式提供宝贵的资料方面，这是一个先于其时代的学科。"[1] 肯定了民俗学作为一门科学存在和发展的重要性。

海姆斯（Hymes）[2]认为，民俗学既是一个"一般概念"，也是一个基础性学科，它掌握着独特的材料；而更为重要的是它拥有着独特的研究过程，其重要性可以与历史学、哲学、文学等学科并列，通过民俗学的窗口可以到观察人类的行为和创造性的活动。

琼·拉德纳（Joan Radner）[3]在其研究中指出：民俗学是一门关于互惠理论和行为的综合学科。

比尔·艾维[4]指出，如果民俗学为了理解行为，通过解析艺术品和表演的能力来传递价值，或者传统化的冲动成为无可争辩的属性，从而赋予民俗学意义和表演价值，那么民俗学理论就是有价值的，并真正成为一种固定做法。另外，民俗学的价值也体现在它是从伦理或道德的角度进行研究的，这比其他的专业学科都要高尚。

（2）民俗学的政治意义

比尔·艾维[5]认为，民俗学是一个充满智慧的研究领域，而研究民

---

① ［美］阿兰·邓迪斯（Alan Dundes）著，王曼利译：《21世纪的民俗学》，《民间文化论坛》2007年第3期。

② Hymes, Dell. "Folklore's nature and the Sun's Myth", *Journal of American Folklore*, 1975, 88: 345-69.

③ Radner, Joan N. "AFS Now and Tomorrow: The View from the Stepladder"（AFS Presidential Plenary Address, 2000）, *Journal of American Folklore*, 2001, 114（453）: 263-76.

④ Bill Ivey. "Values and Value In Folklore"（AFS Presidential Plenary Address, 2007）, *Journal of American Folklore*, 2011, 124（491）: 6-18.

⑤ Bill Ivey. "Values and Value In Folklore"（AFS Presidential Plenary Address, 2007）, *Journal of American Folklore*, 2011, 124（491）: 6-18.

俗学的都是聪明的、独特的思想者和艺术家。他认为民俗本身比所看、所想的都重要，研究民俗学对公共政策的制定发挥着非常重要的作用；民俗学的核心要素是在理论转化为行动时产生价值。

在民俗学的发展过程中，民俗学和文化学在向理论转化的过程中都曾经历了一段痛苦的时期。佩尔斯（Pells）① 对历史、传统文化的消失感到惋惜，认为学者和公共政策专家们已经抛弃了文化问题，取而代之的是社会历史、狭隘的经济和政治问题；文化活力对于任何一个群体和社会都不再具有优先权。民俗学家通过指导个人和社区通过协调传统和自治来组织有意义的生活。所以，杰克·桑蒂诺（Jack Santino）② 指出，民俗学其实就是个人和公共部门的交叉点。而比尔·艾维认为民俗学拥有独特的理论架构能够编译和阐释来自个体表现和艺术工作的社会、经济、历史、精神、职业和心理等因素的平衡转移。③

雪莉·穆迪特纳（Shirley Moody-Turner）④ 在她的著作《黑人民俗和种族表示政治》中指出了白人运用民俗来发展种族的不同，而黑人民俗正在变成文化表述的一种动态形式，承载了代表社会变化的强有力的政治寓意，而并不像一些学者所认为的那样是原始和退化的象征。

康（Kang Jeong Won）⑤ 从韩国政府建设民俗博物馆的视角出发，认为民俗研究者要保持与政府的距离，不能只是跟随政府制定的民俗政

---

① Pells, Richard. "History Descending a Staircase: American Historiams and American Culture", *Chronicle of Higher Education*, 2007, 53 (48): 43.

② Sanito, Jack. "Performative Commemoratives, the Personal, and the Public: Spontaneous Shrines, Emergent Ritual, and the Field of Folklore" (AFS Presidential Plenary Address, 2003), *Journal of American Folklore*, 2004, 124 (491): 6-18.

③ Bill Ivey. "Values and Value In Folklore" (AFS Presidential Plenary Address, 2007), *Journal of American Folklore*, 2011, 124 (491): 6-18.

④ Shirley Moody-Turner. *Black Folklore and the Politics of Racial Representation*, Jackson: University Press of Mississippi, 2013.

⑤ Kang, Jeong Won. "The topology of the folklore archive and the folklore museum of Korea", *Journal of Museum Studies*, 2015, 2: 97-127.

策，而是要从民主、参与的角度为政府提供政策建议。他提议把韩国中心博物馆重构为国家考古博物馆、国家历史博物馆和传统手工艺博物馆，通过国家民俗博物馆体系的构建，让政府、专家和普通民众都能民主地参与进来。

（3）民俗学的反现代主义特征

研究者的心态、学术观点和自身的价值取向各有差异，即使是在同一个学术领域或学术共同体内，也往往可能有差异性很大的学术分野。在民俗学界内，有部分学者提出民俗学具有反现代主义特征。如奥林格（Oring）认为，民俗学者往往认为自己的文化是落后，甚至愚昧的，因此"对自己文化的憎恶"已经根植于很多民俗学家的灵魂[①]。比尔·艾维从历史的角度认为，这种憎恶是作为历史学家对反现代主义和"有罪"（conviction）的一种表现形式；而杰克逊·里尔斯（T. Jackson Lears）则从现代文化特质的角度认为，现代文化"缩小了范围，并扩散人类生存的紧张感"。[②] 当然，民俗并不是唯一的一个根植于工艺美术反现代主义的领域。比尔·艾维进而认为，反现代主义是所有民俗学（不管是学术派还是激进派）的核心激励引擎[③]。

（4）民俗与流行文化的融合

与持民俗学的反现代主义观念相反的是，也有部分学者认为民俗与现代流行文化是能够融合的，以民俗对流行音乐的影响为例：民俗学家就体现出一种矛盾的心态，他们一方面在贬低流行音乐，另一方面却通过对流行音乐增加传统元素和过程来促进其发展。欧洲和拉丁美洲的民俗学家回避流行音乐，因为他们赞同保护那些濒临消失并具有真实民俗

---

① Oring, Elliott. "Folk or Lore? The Stake of Dichotomies", *Journal of Folklore Research*, 2006, 43 (3): 205-18.

② Lears, T.Jackson. *No Place of Grace: Anti-modernism and the Transformation of American Culture*, 1880-1920, New York: Pantheon, 1981.

③ Bill Ivey. "Values and Value In Folklore" (AFS Presidential Plenary Address, 2007), *Journal of American Folklore*, 2011, 124 (491): 6-18.

内涵的音乐。结果，民俗学家或者在搜集和阐述民俗音乐时故意忽视流行音乐，或者把流行音乐当作一个被污染的产物，但却认为在流行音乐中民俗音乐是可以被识别和挽救的。比如，韦尔戈斯（Wilgus）和格林韦（Greenway）① 将民俗学家的吸引力转移到具有商业性质的乡村音乐（hillbilly music，后期被称为 country music），并指出很多民俗歌曲可以通过乡村音乐的记录得以释放。

早期民俗学的研究内容被定义为一系列的当地现象，比如传说、歌谣、迷信和物质文化，例如棉被或谷仓等等，以及从很早保留下来的风土民情。而新的、以表演为中心的民俗更像一个动态的过程，以表演为基础的民俗学（包括风土民情和能表演出来的物质文化）对表演者（民俗艺术家或传统手艺人）、观众和表演的规则（社区美学）格外关注。这种民俗学的新的理解使民俗学家对美国流行音乐的研究作出了贡献，比如布鲁斯的发展（Titon）② 等等。但是，很少有民俗学家对摇滚或 Hiphop 等流行音乐的形式研究感兴趣。民俗学家在推广民俗学的新概念方面进展较慢，结果，就不需要去面对"民俗就是农民"的消失的主题了。

（5）民俗研究对文化保存和教育的引导

民俗学家通过支持相关的艺术机构，对传统表述性文化的保存形成了一定影响。在美国，民俗学家作为倡导者和艺术管理者，每年会引导几百万美元的资金投给民俗艺术家、手工匠、电影、纪录片和节事活动等等。③

---

① Wilgus, D.K., and Greenway, John, eds. *Journal of American Folklore* (Hillbilly Issue), 78 (309) (July-September), 1965.

② Titon, Jeff Todd. *Early Downhome Blue: A Musical and Cultural Analysis*, 2nd ed. Chapel Hill, NC: University of North Carolina Press. (First published Urbana, IL: University of Illinois Press, 1977), 1995.

③ Bill Ivey. "Values and Value In Folklore" (AFS Presidential Plenary Address, 2007), *Journal of American Folklore*, 2011, 124 (491): 6-18.

同时，民俗与教育存在着不可分割的关系，民俗已经作为一种重要的、有价值的教学工具被教育界所使用，民俗学和民族志是教育领域内绝佳的讨论和书写工具。教师通过民俗内容的分享，让学生参与其中，使其成为文化专家和研究者，来共同构建未来的文化体系。而学生通过展示传统文化，通过观察、听、访谈、分析、组织和演讲等多种形式从民俗研究中获得更多技能。① 有研究表明，高等教育机构的音乐系学生在第一年所学的音乐和历史课程应该是"音乐民俗"。这门课可以让未来的音乐教育者把直接和间接存在的民俗文化与专业活动相结合，培养青年人真正地把民俗当作国家和世界遗产的一部分，当作道德、伦理和文化财富的来源之一。② 可见，将民俗学纳入教育体系，使老师和学生意识到他们所处的文化很重要并值得研究的，可以促使他们降低文化假定和民族优越感，从而增加对不同文化的容忍度。民俗学教会了人们认识到生为人类的意义。民俗学的理论、内容和研究方法促使人们利用自己和他人的隐性知识构建重要的技能。③

（6）民俗对现代社会发展的促进作用

民俗的概念和研究方法及其相关研究成果的应用，不但能在文化保护、传承等方面起到积极作用，还能够应对社会发展过程和社会变化中的挑战，并用民俗这种民间的力量来对文化及政治等发展进行调整。而民俗学家则可以在以下几个领域承担一定的角色：传统文化的公共演讲与陈述；社区参与和倡导；卫生保健；组织管理；政治；媒体和法律体系与教育。④

① Bowman，Paddy B. "Standing at the Crossroads of Folklore and Education"，*Journal of American Folklore*，2006，119 (471)：66-79.

② Khairutdinova D.F. "Boosting Research Skills in Music Students by Means of Staging Folklore Rituals"，*Social and Behavioral Science*，2015，191：383-386.

③ Bowman，Paddy B. "Standing at the Crossroads of Folklore and Education"，*Journal of American Folklore*，2006，119 (471)：66-79.

④ Nicolaisen，W F H. "Folklore in Use：Application in the Real World"，*Folklore*，1998，109：119.

　　而从正面关系上看，民俗研究本身还能够促进现代社会的发展。简萨拉克（Janthaluck）和温基特（Ounjit)[1]从社区文化建设的视角，分析了民俗、社会资本的恢复和社区文化之间的关系，发现民俗为社区范围内人们的沟通、交往创造了空间。作为社区社会资本核心的老年人，通过把快乐带进社区而在此发挥了有价值的作用。孩子和年轻人知道了他们所依赖的社区的历史，通过讲述故事等方式能让年轻人改变他们的思考和行为方式。通过民俗行为能重构丢失的传统和娱乐行为，从而形成社区内的合作行为和社区文化圈。

（二）国内相关研究

　　中国现代民俗学研究肇始于 20 世纪初，以北京大学的"歌谣运动"和中山大学的"民俗学会"成立为标志。[2]当时是受五四新文化运动的影响，由一部分关心国家和民族命运的知识分子发起和参与，作为当时"各种社会运动"的重要组成部分，而开展的"关注民间""走向民间"等活动的重要内容。[3]在之后一百年左右的时间里，中国民俗学的发展经历了几代人，也经历了几个重要的历史阶段，几经起伏。特别民俗学科在上世纪 60 年代"文革"期间被取消之后，于 70 年代末 80 年代初得以恢复至今，民俗学研究又得到了新的和更快的发展，队伍不断扩大，研究深度和广度不断得到扩展，并积累了丰厚的研究成果。

　　其中，与本课题相关的研究成果主要集中以下几个方面：

　　1. 关于民俗和民俗学价值的研究

　　价值观是民俗学理论体系建构的根本命题。中国现代民俗学自 20 世纪初产生以来，民俗学者们就一直在孜孜以求地追问、探讨民俗和民

---

[1]　Maneerat Janthaluck and Wilailak Ounjit. "Folklore, Restoration of Social Capital and Community Culture", *Procedia-Social and Behavioral Science*，2012，65：218-224.

[2]　王文宝：《中国民俗学史》，巴蜀书社 1995 年版，第 184—231 页。

[3]　穆昭阳：《中国现代民俗学发端史研究》，中央民族大学民俗学硕士学位论文，2011 年。

俗学的价值。刘锡诚先生指出，我们判断民俗的价值，"首先取决于采用什么样的价值观，而采取什么样的价值观，则最终取决于用什么样的历史观做指导。"① 即我们判断民俗的现代价值实际上要从对其历史价值的评价开始。北京大学高丙中教授认为："中国民俗学对于民俗的研究从来都是从中发现其价值，但是在不同的时期关于价值的观念是非常不同的。"② 钟敬文先生更是明确地指出，民俗学研究就是要反映"一个国家和民族中广大人民群众的生活文化"③，并从中发现其价值。这一价值理念的提出对后来整个中国民俗学界对民俗和民俗学价值的认识产生了巨大影响。学者们认为，就是这一认识，使我们从原来主要是"肯定民俗的历史文化价值到肯定民俗的现实文化价值……从肯定'俗'脱离'民'的价值到肯定'俗'对于'民'的价值"④，即把"俗"与"民"同等对待。

　　钟敬文先生等几位学者实际上是从认识论的角度较为一致地表达了一个基本的逻辑理念，即：对民俗的价值判断要取决于民俗价值观；民俗价值观的确立则取决于民俗学研究的价值设定；不同时代的民俗学价值设定是与其所处的时代相对应的。正是基于这样的理念和其所肩负的时代使命，所以在中国民俗学科刚刚恢复不久的 1982 年，钟敬文先生即表达了其经典性的观点："为普通中国人的日常生活辩护是民俗学最有贡献的地方"，民俗学就是要"帮助我们的社会逐渐学会如何看待普通的个人"。⑤ 而关于民俗学价值的具体体现，钟敬文先生认为，民俗学的价值主要体现在两个方面："一是它能够加强和加深广大人民对于

① 刘锡诚：《试论非物质文化遗产的价值判断问题》，《民间文化论坛》2008 年第 6 期。
② 高丙中：《中国民俗学的新时代：开创公民日常生活的文化科学》，《民俗研究》2015年第 1 期。
③ 刘铁梁：《村落生活与文化体系中的乡民艺术》，《民族艺术》2006 年第 1 期。
④ 高丙中：《中国民俗学的新时代：开创公民日常生活的文化科学》，《民俗研究》2015年第 1 期。
⑤ 高丙中：《中国民俗学的新时代：开创公民日常生活的文化科学》，《民俗研究》2015年第 1 期。

唯物历史观及'人民创造历史'的伟大真理的理解和信心。它大大有助于鼓舞今天广大人民在现实社会活动中的创造意志和奋斗热情。"① 二是"它能够使今天广大人民明了许多民间风俗、习惯的起源和变迁过程，明了它们的社会性质和社会作用，自觉地或者比较自觉地去观察和对待那些跟自己生活有密切关系的民俗事象，从而加强对当前新的生活和文化的认识，有助于推动整个社会主义社会的发展进程"②。很多学者对这一理念进行了呼应。刘铁梁教授指出：民俗学"如果仅仅停留在一种精英或士大夫的言论之中，这种文化就不能成为关乎民族命运的根性文化"，而生活层面的民俗文化，如果不经过学者们"具有一定逻辑性的总结或心有灵犀式的妙悟，大家也不容易体会到这种文化的意蕴所在"，因此，民俗学研究实际上就是要去揭示老百姓的"生活世界"。③ 华东师范大学田兆元教授更认为：民俗学的价值就是在于其能够"继承文化传统、建构社会价值认同、探讨民间文化价值"④。因此，民俗学者肩负着双重使命，一是作为文化建构者和文化实践者，去"为人民服务，为社会服务"；二是作为文化研究者，去进行智慧开发、思维拓展，探索和认识人类自身。⑤

在关于"民俗价值"的探讨中，刘铁梁教授提出的关于民俗的"内价值"与"外价值"理论，是比较有代表性的、基于当前民俗文化的生存和发展环境与"非遗"保护的矛盾等现实状况提出的理性研判。民俗的"内价值"是指"民俗文化在其存在的社会与历史的时空中所发生的作用，也就是局内的民众所认可和在生活中实际使用的价值"⑥。民俗的

---

① 钟敬文：《民俗学与民间文学》，《江苏社联通讯》1983 年第 1 期。
② 钟敬文：《民俗学与民间文学》，《江苏社联通讯》1983 年第 1 期。
③ 刘铁梁：《村落生活与文化体系中的乡民艺术》，《民族艺术》2006 年第 1 期。
④ 田兆元：《民俗本质的重估与民俗学家的责任——一种立足于文化精华立场的表述》，《山东社会科学》2011 年第 5 期。
⑤ 田兆元：《民俗本质的重估与民俗学家的责任——一种立足于文化精华立场的表述》，《山东社会科学》2011 年第 5 期。
⑥ 刘铁梁：《民俗文化的内价值与外价值》，《民俗研究》2011 年第 4 期。

"外价值"则是指"作为局外人的学者、社会活动家、文化产业人士等附加给这些文化的观念、评论，或者商品化包装所获得的经济效益等价值"①。在这一认识的基础上，刘铁梁教授对当前社会上存在的过分注重"外价值"的功利化倾向提出了批评，并倡导一定要对民俗的"内价值"进行"呵护"！

同时，学者们还针对民俗学在不同领域的作用与价值展开了研究。

关于区域民俗学、民族民俗学研究的价值：有学者提出，"从横向维度即空间维度看，中国民俗学研究的本体是由多民族民俗文化和多区域民俗文化构成的，对不同民族民俗进行研究具有不同的价值。"② 刘旭相专门研究了泸州市纳溪区民俗文化的品德教育功能，提出创造性地利用本地文化对儿童的长期浸润熏陶是养成高尚品德、培育地方性格、增强家乡情结的有效方式，同时也要真正以活生生的人为载体，来传承、发展地域民俗文化。③ 陈金文则将民族民俗研究的价值归纳为三点："第一，通过对各民族民俗学的研究，可以看到各民族形成发展的历史，看到各民族在不同历史阶段的社会政治结构、生产生活方式，了解各民族的民族心理或民族精神；第二，深入研究不同民族的民风民俗，说明各民族民俗文化的差异点，对于促进各民族间的相互沟通了解，彼此尊重，相互团结，有着重要价值和意义；第三，研究与探讨我国各民族民俗文化间的相互影响、渗透与借鉴，对于促进我国各民族间的文化认同，建立和谐的民族大家庭有着重要意义。"④ 中山大学叶春生教授较早地倡导要开展"区域民俗学研究"，认为区域民俗研究具有重要的社会

① 刘铁梁：《民俗文化的内价值与外价值》，《民俗研究》2011 年第 4 期。

② 陈金文：《论中国民俗学研究本体的构成》，《华中师范大学学报》（人文社会科学版）2014 年第 6 期。

③ 刘旭相：《纳溪民俗文化对儿童品德养成的价值与教育策略研究》，《泸州职业技术学院学报》2012 年第 2 期。

④ 陈金文：《论中国民俗学研究本体的构成》，《华中师范大学学报》（人文社会科学版）2014 年第 6 期。

意义——"关注这些特殊的区域民俗事象，将有助于我们研究当地人民的心理，作出顺乎天理民情、有利于社会发展的善举。"① 凌远清则在研究中着重突出了区域民俗研究对提升地方文化软实力的影响，他"将区域民俗定义为指特定区域内由于自然状况与人文地理的原因而形成的具有共同特点的民间文化事象"②。并且认为：通过研究发掘区域特定的民俗事项，同时"在政策与管理层面上给民众营造一个宽松的环境，让具有传统特色与地方特质的区域民俗活动重放异彩，才能增强民众的地方凝聚力和区域文化认同感，也才能从根本上提升一个地区的文化软实力"。③

关于民俗学研究的国家意义和政治价值：进入阶级社会以后，民俗首先被统治阶级用来为维护和加强他们的政权服务。历史上，王朝官府"为了便于政治上的统治，往往把古代旧俗遗风或当时的一些民俗转变成礼法，甚至各朝各代相继纳入本朝《会典》《会要》"，也有一些高官显贵"依据民间固有的习俗制定出家规家礼，以成为家族内部的制度"。④ 而殖民主义、帝国主义者，为了向外扩张、侵略，同样把民俗研究作为奴化被压迫民族的手段，表现出了民俗研究的政治用途。⑤ 而从民俗的社会性上看，无论是观风知俗，还是移风易俗和因风顺俗，实际都是民俗政治化的表现。民俗的国家认同、民族认同和地方认同，也都属于民俗政治问题，而社会风气、公序良俗的建立，也是社会政治秩序的体现。因此，民俗和民俗学应用于社会治理、民族发展等，有着非常重要的现实意义。"立足民俗学理论，研究民俗文化，对于开发利用地方文化资源，增强各地文化软实力，促进地方文化产业发展，培养各

---

① 叶春生：《区域民俗学的概念、性质与特点》，上海文艺出版社 2012 年版，第 128—129 页。

② 凌远清：《区域民俗：地方文化软实力提升的重要依托》，《广西师范大学学报》（哲社版）2011 年第 3 期。

③ 凌远清：《区域民俗：地方文化软实力提升的重要依托》，《广西师范大学学报》（哲社版）2011 年第 3 期。

④ 乌丙安：《民俗学丛话——乌丙安民俗研究文集》，长春出版社 2014 年版，第 14 页。

⑤ 王文宝：《中国民俗学发展史》，辽宁大学出版社 1987 年版，第 5—6 页。

地民众热爱乡土的意识，都有重要价值和意义。"① 另外，在国家政策制定方面，民俗作为对社会公众心态及生活习惯的鲜明反映，也是政府制定政策时必须考虑的文化背景要素。政府政策的制定必须充分考虑不同地区、不同民族的民俗差异，这样才能使制定的政策因地制宜，有的放矢，有利于民众接受并顺利执行。"历代婚制所制定的婚姻法令，往往都是以历代婚俗特点为基础的。同样，我国当代婚姻法的许多细则，也都是在对现代婚俗进行了科学研究之后才得出的结论。"② 而民俗学研究在当代直接影响国家政策的最典型案例是国家公共假期的制定——春节、清明节、端午节、中秋节四大传统节日被纳入国家公共假期体系，就是由中国民俗学会承担的国家课题——"民族传统节日与国家法定假日"课题组研究成果直接影响国家政策的结果。所以，民俗学者和民俗学研究要参与国家政治和文化建设，去"为人民服务、为社会服务、为国家服务"，也是民俗学价值的重要体现。③

还有学者对民俗学研究在某些特定领域的价值进行了探讨。例如，何学威研究了民俗学研究对于民俗旅游发展的实践意义，认为民俗学研究对于推动旅游开发和旅游产业发展，具有三个方面的意义：首先可以进一步丰富、充实旅游资源的种类，为开发新的旅游点提供第一手资料。"民俗风情是开发价值很高的一种旅游资源，开发这一资源，可以和其他旅游资源形成优势互补，使旅游产品结构得以优化"；其次，"民俗中大量的民间风情、风俗传说、历史典故和人物故事等，可以向旅游者介绍当地历史、地理、文化、生活等方面的知识，提高吸引力"；最后，民俗学可以使国外旅游者，"了解中华民族古老灿烂的历史文化，增进国

① 陈金文：《论中国民俗学研究本体的构成》，《华中师范大学学报》（人文社会科学版）2014 年第 6 期。

② 周晓平：《论民俗文化在和谐社会与廉政文化建设中的作用》，《中央社会主义学院学报》2007 年第 5 期。

③ 田兆元：《民俗本质的重估与民俗学家的责任——一种立足于文化精华立场的表述》，《山东社会科学》2011 年第 5 期。

际间的友好往来和文化交流，促进入境旅游发展。"① 朱志娟提出，民俗学研究能够为"移风易俗"提供方法和路径。其在分析和探讨了豫北地区唐庄村结婚消费的现状和原因的基础上，为帮助当地农民走出结婚高消费、互相攀比等陋俗，提出了一系列的对策和解决的途径。②

2. 关于民俗学者社会参与的研究

实际上，民俗学的价值与民俗学者的社会参与意识、社会参与深度和广度是有直接关系的。张士闪教授主编的《中国民俗文化发展报告》对梳理、总结中国民俗学研究现状、研究成果、存在的问题等作出了重要贡献。该报告为年度报告，每年一集，已连续出版了 2012 年、2013年、2014 年、2015 年、2016 年的年度报告。其中《中国民俗文化发展报告 2012》对有关民俗和民俗学的发展环境、发展现状、发展方向等问题的研究成果进行了专门整理，并得出以下判断：第一，目前我国民俗文化的发展整体上"受到限制"；第二，民俗文化传统"在当代全球化语境下"正遭遇挑战，必须"积极调试、创化新生"；第三，知识界共同感受到民俗学当前正面临两个严峻的现实，一是"国家政治强行干预民俗传承"，二是民俗文化被视为"生产资源"，这是"民俗文化在国家宏大格局中持续旁落的极端形式"；第四，在当前的形势下，民俗学者必须摒弃偏守民俗文化传承的"民本立场"和"自足自觉"的幻想，去谋求在"既定社会的宏大格局中"构建与"国家规制格局"的共生关系。③ 在现实社会中民俗学的这种无奈，虽然也时常会有学者对此发出学术追求的"伦理拷问"，④ 但实际上还是被许多民俗学者自觉或不自觉地接受，甚至是积极呼应。华中师范大学黄永林教授在一篇文章中即对

---

① 何学威：《经济民俗学》，中国建材工业出版社 2000 年版，第 306—318 页。

② 朱志娟：《当代农村结婚高消费的民俗学分析——以豫北地区唐庄村为个案》，广西师范大学民俗学专业硕士学位论文，2010 年。

③ 张士闪主编：《中国民俗文化发展报告 2012》，北京大学出版社 2013 年版，第 3—56 页。

④ 施爱东：《中国现代民俗学检讨》，社会科学文献出版社 2010 年版，第 220 页。

此进行了呼应，指出"民俗文化发展理论在当下的应用"，首先要与国家的主体意识相适应，在当今社会主义核心价值观构建中，发挥其"内在的精神力量，构建核心价值，增强文化凝聚力"；同时，也"要随着商业化、市场化、世俗化程度的加深"，适应市场经济的发展需求，发挥"民俗文化的独特的娱乐功能"，参与社会发展和经济建设。① 乌丙安教授则认为：在市场经济大潮下，民俗学研究不可避免地要受到冲击，"一些同仁从民俗学的多方实用价值另辟蹊径了，民俗文化的商品化倾向也形成了某种新潮。"② 而中国民俗学会会长、中国社科院的朝戈金教授则更加肯定地认为：中国民俗学者积极参与国家发展和社会事务，把自己的专业知识和研究成果作用于国家主体事务，实际上是一种"责任感与使命感，如在当前的非物质文化遗产保护工作中，以一大批著名民俗学家为代表的知识界人士"，承担了各类非物质文化遗产的搜集、整理、评估、申报等工作，为政府提供咨询和建议，"这种深度介入，使传统文化在当代中国社会的复兴，具有了别样风采。"③ "民俗学也在这种彰显了学科价值和意义的过程当中，成为各级政府和各族群众都关心的领域"，"就以大规模参与国家某个层面的工作而言，也很少有哪个学科能够像民俗学这样发挥作用的。"④ 上述学者的观点都十分鲜明——民俗学者必然、也必须参与社会，并积极响应国家主体意识。张士闪教授在 2005 年时即已提出，民俗本身"并非源于政治真空的环境中，他们反应、增强并弥漫于政治权力之中"，也必然要参与国家政治权力导向下的社会事务。⑤ 后来更有学者认为，民俗"看似离政治很远，不以政

---

① 黄永林：《民俗文化发展理论与生态规律阐释及其实践应用》，《民俗研究》2015 年第 2 期。

② 乌丙安：《民俗学丛话——乌丙安民俗研究文集》，长春出版社 2014 年版，第 260 页。

③ 朝戈金：《新中国民俗学的历程》，载施爱东、巴莫曲布嫫《走向新范式的中国民俗学》，中国社会科学出版社 2015 年版，第 3—4 页。

④ 朝戈金：《新中国民俗学的历程》，《文化月刊》2013 年第 7 期。

⑤ 张士闪：《乡民艺术的文化解读——鲁中四村考察》，山东人民出版社 2005 年版，第 10 页。

治化的面目存在"，但实际上却负载着"政治使命"，民俗根本无法脱离"政治因素而真空地存在"，并且要随时"回应社会、政治、历史的'召唤'"而"俗随时变"。① 田兆元教授认为服务人民、服务社会、服务国家就是民俗学科和民俗学者的使命。② 而赵世瑜教授则直接把"国家在场"作为民俗和社会文化发展的一种必然现象，在社会史和民俗学研究中把其作为一个基本前提。③

3. 关于民俗学学科地位的研究

民俗学的学科地位问题是所有民俗学者共同关心的问题，但民俗学科地位的不确定性恰恰是我们今天所面临的现实，这也是民俗学的学科地位问题时不时会成为学界热点话题的根源所在。有学者认为，民俗"自古以来就与国家善治联系在一起，在国家治乱中具有作为社会共识的关键地位，因此，民俗学应该有自己的学科自信"④。而中国社科院的吕微教授甚至更加自信地宣示：民俗学是"一门伟大的学科"，并且用"民俗学：一门伟大的学科"来给自己的民俗学著作命名。⑤ 但在民俗学的学术领域，大多数学者们还是认为，在目前的学科体系中，民俗学仍然处于"边缘地位"，并没有"进入主流学术"领域，而且，如果不抓紧夯实学科的"哲学根基"，民俗学就"不会有进入主流学术的机会"⑥；在当前中国的科研和学科管理格局中，"民俗学是社会学的二级

---

① 张霞：《民俗与政治的互动》，山东师范大学中国现当代文学博士学位论文，2014 年。

② 田兆元：《民俗本质的重估与民俗学家的责任——一种立足于文化精华立场的表述》，《山东社会科学》2011 年第 5 期。

③ 赵世瑜：《小历史与大历史——区域社会史的理念、方法与实践》，生活·读书·新知三联书店 2006 年版，第 5 页。

④ 王立阳、胥志强：《"民俗学的学术资源再认识：哲学之根与他山之石"会议综述》，《民俗研究》2015 年第 3 期。

⑤ 吕微：《民俗学：一门伟大的学科——从学术反思到实践科学的历史与逻辑研究》，中国社会科学出版社 2015 年版。

⑥ 王立阳、胥志强：《"民俗学的学术资源再认识：哲学之根与他山之石"会议综述》，《民俗研究》2015 年第 3 期。

学科，而民俗学作为一个深具人文色彩的领域，其发展态势和评价体系，仍然受到统领学科的规制"，今后民俗学到底怎样按照自身的特点"来调整学科姿态"，是一个"很有挑战性的课题"。① 施爱东教授对中国现代民俗学的学科地位、发展历程、民俗学发展的重要节点、重要学者及其理论贡献以及目前存在的问题等进行了总结性梳理。其博士后出站报告《中国现代民俗学检讨》一书中，涉及许多与民俗学科地位相关的研究内容，主要包括：(1) 民俗学者的社会地位：学术研究实际只是一个"普通的社会职业"，"现代学术体制使大多数普通学者成了学术行业的弱势群体"，民俗学者自然也逃脱不了这种宿命；② (2) 中国现代民俗学研究的开端，并非源于"民俗学本身"，"而是五四新文化运动催生的一场半启蒙半学术的活动"，亦即民俗学的出生本身就是与知识分子对国家命运的关心、与民族意识的觉醒等政治因素相关联的，因此，中国的民俗学的发源与产生，思想动机和意识形态诉求是起主要作用的；③ (3) 民俗学界素有"祖师崇拜"的传统，薪火相传的师承关系是中国民俗学学术传统的重要特点；④ (4) 中国现代民俗学源于"运动"，也继承了运动传统，中国民俗学发展过程中几次大的机遇和相关活动，"都是以运动或准运动的形式展开的"，长期以来，整个民俗学界已经形成了"运动学术观"；⑤ (5) 中国民俗学的学科定位一直摇摆不定，总是在史学、文化、社会学之间转换，至今"既缺乏严整丰富的理论体系，也缺乏堪当科学传统的理想范式"，因此，民俗学注定要处在"边缘学科"地位，"不可能在现有学科体系中找到一个准确位置"，并且会经常面临学科危机。⑥

① 朝戈金：《新中国民俗学的历程》，载施爱东、巴莫曲布嫫《走向新范式的中国民俗学》，中国社会科学出版社 2015 年版，第 6 页。

② 施爱东：《中国现代民俗学检讨》，社会科学文献出版社 2010 年版，第 1 页。

③ 施爱东：《中国现代民俗学检讨》，社会科学文献出版社 2010 年版，第 37—38 页。

④ 施爱东：《中国现代民俗学检讨》，社会科学文献出版社 2010 年版，第 1—10 页。

⑤ 施爱东：《中国现代民俗学检讨》，社会科学文献出版社 2010 年版，第 102—103 页。

⑥ 施爱东：《中国现代民俗学检讨》，社会科学文献出版社 2010 年版，第 103、159—160 页。

因此有学者沮丧地认为，中国民俗学的知识建构实际上"已经趋向失败"。① 对此，田兆元教授认为：民俗学的学科地位实际上与民俗学的价值定位有关，"过去我们对于民俗学的解释，从方法论上是一种考据式的表述，从价值观上是一种阶级分析的方式"，这"都不能适应当代文化发展对于民俗学的要求"②，与民俗学应有的"继承文化传统、建构社会价值认同、探讨民间文化价值"价值定位相差甚远，所以才会"日益丧失其社会影响力和学科影响力"，因此，当代民俗学者们要有使命感，用我们的"创造性研究"，去奠定"民俗学学科发展的百年大计"。③

4. 关于民俗文化保护、传承路径的研究

伴随着"后工业社会"而衍生的"后现代主义"，在文化领域引起了非常复杂的意识形态嬗变。一方面，"后现代主义"非常强调"对抗'权力'，破除'中心'，追求'平等'，确认'地方知识'，提出'保护传统'等等"理念。④ 另一方面，在强大的政治权力和市场平台的"裹胁和主导"下，学术研究又不得不依附于"国家规制格局"而求得生存和发展。反映在民俗学研究领域，人们不得不接受当代"民俗传承途径的变迁"——"从文化主体不经意的非正式形式为主的自发传承转向了各种非文化主体的他者传承""从传统的家庭、社区自发传承，转为有意识的政府、学校、媒体、商人等等有目的的行为"，民俗学研究"不再是为了其作为文化本身的功能而存在和享用，而是有了特殊的政治或经济目的"。⑤

---

① 张士闪主编：《中国民俗文化发展报告 2012》，北京大学出版社 2013 年版，第 10 页。
② 田兆元：《民俗本质的重估与民俗学家的责任——一种立足于文化精华立场的表述》，《山东社会科学》2011 年第 5 期。
③ 田兆元：《民俗本质的重估与民俗学家的责任——一种立足于文化精华立场的表述》，《山东社会科学》2011 年第 5 期。
④ 彭兆荣：《旅游人类学》，民族出版社 2004 年版，第 74 页。
⑤ 徐赣丽：《当代民俗传承途径的变迁及相关问题》，《民俗研究》2015 年第 3 期。

　　而进入 21 世纪以来，中国文化领域最重要、最急迫的事件之一就是对民族民间文化遗产进行抢救和保护。从中国民间文艺家协会发起的"中国民间文化遗产抢救工程"，到文化部的"民族民间文化遗产保护工程"，到近年来的"非物质文化遗产保护"的全面推行等等，"民族民间文化和传统民俗文化的命运与抢救、保护、传承问题得到了人们空前的关注和期待。"① 王德刚等认为，"对于政府和遗产管理部门来说，如何利用科学的理论、方法和技术手段，让遗产保护与利用需求的目标同时实现，使'有效保护'与'合理利用'实现均衡，特别是保证遗产资源管理的安全可控，便成为一个具有挑战意义的命题"，特别是在当前民俗和文化遗产的保护与利用之间极不平衡、矛盾日益突出的状态下，学术界更应该引起重视。② 许多文化遗产本身就属于民俗学研究对象的一部分，田兆元、赖婷等都认为民俗学研究在理念、思路和方法等方面可以为保护文化遗产提供基本的理论支持和重要的学术指导作用。③ 洪映红以"厦门市非物质文化遗产名录"为视角，解读其民俗学内涵与生存现状，指出："非物质文化遗产保护的紧迫性和重要性，并通过民俗学与非物质文化遗产保护的关系，以及民俗学参与非物质文化遗产保护应注意的一些立场，阐述民俗学在非物质文化遗产保护中的学科价值。"④

　　而在民俗与非物质文化遗产保护、传承的技术层面，王德刚、田芸在总结前人研究成果的基础上，将民俗与非物质文化遗产的保护模式划分为四种，即政府供养（或补贴传承人）模式、教育传承模式、原生态

① 　张成福：《民俗学与非物质文化遗产保护》，《重庆文理学院学报》2007 年第 4 期。
② 　王德刚、赵建峰、黄潇婷：《山岳型遗产地环境容量动态管理研究》，《中国人口资源与环境》2015 年第 10 期。
③ 　田兆元、赖婷：《关注非物质文化遗产保护背景下的民俗文化与民俗学学科的命运》，《河南社会科学》2009 年第 3 期。
④ 　洪映红：《民俗学在非物质文化遗产保护中的学科价值——以"厦门市非物质文化遗产名录"为例》，《湖南文理学院学报》（社会科学版）2008 年第 3 期。

保护模式和旅游化生存模式。① 并且探讨了通过"文化空间再造"路径对民俗和非物质文化遗产进行集群化保护的具体路径与技术方案，而且以山东省栖霞市古镇都村非物质文化遗产保护工程为案例，进行了实验性研究。根据实验研究过程，提出了"文化空间再造与'非遗'的'活态'保护"的核心理论和"文化载体化→载体功能化→功能商业化"的三段论逻辑。② 山东大学朱以青教授对民俗与非物质文化遗产的生产性保护进行了专门研究，提出了"在生产与生活互动中延续传统技艺"的思路，并概括出了实现生产性保护的三个条件，即：一是"作为生产性保护核心的传统技艺不能中断"，二是"传承人要有主动性、能动性"，三是"传统技艺不是孤立存在的，它源于生活，有适应它存在的土壤，有较显著的地域特色"。③ 王德刚、田芸还对民俗与非物质文化的"旅游化传承"模式进行了探讨，分析、论证了民俗与非物质文化遗产"舞台化生存——景区旅游模式"和"生活化生存——社区旅游模式"的特点与实施路径，并提出了"统筹规划，合理利用""尽快建立政府对'非遗'保护与旅游开发的监管机制和法律政策体系""注重居民的参与"三项具体对策。④

还有学者探讨了在不同领域进行民俗文化保护、传承的方法和路径。王洪涛对城市旧区改造中如何利用民俗学理论和方法去塑造产城市社区生活空间进行了专门研究，认为"中国的城市发展已经带有了许多不健康的特点"，在旧城区改造中需要"引入民俗学的成果"，"更好地

---

① 王德刚、田芸：《世界非物质文化遗产的现代生存模式》，《世界遗产》2008 年第 5 期。另说明：通过后续的跟进研究，笔者认为"旅游化生存模式"其实只是"生产性保护"模式中的一个类型，并不能成为独立的模式，因此，四种模式中应该以"生产性保护"替代"旅游化生存模式"。

② 王德刚：《空间再造与文化传承——栖霞古镇都村"非遗"保护工程实验研究》，《民俗研究》2014 年第 5 期。

③ 朱以青：《传统技艺的生产保护与生活传承》，《民俗研究》2015 年第 1 期。

④ 王德刚、田芸：《旅游化生存——论非物质文化遗产的现代生存模式》，《北京第二外国语学院学报》（旅游版）2010 年第 1 期。

完善民俗生活空间"，用民俗去塑造"城市的精神和居民的气质"。① 王瑞军通过对民间信仰的社会功能及其作用机制的研究，探讨了"民俗参与乡村治理、乡村经济发展、乡村文化建设、乡村生态保护及乡村社会心理调适等的意义和路径建议"，如在生态保护方面，作者认为，自然崇拜是民间信仰的重要部分，因此民间信仰中"有许多保护生态环境的民间禁忌和民间规约间接起到保护农村生态环境的作用"②。王德刚、易金、田芸使用扎根理论质性研究方法，对四川省大邑县安仁古镇的"文化嵌入式"的新旧文化融合发展模式进行了专门研究，认为："在历史传承基础上的文化融合更体现了文化是联结不同族群的基本要素。新旧文化作为一种二元表达方式，在传承的统一认识下能够使对立关系弱化。""文化嵌入复活了安仁的历史传统，嵌入形式具体落实到安仁的品牌定位、制度建设、经济发展、市场影响力等各个方面，使得安仁在全国的知名度越来越高。"最终推断出古村镇传统文化、民俗文化的保护传承与现代经济发展的博弈中，通过"文化嵌入模式"下的"新旧文化融合与传承""均衡利益的商业运作模式""灵魂人物的创新文化产品""认知能力的文化力影响"四个作用机理，完全可以实现保护传承与创新发展的有机融合。③

　　总之，与本课题研究内容相关的几个方面，前期民俗学界的研究已经取得了一些成果，在某些具体问题上形成了一些明确的观点，为今后的研究特别是本课题研究过程中的调查访谈提供了较好的话题素材与内容准备。

① 王洪涛：《引入民俗学的城市旧区改造与更新研究》，天津大学建筑设计及理论博士学位论文，2005年。
② 王瑞军：《民间信仰的社会功能及作用机制研究》，南京航空航天大学马克思主义基本原理博士学位论文，2012年。
③ 王德刚、易金、田芸：《古村镇保护与开发中的"文化嵌入"模式研究》，《山东大学学报》（哲学社会科学版）2016年第2期。

（三）国内外相关研究简析

与其他学科领域相比，民俗学者是一个交织在矛盾关系中的特殊群体，由于其自身的"学者""精英"身份与其研究对象的"乡土性""民间性"的落差，使其自己的身份总是处在一种矛盾和尴尬的状态中。美国学者罗伯特·雷德菲尔德（Robert Redfield）在其著作《农民社会与文化——一种考察文明的人类学方法》中，将社会文明划分为"大传统文化"与"小传统文化"，前者体现在城市化的精英阶层中，以具有反思性的哲学家、神学家、牧师、教师、议员等"知识分子"为代表；后者主要体现在乡下的农民社群中。[①] 而民俗学者是以"大文化传统"代表的身份来研究"小传统文化"的，并浸淫其中，甚至有时要成为"小传统文化"的代言人，在这种矛盾的交织中，总会产生身份模糊、角色转换的尴尬，甚至经常会被认为"是一批脸上沾满尘土、脾气有些古怪、喜欢收集破烂的家伙"[②]。因此，民俗学者们自身也更需要把民俗和民俗学的价值搞明白、说清楚，既为民俗学的存在与发展，也为自己的安身立命。诚如高丙中教授所言：既"玉成于我们这个学术群体"，也"成全我们这些学人的人生"。[③]

从上述对民俗和民俗学价值研究的学术史梳理中可以看出，民俗学与其他学科一样，自产生伊始，就力图证明自己学科的存在价值，要明确自己的归属和地位，并向世人宣示自己"是什么"和"有多重要"。从 17、18 世纪民俗学产生开始，直至 19 世纪后期，西方民俗学者一直都在试图准确、全面地解释"民俗""民俗学"以及"民俗学的性质"，以为自己验明正身，确定名分。其中，罗伯特·乔治和迈克尔·欧文·琼斯[④] 合

---

① 刘慧：《泰山信仰与中国社会》，上海人民出版社 2011 年版，第 1—2 页。

② 田兆元：《民俗本质的重估与民俗学家的责任——一种立足于文化精华立场的表述》，《山东社会科学》2011 年第 5 期。

③ 高丙中：《中国民俗学的新时代：开创公民日常生活的文化科学》，《民俗研究》2015 年第 1 期。

④ Georges, Robert A., and Michael Owen Jones. *Folkloristics：An Introduction*, Bloomington：Indiana University Press, 1995.

作出版的《民俗学导论》（*Folkloristics：An Introduction*）一书，真正明确了"folklore"（民俗）和"folkloristics"（民俗学）两个概念及其英文表达方式，并使之作为专门概念在学术上被固定了下来，使民俗学学科体系的构建在学理上有了概念基础。

进入 20 世纪以来，伴随着城市化、工业化、现代化迅猛发展对乡村、传统和民俗的影响，北美的民俗学家开始理性地对民俗学的学科体系进行重构，用以区别"民俗"和"流行、高雅文化"之间的不同；同时，在民族主义思潮的影响下，欧洲及日本的民俗学者们开始关注和强调民俗与民族、民俗与国家的关系，日本的"一国民俗学"也就是在这样的背景下产生的。而这个时候，中国的民俗学还处于刚刚出生的幼稚阶段，与西方和日本强调民族优越性的民族思潮不同的是，中国民俗学是在民族救亡运动和爱国思潮的影响下，走向"民间"形成的结果。所以，无论是在西方还是在中国，现代民俗学研究的肇始大多都是与国家和民族命运、与国家政治需求和民族意识的兴起相关联的。中国现代民俗学研究起源于五四新文化运动，是当时"系列运动"的重要组成部分，因此至今我国许多学者会把中国现代民俗学的开端描述为"歌谣运动"或"民俗学运动"①，并把这种"运动"的传统传承至今。实际上，这种历史的基因本身也决定了民俗学的宿命：民俗价值观、民俗学的学科地位、民俗学的发展环境等从来都不是由学术自身决定的。它必然与国家政治和民族意识、与国家发展的阶段性诉求、与"国家规制格局"等相联系。

正是由于民俗学的这种宿命，所以民俗学的学科性质、学科地位、民俗和民俗学的价值等本体论问题，就成了具有"学术"和"非学术"双重属性的问题，或者说是看似"学术"但实际并非完全由学术来决定的问题，而且，在一定程度上，"非学术"因素可能起到了更关键的作用。

----

① 　王文宝：《中国民俗学史》，巴蜀书社 1995 年版，第 184 页。

　　如果我们梳理一下中国民俗学自产生以来发展历程中的几个关键节点，就会发现，中国民俗学的发展历来都是跟民族命运、国家政治等主体诉求密切相关的：

　　20 世纪初：民族救亡，五四新文化运动→民俗学的兴起；

　　20 世纪 70 年代末 80 年代初：十年浩劫结束，思想解放→民俗学恢复；

　　20 世纪末至今：中华民族文化复兴，传承优秀传统文化，非物质文化遗产保护→民俗学被重视（或可称为"民俗学复兴"）。

　　由于处在不同的社会发展阶段，世界各国民俗学（当然也包括其他一些学科）的发展历程不是完全同步的。

　　进入 21 世纪后，西方一些国家的民俗学发展状况出现了逆转，许多国家民俗学研究课题被废除或遭到了严重的削弱，一些高校的民俗学科被取消或被合并。① 著名民俗学家阿兰·邓迪斯② 认为，这主要是因为民俗学"宏大理论"创新的持续缺乏和一些民俗学业余爱好者给这一学科带来了坏名声所致。这也迫使西方国家的民俗学研究开始发生转向，虽然民俗学家还在沿用传统的田野作业、记录、文本等手段来进行研究，但研究的方向明显地由主要关注过去、历史和地理，而让位于对人、经验、美学、社区、表演中沟通、权利问题、意识形态和性别的研究等，即一些社会"公共问题"被纳入民俗学研究的重点领域，以至于一些国家的"公共民俗学"开始另辟蹊径地异军突起。

　　与西方国家不同的是，中国的民俗学科当前正处在一个"被重视"的时期。特别是"非遗"热兴起、国家"非遗"保护工程开始之后，民俗学家们更是被政府和企业家请到了社会舞台上担任"主角"。但实际上这种"被重视"，与民俗学科自身的发展诉求是存在着很大的错位和

---

① 　Alan Dundes. "Folkloristics in the Twenty-First Century", *Journal of American Folklore*, 2005，118 (470)：385-408.

② 　[美] 阿兰·邓迪斯（Alan Dundes）著，王曼利译，张举文校：《21 世纪的民俗研究》，中国民俗学网，2009 年 5 月 31 日。

不对称的。刘铁梁教授关于民俗"内价值"与"外价值"理论的提出，就是针对当前民俗学者被政府请进"非遗"保护工作的主流渠道、过分解读和重视民俗的"外价值"，而"造成对于民俗文化原有内价值的伤害"的违背民俗价值伦理的现象提出的。①

总体来看，在前期的研究中，民俗学界前辈们对民俗和民俗学的价值问题，从不同的角度进行了一定的研究并给予了阐述，甚至在某些领域给出了很有理论建构意义的学术研判。这些研究成果奠定了我们今天对民俗和民俗学价值认识的理论基础。但遗憾的是，前辈们关于民俗和民俗学价值的论述多是呈"碎片化"状态分布的，散见于他们不同的学术论著中，至今未被整理成系统的民俗价值观理论体系。也正因为如此，迄今为止，无论是在学术领域还是在相关的规制格局体系中，民俗和民俗学的价值与作用、民俗学科的归属、民俗学科的层级定位等本体论问题，也都受到了不同程度的影响，或者说处于被"矮化"状态。

首先，民俗学的学科地位并未真正确立。虽然许多学者长期以来一直在为民俗学在学术领域、教育领域的归属和"合法性"等问题进行努力，特别是钟敬文先生还呕心沥血地为民间文艺学、民俗学、民间文化学构想了一套系统的学科架构，②但遗憾的是，民俗学学科地位的根本问题并没有得到彻底解决。虽然在国务院学位办和教育部颁布的《授予博士、硕士学位和培养研究生的学科、专业目录》1997 版、2008 版中，均在"法学"门类下的一级学科"社会学"之下设立了二级学科"民俗学"专业，但在大学本科专业目录中至今未设立"民俗学"专业；而在国家哲学社会科学规划领域、教育部哲学社会科学研究领域，一直就没有单独设立过"民俗学"学科。如在全国哲学社会科学规划办公室每年公布的课题指南序列中，共有 23 个学科，一直没有单列"民俗学"学科，而是把与民俗学相关的课题分别列入"文学（中国文学）""社会

---

① 刘铁梁：《民俗文化的内价值与外价值》，《民俗研究》2011 年第 4 期。

② 施爱东：《中国现代民俗学检讨》，社会科学文献出版社 2010 年版，第 175—182 页。

学""管理学"等学科和领域中，且每年课题指南中所列的民俗学方向少得可怜。从近几年的情况看，2013 年度（当年课题方向共 139 个），有 2 个跨领域的相关方向——"中国各民族神话谱系研究"和"中国民间口传史诗和口传文学研究"与民俗学有关；2014 年度在 136 个"社会学"课题方向中，只有 1 个与民俗学相关——"民族传统文化的社会功能研究"；2015 年度破天荒地在"中国文学"领域中设计立了 1 个具有明确指向的课题方向——"民俗学前沿和热点问题研究"，同时还设立了 3 个相关课题方向——"口头诗学专题研究""跨文化民间文学交流的理论与实践研究"和"中外民间故事比较研究"；2016 年，在 103 个"社会学"课题方向中有 3 个与民俗学相关的课题方向——"社会变迁中的空间记忆与文化传承研究""社会变迁与生活价值观研究"和"中国民间社会史研究"，同时，在 155 个"管理学"课题方向中设计了 1 个跨学科命题——"非物质文化遗产协同创新保护研究"。① 因此，从当前我国民俗学的学科地位来看，它还只能是一个教育体系中不完整的"专业"（只有博士专业、硕士专业，没有本科专业），还不是一个学科领域里"独立学科"。这在很大程度上影响和制约了我国民俗学研究的发展和民俗学学科地位的确立。

其次，对民俗学的价值尚未形成统一共识。虽然从钟敬文先生开始，就有很多学者关注到民俗价值观这一民俗学研究的本体论问题，但一方面至今的相关研究成果并未在此方面形成系统性的认识，另一方面基于当代后工业社会的宏观环境和中华民族文化复兴的国家诉求、民族意识的语境，当代民俗学者如何参与社会、民俗学研究成果如何作用于社会等问题，更需要我们这一代民俗学者去做出理性的应答。民俗学产生早期西方启蒙主义否定传统和浪漫主义、强化民族意识以及日本学者"一国民俗学"的民族主义思潮等，对学术领域民俗价值观的

---

① 分别见 2013 年、2014 年、2015 年、2016 年全国哲学社会科学规划办公室的国家社会科学基金项目年度课题指南。

形成都产生过一定的影响，中国民俗学发展过程中也一直有着"运动"的传统，并且，在民俗价值观上一直用"一种阶级分析方式"，即"居于阶级及其阶级斗争的立场"来对民俗学进行定位。① 但在当下，世界环境、人类之间的类群分野标准、社会发展和社会关系理念等都发生了巨大变化，在新的语境下我们需要去做新的思考，特别需要在民俗价值观上形成民俗学者群体的自主和共同意识，而不是"被裹挟"的"统一认识"。

最后，民俗学者参与社会事务、民俗学研究成果作用于社会发展实践的路径问题未形成系统的理论和方法。民俗和民俗学价值的社会认同在很大程度上取决于民俗学研究成果的社会应用和实践转化。目前，无论是在国外还是在中国，"应用民俗学"还都是一个不很成熟的研究领域，关于民俗与传统文化等的保护、利用的理论、方法、技术、模式、路径等，基于现实社会文化和经济发展环境的民俗、非物质文化遗产集群化保护、利用的空间规划理论与方法等等，都还未形成具有实践意义的系统性理论体系。以往人们的一些应用性研究、政府常规的工作手段等，多是针对单项民俗或非物质文化遗产的保护与传承，而且多集中于工作层面，如政府对"非遗"传承人的财政供养、建立民俗博物馆、教育传承与技能培训等，都是基于工作层面的事务性行为，并未形成系统的理论体系和技术方法，使民俗文化的保护、传承等具体实践多流于经验性。正像有学者所指出的那样：我国文化研究、民俗与非物质文化遗产保护"是在理论准备严重不足的情况下上马的"。②

整体上看，与本研究主题相关的研究领域，民俗学界前期的研究积累了一定的成果，奠定了本研究对核心问题的认识基础。而本研究强

---

① 田兆元：《民俗本质的重估与民俗学家的责任——一种立足于文化精华立场的表述》，《山东社会科学》2011 年第 5 期。

② 吕微：《我们的学术观念是如何转变的》，载施爱东、巴莫曲布嫫《走向新范式的中国民俗学》，中国社会科学出版社 2015 年版，第 55 页。

调在"当下"、即当代民俗学者这一价值共同体对民俗价值观的群体意识，是对当代民俗学学术史的叙事化研究，采用的研究方法是由个人叙事到集体叙事的聚类研究方法，这项研究是此前没有人专门做过的；同时，正如我们对中国民俗学研究发展史的梳理所形成的认识那样，民俗学的发展从来都不是完全由民俗学自身决定的，一直是在政治、制度和民族、国家主体诉求的"裹胁"中发展的，就像刘锡诚先生所指出的那样：民俗学至今还没有能够提供一种"清晰的、非政治的、纯文化的文化理论"，因此，民俗学的学科地位、社会地位就总是被"政治化（不说是意识形态）的实践理性所主导的'当代主体价值观'"所主导。① 那么，在今天我们面临的社会环境和学术语境下，在国家和民族的主体诉求下，我们如何恰当地确立民俗学者的自我价值观，即民俗学能否在历史的宿命中形成完全自主的价值设定，最终形成基于"当下"的民俗价值观理论体系。这的确是需要在理论上进行探讨和在实践中进行检验的关键问题。

三、研究内容与框架

（一）研究内容

根据前述的学术史梳理和选题意向，本书试图从本体论的角度对民俗学的根本性问题展开讨论。

本体论（Ontology）"是关于一切实在的基本性质和理论"的研究②，其根本任务是探索、研究事物的本原、本质和存在的意义。从这个意义上讲，民俗本体论研究必须能够解释民俗的起源、民俗的本质和

---

① 吕微：《我们的学术观念是如何转变的》，载施爱东、巴莫曲布嫫《走向新范式的中国民俗学》，中国社会科学出版社 2015 年版，第 66 页。

② 俞宣孟：《本体论研究》（第三版），上海人民出版社 2012 年版，第 17 页。

民俗的存在意义。

从本研究的目的出发，民俗和民俗学的价值及其相关问题是本书的主体内容，主要包括以下几个方面：

1. 民俗和民俗学的价值

正像施爱东教授在其著作《中国现代民俗学检讨》中所描述的那样，在城市化、工业化、现代化和全球化的冲击下，当代民俗学者正面临着在"新秩序"与"旧秩序"之间摇摆、"入世"——参与社会事务的身份与路径尴尬、民俗学在学科体系中的定位长期处于模糊状态，又被"层次矮化"、在高等教育和科研体系中被边缘化，甚至产生学科生存危机等等现象，这一系列关乎民俗学的学科定位、归属、存在和发展的关键性问题，时常会引发学者们的学科危机感，并感到揪心。① 这些问题都属于民俗本体论应该回答的问题范畴。

研究事物的本质和本原，是本体论研究的核心命题。用民俗学者自身的体悟来对民俗本体论的核心命题做一个集体回答，是研究和获得共识的一种路径。日本民俗学泰斗柳田国男认为民俗是民族、国家特质的重要表征，民俗学首先是"本民族的"学问。② 因此民俗学研究的价值首先是能够在文化上解构民族、解构社会，然后再去建构民族和社会文化——形成民族和社会共识，建立文化共同体。这是许多民俗学者在思想意识中已经存在的学术逻辑，但这一思想并未在理论上进行系统的整理和论证，形成民俗学者的集体意识和民俗学的价值理论。

因此，以民俗价值观——对民俗价值的根本观点、看法和民俗价值评价标准作为核心命题，本书将力图以民俗学者集体意识表达的方式，来形成具有当代意义的民俗价值观。

而从理论内涵的角度，民俗价值观实际上包含着两方面内容，即：

---

① 施爱东：《中国现代民俗学检讨》，社会科学文献出版社 2010 年版，第 159—161 页。
② ［日］柳田国男：《民间传承论与乡土生活研究法》，王晓葵、王京、何彬译，学苑出版社 2010 年版，第 3 页。

——民俗的价值；

——民俗学的价值。

亦即本书将力图形成对"民俗价值"和"民俗学价值"的学术共识。

2. 民俗学的地位和民俗学者社会价值的发挥途径

这同样是两个密切相关的问题：

——民俗学或民俗学科的地位；

——民俗学者作用于社会的途径。

"入世"——"参与社会事务"；"议政"——"建言献策"，这是很多学科的学者内心存在却羞于言表的理想，民俗学者也未能"免俗"。民俗学领域也出现了许多挂着政府顾问、专家、参事、人大代表、政协委员等头衔的学者。这既是学者本人学术地位的体现，也是该学科发挥社会作用的一种重要途径。任何学科都有服务社会的功能和责任。民俗学通过"礼俗互动"——在政治体制下通过民间的"俗"来维持和重构文化秩序、社会秩序等领域，的确能够发挥不可替代的作用。山东大学王育济教授在《"礼"的当下意义》中专门论述了传统的"礼"（注：这里的"礼"指作为中国传统文化中的行为规范原则，包括"温良恭俭让"的交际礼仪、"己所不欲，勿施于人"的礼让原则，以及以"礼"燮理长幼尊卑、以"礼"统摄忠孝节义的"礼教"等）① 在中国当代精神文明、社会秩序重构中的重要作用；同时，与其他学科一样，民俗学也会通过政府的行政体系和制度渠道去作用于社会，去发挥学术成果对文化建设、经济发展、社会进步的能动作用，因此也需要部分有成就的民俗学者们去戴上一顶"体制"的桂冠，通过体制渠道去发挥民俗和民俗学的价值。

但民俗学与经济学、法学、管理学等能够直接服务于社会、参与社会政治和经济生活的学科毕竟存在很大的不同。由于学科自身的特点，

---

① 　王育济：《"礼"的当下意义》，《光明日报》2014 年 12 月 29 日。

它所提供的往往是思想性、战略性、导向性的政策指向，而不是能够直接用于操作的技术性方案和工作流程。那么，其作用于社会的主要渠道和途径是什么？在不可摆脱的政治框架和行政体制下，民俗学者如何发挥自己的社会价值？这些问题通过研究是否可以梳理出具有普适意义的路径？

3. 关联的问题

与上述两类民俗本体论的核心命题直接或间接关联的问题还有很多，研究的过程中不可避免地会涉及，并会引发延伸讨论，但不作为本书的核心问题范畴。

主要包括：

一是当代社会民俗保护、传承、利用的方法与途径。该问题属于应用民俗学范畴。应用研究一直是以往"正统"的民俗学者所不屑的研究领域，但实际上这也是确立民俗和民俗学社会地位、体现民俗和民俗学价值最重要的因素。如果说民俗学研究作用于社会的路径建构的是学者—社会关系，那么，民俗保护、传承、利用的方法建构的则是学术—社会关系。这两种关系是互相依存、互相作用的，也是民俗和民俗学的价值能够得以实现的重要技术基础。同时，对该问题的讨论还必然会涉及与民俗文化密切相关的非物质文化遗产问题，特别是近年来，非物质文化遗产保护工程直接把民俗学和民俗学者推上了社会前台。

二是民俗学者民俗价值观的形成轨迹。学术思想的形成有其自身的发展轨迹，虽然每一个个体学术思想的形成过程会有所差别，但通过对部分民俗学者个人叙事的采集、记录，进行分类、比较、归纳和聚类，在洞察个体的过程中发现差异，在归纳类别的过程中聚类共性，或许能够发现具有普遍意义的基本道路或具有个性化特征的差异化路径。这对民俗学研究本身的传承具有重要的理论意义和现实意义。

（二）研究对象

"民俗学的当下意义"是个大命题，从题目立意本身来看，这应该是一个站在整个社会的视角对民俗和民俗学的存在价值所形成的社会共识。但这个范畴的确太大了，不是少数几个人、用几年的时间就能够完成的，这可能是需要一个庞大的学术群体、划分不同的领域、针对不同的对象，既需要进行理论论证，又需要通过实践验证，才能够完成的大命题。

因此，本书只选取社会群体中与研究命题关系最直接的一个群体——"民俗学者"作为一个特定的"价值观共同体"；时间上限定为"当代"；地域上限定为"中国"，即"当代中国民俗学者"，以他们为研究对象，来提取、汇集他们对民俗价值和民俗学价值的个体认识，并以此为基础通过分析、归纳、总结来形成"中国当代民俗学者"的"民俗价值观"集体共识。

但同样，"中国当代民俗学者"仍然是一个人数众多的学术群体，以学位论文的研究方式、以个人叙事的研究路径来对整个"中国当代民俗学者"这一价值观共同体进行全面研究，也是短时间内根本无法完成的，而只能选取其中的一部分学者为代表。为此，本书在学术史梳理、即前期的文献综述时，尽力做到能够较全面地反映当代民俗学领域与研究命题相关的学术成果，汇集他们的学术观点以形成后续研究的基础；同时，研究重点则主要集中于选取的部分访谈对象，以他们的口述资料和相关的研究成果为基础，来提取、汇集关于民俗价值、民俗学价值的认识和论述，并最终归纳、总结出关于民俗价值观的群体共识。

而"中国当代民俗学者"之外的其他社会群体，虽然也会对民俗和民俗学的价值形成自己的认识，但不作为本次研究的研究对象和研究范畴。

（三）研究框架

根据研究内容和研究过程设计，形成如下研究框架（见图1）。

图 1　研究框架

四、研究方法与过程

（一）研究方法

本研究以"中国当代民俗学者"为研究对象，以"民俗价值观"为研究主题，采用由个人叙事到集体叙事的逻辑演进过程来进行研究。

即汇集当代中国民俗学者在长期的学术生涯中，早已内化于心、外化于行动的学术思想和学科价值观，来作为我们形成"民俗价值观"理论体系的认识基础。

基于此，研究方法的采用是针对不同的研究阶段、研究对象和研究内容而设定的，包括五种方法，即文献分析法、访谈法、扎根理论研究法、定性研究法、理论推导法。分别应用于研究的不同阶段。

1. 文献分析法

该方法主要应用于研究的三个阶段，即前期的研究设计、基础研究阶段和后期的口述资料与文献研究成果的"对读"综合研究阶段。

文献研究属于描述性研究，主要是整理此前学术界同行在与本研究相关的领域已经形成的学术成果，作为本研究的学术基础。

2. 访谈法

该方法应用于个人口述资料采集和质性研究阶段。

深度访谈是民俗学、人类学、社会学等学科常用的原始数据资料采集方法。本研究拟采用半结构深度访谈法①，对选定的民俗学者进行设定话题的预约访谈与讨论，以个人叙事的方式采集民俗学者们对民俗价值、民俗学价值及相关问题的个体认识，形成足够数量、话题集中的访谈资料。这些学者的口述资料将成为最后归纳、总结"中国当代民俗学者"民俗价值观的基础性资料。

3. 扎根理论方法

该方法与访谈法共同应用于个人口述资料采集和质性研究阶段，主要是针对采集的访谈资料进行分析，即由笔者在深度阅读访谈资料的基础上，以扎根理论方法为基础，结合民俗学和访谈资料的特征，对访谈

---

① 访谈按形式和内容可分为结构式访谈、半结构式访谈和非结构式访谈。结构式访谈限定内容、限定格式，一般指问卷调查；非结构访谈只设定主题，不设定提纲和格式，围绕主题自由发挥；半结构访谈设定主题和提纲，按照访谈提纲进行自由讨论。

口述资料中反映出的民俗学者们的个体意识进行分析、提炼、聚类、归纳，逐步析出民俗学者们的群体共识——关于民俗价值观及其相关命题的共识性观点——主题。

扎根理论实际上是一种在社会学、管理学等领域被广泛使用的质性研究方法，是由社会学家格拉泽（Glaser）和施特劳斯（Strauss）于1967年提出的。扎根理论"是一种从下往上建立实质理论的方法，即在系统性收集资料的基础上寻找反映社会现象的核心概念，然后通过这些概念之间的联系建构相关的社会理论"①，是一种从问题出发、自下往上建构理论的方法②。

扎根理论质性研究方法在社会科学研究领域被广泛使用，主要用于对通过访谈所形成的大量原始资料的分析研究，通过对原始资料的深度阅读，从中梳理、提取与研究主题相关的概念和范畴，然后逐级归纳、合并，最终总结、上升到具有理论意义的研究结论。

4. 定性研究法

定性研究法，主要依靠知识积累和实践经验对相关研究命题、研究内容、资料、观点等进行主观判断，评判事物的性质、发展水平及存在问题等。在本课题研究过程中，该方法作为一种通用方法，应用于研究的全过程。

5. 理论推导法

理论推导是由结论到结论、由理论到理论的逻辑推演过程，即由在学术界原已形成的研究结论和理论方法进行主观推论，形成针对研究命题的研究结论。本项研究将在最后的研究阶段，使用该方法对前期的客观分析结果进行理论总结。

①　陈向明：《扎根理论的思路与方法》，《教育研究与实践》1999年第4期。

②　Strauss，Corbin. *Grounded Theory in Practice*. Los Angeles：Sage. 1997.

（二）研究过程

整个研究过程，从前期准备到最终形成研究结论，包括六个阶段。具体为：

——研究设计；

——访谈准备；

——深度访谈；

——资料分析；

——主题阐释；

——研究总结。

在六个阶段的研究过程中，前期为研究准备和资料收集阶段；进入后期研究阶段之后，是按照一定的逻辑演进过程展开的，即：

客观研究→由客观到主观→主观研究。

首先是对访谈资料做客观分析、聚类，形成与研究命题相关的主题，并用访谈资料对聚类形成的主题进行客观的阐释、分析，使主题得到深化。

其次是通过对受访者及其学术观点的聚类特征分析和对主题的再次归类，形成由客观到主观的初步价值种类识别。

最后是将受访者的访谈资料与其前期的研究成果进行"对读"式的综合研究、论证，最终凝练、概括出研究结论。

具体阶段如图2所示：

以民俗学者为研究对象，从他们的学术思想中来获得对民俗和民俗学价值的认识基础，以扎根理论质性研究方法为辅助工具，对学者们的思想进行提炼、汇集和概括，逐步形成相对集中的对民俗和民俗学价值的共同认识。

需要说明的是：作为一种探索性的研究过程，特别是使用扎根理论方法作为分析工具，虽然是试图进行一次研究方法的尝试性创新，但因在民俗学研究中是初次使用，难免会有顾此失彼或工具化的生硬之感。在研究过程中将努力避免。

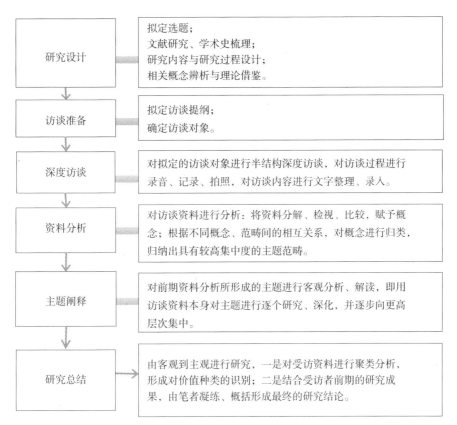

图 2　研究过程示意图

第一章　民俗价值观概念辨析与理论借鉴

一、民俗价值观概念辨析

本研究的主题是"民俗价值观"——"中国当代民俗学者"对民俗和民俗学价值的认识。

这一主题事关民俗学在当代社会的存在价值，事关中国当代民俗学者对自己所从事的事业——民俗学研究的自我价值判断和自我价值定位，也事关其他学科和社会领域对民俗和民俗学科的地位认知。

为了进一步明确本研究的核心问题、研究指向和研究范围，需要首先对与研究命题相关的几个关键概念及不同概念之间的关系进行辨析，包括"价值""价值观""价值观共同体""文化价值观""民俗价值观"等。目的在于在后续的研究过程中能够准确地把握研究主题的核心要素和主线索，避免出现研究过程"走偏"或"错位"现象。

（一）价值

要解释和确认什么是"民俗价值观"，首先要从明确什么是"价值"和"价值观"开始。

价值（value）一词源于拉丁文 valere，其原意为"值得的、有力量

的，原始意义是一件事物的价值"①。作为学术概念，"价值"一词开始时
主要是在经济学中使用，后来逐渐扩大到人类的全部生活和活动范畴。
今天，"价值"和"价值观"（values）的应用已经十分广泛，成为"各
个民族国家以及各种政治组织、经济组织、文化团体和无数的个体表达
其愿望、兴趣、理想和行为取向"②的普遍概念了。

　　我国学术界对"价值"这一概念的认识首先是从马克思主义政治经
济学领域中的价值学说开始的。

　　马克思在《资本论》和《政治经济学批判》这两本著作中，都对
"使用价值""交换价值""一般价值"等概念进行了专门讨论。其中在
《资本论》一书的开头部分，马克思在解释商品时这样写道：商品"是
一个外界的对象，一个靠自己的属性来满足人的某种需要的物"，"物的
有用性使物成为使用价值"，"使用价值只是在使用或消费中得到实现"，
"使用价值同时又是交换价值的物质承担者"。③

　　今天，随着价值概念应用范围的不断扩大，学术领域里已经构建
起了一个几乎无所不包的、复杂的社会"价值系统"，将与人类生活和
活动相关的所有领域都建立了与之对应的价值理论，延伸到了"伦理
学、政治学、社会学、法学、人类学、心理学、美学、神学、逻辑学等
几乎所有的人文学科与社会科学，从而成为涵盖性甚广的普遍的哲学范
畴"。④今天我们在任何一个领域、对任何一个现象或一种事物，都可
以用一定的价值理论、价值标准对其进行价值评判。正是由于价值范畴
的广泛性，所以，《现代汉语词典》里对"价值"的概念进行了最简单

---

① 张曙光：《论价值与价值观——关于当前中国文明与秩序重建的思考》，《学术前沿》
　2014 年第 12 期。

② 张曙光：《论价值与价值观——关于当前中国文明与秩序重建的思考》，《学术前沿》
　2014 年第 12 期。

③ 马克思：《资本论》，人民出版社 1975 年版，第 47—48 页。

④ 张曙光：《论价值与价值观——关于当前中国文明与秩序重建的思考》，《学术前沿》
　2014 年第 12 期。

的标准化解释：价值，一是指"体现在商品里的社会必要劳动"，"价值量的大小决定于生产这一商品所需要的社会必要劳动时间的多少"；二是指哲学层面上某种事物或现象的"积极作用"，① 即"有用性"。

从本研究所设定的研究内容和研究指向来看，以"价值观"为导向的民俗学研究命题所指的"价值"，应该属于事物或现象的"有用性"，亦即哲学意义的价值概念。

哲学价值论中的"价值"，与商品交换中的"价值"，在含义上有明显的不同。商品的价值是可以用价格和货币来衡量的。而哲学价值论中的价值，则有其另外的特点：第一，"价值的承担者必须具有使用价值，即它要对人有用，能满足人的需要；第二，必须要有交换价值，即它的使用价值须能够同其他的使用价值相交换；第三，不能有价格，因为有价格的东西都属于经济学所研究的商品的范畴。"②

学者闵家胤认为：哲学价值论中所研究的价值，其承担者是作为"自我"的、具有"精神性的人"，而人"对自我的能力、精神和生命的价值的意识"就是人的"自我价值意识"；由于"价值仅存在于交换关系中"，所以，人的自我价值的实现"必须通过各种实践活动才能外化、对象化"，即拿自己的"能力、精力和生命"去跟"环境做交换"。所以，哲学价值论研究的价值"都是对人有重要意义而又不可能定出价格的抽象概念，它们是自我发现的生命的意义并成为自我实现所刻意追求的目标"。③

从这个意义上讲，"民俗价值观"中的"价值"自然也就是指的民俗中那些能够去与环境做交换，并作用于环境的内容——"能力""精力"，抑或"生命"。

用刘铁梁教授的"内价值"与"外价值"理论来衡量和评判，"民

---

① 中国社会科学院语言研究所词典编辑室：《现代汉语词典》，商务印书馆1998年版，第610页。

② 闵家胤：《价值和价值系统》，《系统辩证学学报》1999年第3期。

③ 闵家胤：《价值和价值系统》，《系统辩证学学报》1999年第3期。

俗价值观"中的"价值"则应该既包括民俗的"内价值",也包括民俗的"外价值"。因为从研究设计所包含的内容来看,既包括民俗的价值,也包括民俗学的价值,而这两者是分别对应着民俗的"内价值"和"外价值"的。另外,无论是民俗的价值,还是民俗学的价值,都是通过与外界的交换实现的。

(二)价值观

"价值观"是与"价值"相对应的概念,指的是"基于人的一定的思维感官之上而作出的认知、理解、判断或抉择,也就是人认定事物、判定是非的一种思维或取向,从而体现出人、事、物一定的价值或作用。"[①]

价值观反映的是人的主观世界对客观世界认知,是人们对客观世界以及人自身行为结果的评价和看法,是一个社会的成员"评价行为和事物以及从各种可能的目标中选择合意目标的标准。这个标准存在于人们的内心,并通过态度和行为表现出来。它决定着人们赞赏什么,追求什么,选择什么样的生活目标和生活方式"[②],属于上层建筑的意识形态范畴。价值观反映的是人的认知和需求,是人们在长期的行为实践中所形成的"一种持久的信念",这种信念既是"评价性"的,也是"规范性和禁止性的","是行动和态度的指导"。[③] 在人类的社会生活和各类活动中,价值观作为对"价值进行评价的观念系统",就如同人们掌握着一把无形的尺子,可以被用来对"事物、行为或一个实体价值(如善的,恶的,美的,合意的)"来进行评判。[④]

如前所述,由于价值存在于人类社会几乎所有的生活和活动领域,

---

① 百度词典,http://dict.baidu.com/s? wd= 价值观 &ab=12。

② 于铭松:《价值观层次性浅析》,《中央社会主义学院学报》2012 年第 4 期。

③ 黄希庭等:《当代中国青年价值观与教育》,四川教育出版社 1994 年版,第 10—13 页。

④ 闵家胤:《价值和价值系统》,《系统辩证学学报》1999 年第 3 期。

也就造成了社会价值系统的复杂性，使其成了一个几乎无所不包的庞大体系。

首先，价值观是分类型的。从价值观内容所涉及的领域来看，能够划分为十种类型，即：经济的、政治的、社会的、道德的、审美的、宗教的、物质的、知识的、专业的和情感的。①

其次，价值观是分人群范畴的。人的价值观是在长期的生活和活动实践中逐步形成的，"在生活中形成的习惯、经验、常识、格言、规矩、信念以及由此构成的生活道理"的基础上，经潜移默化学习、吸收、理解、总结、凝练而成，其中人的信念、信仰则是"价值观的核心部分"。② 因此，价值观一旦形成，便具有稳定性与持久性、历史性与选择性以及主观性等特点。同时，因为价值是"客观"的，而价值观则是"主观"的，因此价值观既有个体特征，也具有群体特征。从价值观所涉及人群的角度，可分为三类，即：个体取向、集体（或群体）取向和社会取向。"在每一个社会系统里，具体说是在它的文化里，都有一套它的所有成员共有的价值。"③

最后，价值观是分层次的。价值观反映的是人的主观世界里最核心的信念、信仰。而人作为最复杂的动物，其本身是多类型、多层次的，因此，价值观也就与世界观、人生观和社会观等一样，成为一个"复杂的有机系统"；同时，价值观本身的内容构成也是多方面和多层次的，分别对应着人类社会生活和活动的不同领域，反映着人类在对待不同事物和现象时的内心世界。因此，价值观在内容构成上就分为了"功利、道德、公正、审美、信仰等不同的层面"，"正如价值包括利益但不等于利益，价值观也包括利益观但不止是利益观。价值观有如一个金字塔，功利的考量处于低层次，在它上面的是道德和公正的政治观，再往上是

---

① 国珍：《近年来国内外价值观问题研究书评》，《四川大学学报》（哲学社会科学版）2011年第6期。

② 闵家胤：《价值和价值系统》，《系统辩证学学报》1999年第3期。

③ 闵家胤：《价值和价值系统》，《系统辩证学学报》1999年第3期。

人的审美、精神信仰和自我实现等。"①

　　人的价值观在内容构成上形成了功利、道德、公正、审美、信仰等不同的层面，而不同的层面之间又"具有内在的有机性和功能转换的自主性"。例如，人在面对自己的行为、相互关系、外部世界以及其他外部事物等不同的对象时，在态度褒贬、行为取舍上就会有所不同，还有"诸如重经验还是重超验、重整体还是重个体、利己还是利他、真诚还是虚伪、节俭还是奢侈、应当还是不应当，等等，有时是非此即彼，有时则兼收并蓄"②。这是由主观性的价值观所具有的功能转换的自主性所决定的。

　　对于"民俗价值观"而言，同样也具有类型性、人群范畴性和层次性的特点。但从本研究的内容设计出发，在"人群范畴"上是进行特别限定的，即"中国当代民俗学者"的"民俗价值观"。与价值观在人群范畴分类中的个体、群体、社会三个层次相对应，属于"群体价值观"层次。虽然研究过程中是以每一位民俗学者个体的民俗价值认知为原点，但最终汇集的是"中国当代民俗学者"这一价值观共同体的民俗价值观共识。而群体之外的另一层次——社会层次的民俗价值观，则不属于本次研究的范畴。

（三）价值观共同体

　　从本研究所设计的研究范畴来看，研究的具体对象是"中国当代民俗学者"这一特定群体的民俗价值观，研究的过程是由个人叙事到集体叙事的逻辑归纳。亦即本项研究是把"中国当代民俗学者"作为一个具有共同价取向的特定群体来对待的。

　　具有共同价值取向的人群范畴称为"价值观共同体"。

---

① 闵家胤：《价值和价值系统》，《系统辩证学学报》1999 年第 3 期。

② 张曙光：《论价值与价值观——关于当前中国文明与秩序重建的思考》，《学术前沿》2014 年第 12 期。

　　"价值观作为一种现实的、生动的、活的观念，它是存在于每个人的头脑中的，因此，它是私人的、个性化的。"① 所以，价值观首先是具有"个体取向"特征的，即人类个体是价值观承载的主体。但在任何一种社会形态中，人类都是以群体的方式生存和生活的，即人类的每一位成员都是分别处在某一特定的人群共同体之中的，是作为人群"共同体"中的"个体"存在的。价值观共同体就是由这些个体在共同的利益追求和共同的文化背景下、持有共同的价值观而组成的。

　　同样，"价值观共同体"也是一个复杂的概念。

　　在社会发展的不同阶段和不同的社会形态中，人类的这种人群共同体能够形成不同的共同体类型。如按是否享有平等的权利、具有平等的身份可分为两种类型：即"由平等个体联合而成的共同体"和"等级制的共同体"。"平等的个体"指的是这个共同体中的每一位成员都享有政治上的自由、平等和民主等权利；"等级制的共同体"则是指即使是人们的地位不平等但仍然能够存在，甚至可以作为"维持等级制度的一种工具"的共同体。② 如印度的种姓等级制（将人划分为四个等级，即婆罗门、刹帝利、吠舍和首陀罗，分别拥有不同的地位，享有不同的权利），即使是在 1947 年独立后，种姓制度在法律上被废除，但至今仍然在印度的许多社会成员中被广泛认同。

　　在价值观共同体中，形成和维系的纽带是共同的利益追求、共同的文化背景等社会心理要素，其人群范畴可大可小：一个民族可以形成一个价值观共同体，一个政党可以形成一个价值观共同体，一个国家也可以形成一个价值观共同体；一个社区可以形成一个价值观共同体，一个行政区可以形成一个价值观共同体；一个有着共同利益、共同事业或共同追求的职业群体也可以形成一个价值观共同体。

---

① 汪辉勇、陈旭：《价值观：文化的脊梁——关于价值观的本质及其必要性的思考》，《徐州师范大学学报·哲社版》2003 年第 2 期。

② 林国良：《整体主义价值观与个体本位价值观新论》，《上海大学学报·社科版》2001 年第 2 期。

从本研究设计看，研究内容和研究对象是"中国当代民俗学者"的民俗价值观，亦即研究的对象是中国当代的"民俗学者"这一特定的人群，他们因共同的研究事业、共同的身份认同、共同的人文追求而形成了一个相对独立的"民俗价值观共同体"。

这个"民俗价值观共同体"的具体界定：

"中国当代"，指的是中华人民共和国范围以内、现仍健在的。

"民俗学者"，指的是在院校和科研机构、党政机关、博物馆、民间组织等以从事民俗学研究、教学、保护及相关工作为职业的人。

他们以研究、保护、传承、利用民俗文化为共同的事业追求，由此而形成了一个价值观共同体——民俗价值观共同体。

中国社科院的吕微教授曾经专门分析过"中国民俗学共同体"这一学术群体的特性，认为在中国没有任何一个学科共同体，能够像中国民俗学共同体这样，一方面进行着"理论和方法论的内部冲突"，另一方面一直保持着"自身的活力"，而且在学科建构上进行着自然的分工，"共同体成员之间相互配合、相向而行"，维系着共同体的共同理想。①

因此，以"中国民俗学者"为主体的价值共同体——"民俗价值共同体"，在理论上是成立的，在现实中也是客观存在的。

（四）文化价值观

民俗是文化的一种类型，是文化的一部分。因此，要认识民俗价值观，应首先从文化价值观开始。

文化（culture）是一个复杂的概念，学术领域至今也没有形成一个能够精确描述、又能够被大多数人接受的关于文化的标准定义。但人们一般都能够接受对文化做这样的基本判断：文化是"人类在社会历史发展过程中所创造的物质财富和精神财富的总和"；是"凝结在物质之中

---

① 吕微：《民俗学：一门伟大的学科——从学术反思到实践科学的历史与逻辑研究》，中国社会科学出版社 2015 年版，第 518—519 页。

又游离于物质之外的，能够被传承的国家或民族的历史、地理、风土人情、传统习俗、生活方式、文学艺术、行为规范、思维方式、价值观念等，是人类之间进行交流的普遍认可的一种能够传承的意识形态"。①

文化的种类繁多庞杂，内容包罗万象，但无论是生活领域里的生活方式、行为规范、传统习俗等，还是意识形态领域里的思维方式、文学艺术、宗教信仰等，都跟民俗有关，民俗文化是文化大家庭里的一个重要的类型和组成部分，文化价值、文化价值观自然也分别包含了民俗的价值和民俗价值观。

文化价值观，指的是人们"对文化价值的根本观点和看法"。文化价值观关注的是"文化价值的本体、文化价值的评判标准和文化价值的指归等问题"。②

我们知道，文化价值和文化价值观是存在于人与文化的关系之中的，文化价值观指的是"人"对文化价值的评判标准。亦即"文化价值主体是人，文化价值客体是文化，前者有某种需求，后者有某种属性，需求和属性之间的可否满足的关系，就是文化价值的本体"③。而一个人或一个群体——价值观共同体的文化价值观的形成，是与其文化背景、利益诉求紧密相关的。如有学者认为，毛泽东作为中国共产党的领导者和新中国的缔造者，一直是以广大人民群体的集体利益为利益诉求，以建设人民群体当家作主的社会主义为最终目标，在文化价值观问题上，始终是以人民利益为指归，来对旧文化的价值进行反思，对新文化的价值进行重构，因此而形成了"以人民为本位的文化价值观"。④ 这个以广大人民群体为本位的文化价值观，一直以来，不仅一直影响着我国文化体制的建设和文化事业的发展方向，甚至对整个国家的政治体制建设和整个社会经济的发展模式、发展方向等都产生着深远

---

① 　360百科，http://baike.so.com/doc/5366095-5601798.html。
② 　吕慧萍：《论毛泽东的文化价值观》，《理论导刊》2006年第11期。
③ 　吕慧萍：《论毛泽东的文化价值观》，《理论导刊》2006年第11期。
④ 　吕慧萍：《论毛泽东的文化价值观》，《理论导刊》2006年第11期。

的影响。

正因为文化价值观的主体是人，因此，文化价值观的影响不仅仅只存在于文化领域，对政治体制、对经济发展以及其他许多社会领域都能够产生极大的影响和作用。当然，这种影响是双向的，也能够互动。

文化价值观与政治体制。有学者研究认为，文化价值观与体制的关系可以从两个视角来分析，并形成两种关系：从整个社会发展的长远来视角看，"文化为体制之母"，国家和社会体制的形成实际是与当地特别是社会主流群体的文化、文化价值观有着最直接的联系的，文化价值观对体制的形成是一种正向关系；而"就短期而言，体制上的变更——往往是由政治促成的变更——可能对文化产生影响"①。因此，文化价值观与政治体制又是互动的。

文化价值观与经济。有学者认为，经济的发展实际就"是一个文化过程"②，社会经济的发展实际就是与文化的演进相伴而行的。文化价值观对经济制度、经济发展模式、经济结构以及与经济相关的所有制、分配制度、劳动关系等，都能够产生直接或间接的影响。而当人类社会的发展进入工业化阶段之后，科学技术和社会资本的强势地位急剧增长，人类的价值观、世界观等发生剧烈嬗变，文化开始"脱离传统价值观体系"的连贯性。③"世界是在以侵蚀传统价值观的方式在变化。经济的发展是不可避免地带来宗教、狭隘地方观念和文化差异的衰退"④——经济的发展和资本的强大正在促进文化差异化的减弱和消失。但在这个时候，传统文化价值观作为一种注入人们血液中的顽强存在，往往通过

---

① ［美］塞缪尔·亨廷顿、劳伦斯·哈里森：《文化的重要作用——价值观如何影响人类进步》，程克雄译，新华出版社 2010 年版，第 37 页。

② ［美］塞缪尔·亨廷顿、劳伦斯·哈里森：《文化的重要作用——价值观如何影响人类进步》，程克雄译，新华出版社 2010 年版，第 89 页。

③ ［美］塞缪尔·亨廷顿、劳伦斯·哈里森：《文化的重要作用——价值观如何影响人类进步》，程克雄译，新华出版社 2010 年版，第 125 页。

④ ［美］塞缪尔·亨廷顿、劳伦斯·哈里森：《文化的重要作用——价值观如何影响人类进步》，程克雄译，新华出版社 2010 年版，第 127 页。

各种方式来对社会经济和资本势力产生抵抗性影响，以维护传统文化、传统社会形态、传统经济模式等的存在和连贯性，因而，在前沿经济领域，"文化价值观往往被看做是妨碍经济进步的关键文化障碍"①。

文化价值观与社会。价值观首先是社会存在的反映，"有什么样的社会存在，就有什么样的价值观"。② 有什么样的社会文化，就有什么样的文化价值观。而文化是社会长期发展，人类不断实践、创造、思考和积累的结果，人类长期积累的传统性的文化和文化价值观，一直在影响着人类的生活和活动。因此有学者认为，"文化具有的内在价值观能引导民众"，人的行为，归根结底是源于文化的。所以，人的行为也被称为是"源于文化的行动"。③ 例如，中国居民的高储蓄率和低信贷消费与欧美国家的低储蓄率和高信贷消费所形成的反差，就是受不同的文化价值观的影响所致。在不同的历史发展阶段，文化价值观对人行为的影响与社会发展之间的关系也是不同的，既可以是积极、促进性的，也可以是消极、阻碍性的。特别是在社会的转型发展期或大变革时期，人们的价值观也相对处于分散和多元化的胶着期，对人行为的影响与社会发展之间的关系会因利益、心态的纠结而变得更加复杂。所以，在当前的历史阶段，越来越多的研究者——包括学者、新闻工作者、政治家、经济界人士等，也正"把注意力集中到文化上的价值观和态度在促进或阻碍进步方面所起的作用"④，并试图用"由传统而来"的文化价值观来对整个社会的价值观进行整合⑤。这是因为，人们已经认识到：当前整个世界正处在一个关键的转型期，由于政治、科技、资本的力量过于强

① ［美］塞缪尔·亨廷顿、劳伦斯·哈里森：《文化的重要作用——价值观如何影响人类进步》，程克雄译，新华出版社 2010 年版，第 196 页。

② 于铭松：《价值观层次性浅析》，《中央社会主义学院学报》2012 年第 4 期。

③ ［美］塞缪尔·亨廷顿、劳伦斯·哈里森：《文化的重要作用——价值观如何影响人类进步》，程克雄译，新华出版社 2010 年版，第 47、69 页。

④ ［美］塞缪尔·亨廷顿、劳伦斯·哈里森：《文化的重要作用——价值观如何影响人类进步》，程克雄译，新华出版社 2010 年版，第 29 页。

⑤ 胡玉伟：《文化价值观的整合与构建》，《中国出版》2007 年第 7 期。

大，"哲学成为政治权利的附庸，大大减弱了哲学总结历史，批判现实，导引未来，为人类解决终极关怀的功能"，这是造成"民族文化生命枯萎、理想目标模糊、心灵浮躁、价值紊乱、目光短浅、急功近利、人格平庸、人性扭曲的重要原因"。在这种情况下，我们更需要用传统的文化价值观和人文精神去"弥补或矫正科学主义以工具理性取代价值理性的偏颇"，即"用价值理性（人类之爱）导引工具理性，使 21 世纪的人类生活更合理，使 21 世纪的社会历史更符合人性"。[①]

总之，文化价值观的重要性，在于它能够引导人的行动，进而引导整个社会行动。文化价值观"起作用的方式，是让人们理解周围世界现状，让人们知道为什么要在其中采取有意义的行动；指引人们的注意力评估过程，给人们的行动提供社会认可的理由，还给人们提供一种社会认同的依据"。[②]

文化价值观的形成及其与政治、经济、社会的互动关系，实际上也是民俗价值观形成及其与政治、经济、社会建构互动关系的基础。

（五）民俗价值观

价值观作为一种价值评判标准和规范人类行为的准则，存在于社会所有领域。文化价值观是人类价值观体系的重要组成部分。而在文化价值观体系中，民俗价值观同样是最重要的组成部分之一。

民俗价值观是以"民俗"为核心形成的价值体系，其特殊性在于"民俗"是人类文化体系中涉及范围非常广泛的文化类型，又具有地方性、多样性、传统性、民族性、活态性等特点。而人对其价值的认识和判断具有复杂性，因此也必然影响其价值观的形成过程和结果，包括对"民俗价值观"这一概念本身的认识。

---

① 李振纲：《论 21 世纪的文化价值观》，《燕山大学学报·哲社版》2000 年第 1 期。
② ［美］塞缪尔·亨廷顿、劳伦斯·哈里森：《文化的重要作用——价值观如何影响人类进步》，程克雄译，新华出版社 2010 年版，第 196 页。

1. 关于民俗价值观的讨论

对民俗价值观的认识，可以从两个角度来进行：

一是自上而下，即从人类价值观体系逐级分层、向下延伸进行，按照价值观→文化价值观→民俗价值观的逻辑关系，逐级解构，最终聚焦形成对民俗价值观的认识。前述内容对民俗价值观概念辨析的过程，就是按照这样的逻辑顺序进行的。

二是从民俗学自身学科理论体系建构的角度，作为民俗本体论——民俗学理论体系的一部分，按理论模块的划分，建构关于民俗和民俗学价值理论的民俗价值观。

从中国民俗学肇始期开始，胡适、郑振铎等老一代民俗学先驱们就曾从"民间文学""白话文学""俗文学"的角度探讨过民俗的"现代价值"，体现了早期民俗价值观的"平民性""民间性"和"现代性"倾向。① 近年来，随着文化环境、意识形态和政治政策导向的变化，民俗和民俗的价值观问题在民俗学界又引起了很多学者们的关注，大家从不同的角度对民俗的价值、民俗学的价值及相关的问题进行了讨论。包括刘铁梁教授②、刘德龙教授③、陈勤建教授④、田兆元教授⑤、吕微教授⑥、户晓辉教授⑦ 等等，都从不同的角度对民俗价值观进行过研究。

刘铁梁教授从保护和传承民俗本体价值的角度，提出了民俗的"内

① 吕微：《论学科范畴与现代性价值观——从〈白话文学史〉到〈中国民间文学史〉》，《文学评论》2001 年第 4 期。

② 刘铁梁：《民俗文化的内价值与外价值》，《民俗研究》2011 年第 4 期。

③ 刘德龙：《重构生态民俗价值观：树立和落实科学发展观的重要基础》，《江苏社会科学》2006 年第 6 期。

④ 陈勤建：《面向现实社会，关注经世济民——21 世纪中国民俗学的一个重要选择》，《韶关学院学报·社会科学》2006 年第 11 期。

⑤ 田兆元：《民俗学的学科属性与当代转型》，《文化遗产》2014 年第 6 期。

⑥ 吕微：《民俗学的笛卡尔沉思——高丙中〈民俗文化与民俗生活〉申论》，《民俗研究》2010 年第 1 期。

⑦ 户晓辉：《民俗学：从批判的视角到现象学的目光——以〈技术世界中的民间文化〉为讨论中心》，《安徽大学学报》2013 年第 3 期。

价值"与"外价值"理论，认为民俗的"根本价值是它具有生活特征的内价值，而不是把它作为欣赏对象和商品包装的外价值"。民俗的"内价值"是指民俗"在其存在的社会与历史的时空中所发生的作用，也就是局内的民众所认可和在生活中实际使用的价值"；"外价值"是指"作为局外人的学者、社会活动家、文化产业人士等附加给这些文化的观念、评论，或者商品化包装所获得的经济效益等价值"。①

刘德龙教授从民俗价值观重构的角度认为："民俗价值观问题，实际上是人类的'生活方式'问题"。他曾经探讨了民俗价值观与科学发展观的关系，认为人类的"生活方式总是受一定地域的自然条件和一定时代的社会条件所制约，同时又是以一定的价值观念为引导的"。②"其中社会习惯的力量、大众习俗的力量，在某种意义上往往起着决定性的作用。"③ 而这些社会的"世俗"力量未必都完全适应社会发展和进步的诉求，人类在世俗观念的影响下所形成的生活领域的消费观、生产领域的资源观等，甚至是有悖于人类文明进程的。因此，研究和揭示正确的民俗价值观的科学内涵和本质要求，"是牢固树立和全面落实科学发展观的重要内容和关键环节"，正确的民俗价值观"是科学发展观必不可少的组成部分"。④

陈勤建教授从民俗学服务于社会的角度，认为民俗价值具有"诉求多元化"特征，从民俗学科自身谋求发展的角度，必须建立现代的民俗价值观，"回归生活，面向现实社会，关注经世济民"，关注民俗学科研究在"国家现代化建设进程中的现实性和迫切性"，"关注民俗传承在现

---

① 刘铁梁：《民俗文化的内价值与外价值》，《民俗研究》2011 年第 4 期。
② 刘德龙：《树立科学发展观的有益教材——读江帆的〈生态民俗学〉》，《理论界》2005 年第 1 期。
③ 刘德龙：《重构生态民俗价值观：树立和落实科学发展观的重要基础》，《江苏社会科学》2006 年第 6 期。
④ 刘德龙：《重构生态民俗价值观：树立和落实科学发展观的重要基础》，《江苏社会科学》2006 年第 6 期。

代化进程中的地位与作用、民俗文化遗产在现代社会经济文化全球化下的多样性重构"，①民俗学才能够在服务于社会发展的基础上建立起自己应有的学科地位和社会地位。

田兆元教授从民俗学摆脱现实困境的角度，提出要树立民俗的"当代价值观"，发现和发挥民俗的"现代价值"。认为民俗学"脱离社会、缺少服务社会的能力是其衰败的主要原因"，"民俗学必须自我反思，提高学科独立性与理论自主性，把民俗定位为提升日常生活境界的文化资源和为精英创造民众认同的文化精华，让民俗学在国家与地域认同，经济发展与文化产业促进以及地方风俗建设中发挥主要作用"；在当下，要提升民俗学科的地位，"开辟政治民俗学和经济民俗学的研究，是现代民俗学转型的重要举措"。②即认为民俗学必须要发挥现代功能，为现实社会的发展服务，树立当代价值观，发挥现代价值，才能够适应社会的发展。

吕微教授曾经发表了数篇与民俗价值观相关的研究文章，他在一篇讨论民俗学学术理论的研究论文中，认为民俗学"是一门'有用'的学问，通过这门学问，我们能够开发出一些相关学科尚未开发的、激动人心的命题"③。并且为其他学科的发展"提供启发"，"为社会问题的诊断和治理提供建议，为克服人类精神的普遍困境、推动人类文化和谐发展提供本学科的解决方案"。但是，目前民俗学的理论建设还比较薄弱，关于民俗学的学术伦理和民俗价值观问题，在民俗学共同体内部还没有建立起一个"共同纲领"。④在另一篇关于民间文学的现代价值观的论文中，吕微对价值论与知识论的关系进行了讨论，认为包括民间文学、民俗学在内的现代人文科学和社会科学都是在为了"确认人的价值"而进

---

① 陈勤建：《面向现实社会，关注经世济民——21 世纪中国民俗学的一个重要选择》，《韶关学院学报·社会科学》2006 年第 11 期。

② 田兆元：《民俗学的学科属性与当代转型》，《文化遗产》2014 年第 6 期。

③ 吕微：《反思民俗学、民间文学的学术伦理》，《民间文化论坛》2004 年第 5 期。

④ 吕微：《反思民俗学、民间文学的学术伦理》，《民间文化论坛》2004 年第 5 期。

行研究。① 因此他认为，"开显人自身的存在价值"，就是"民俗学科的存在意义"，"民俗学要解决的基本问题"就是"维护人自身的存在价值和存在意义"。②

中国社科院的户晓辉教授认为民俗学是一门有着"大格局、大气派和大价值"的学科，有着"清醒的理论意识和强烈的现实关怀"。③ 但是，"由于中国文化传统缺乏现代价值观的启蒙"④，因此，建立在民俗本体基础上的民俗价值观一直没有实际形成。

还有其他学者对民俗价值观问题进行了不同角度的研究探讨。益重从树立"绿色民俗"的角度，探讨了现代社会重构"民俗价值观"的构想。认为在当前人类正面临的全球性的生态危机中，我们应尽快调整自己的行为，建立起新的"健康而又环保"以及"与自然界相生相协的民俗生活新模式"。"一是要变革传统的生产观念，要改变在生产活动中，只追求单一性资源指标的最大化，而无视生态系统整体性的狭隘生态观念，摈弃对自然资源的浪费性使用和自然资源的低效转换，从只注重从大自然中摄取功能化能源的生产方式转变到既注重经济效益，又注重社会效益和生态效益的新的市场方式。"⑤ "二是要变革传统的生活观念，要破除传统民俗中那些反生态、反文明的生活方式与习惯"，倡行"低物质能量的高层次运转"，"不以牺牲环境为代价去追求时尚"，构建一种"低碳的新民俗生活方式"。⑥ 从民俗学现代价值的角度，黄永林、韩成艳两位学者从民俗学"当代性建构"的视角出发，认为民俗学必须

---

① 吕微：《论学科范畴与现代性价值观——从〈白话文学史〉到〈中国民间文学史〉》，《文学评论》2001 年第 4 期。

② 吕微：《民俗学的笛卡尔沉思——高丙中〈民俗文化与民俗生活〉申论》，《民俗研究》2010 年第 1 期。

③ 户晓辉：《民俗学：从批判的视角到现象学的目光——以〈技术世界中的民间文化〉为讨论中心》，《安徽大学学报》2013 年第 3 期。

④ 户晓辉：《非遗时代民俗学的实践回归》，《民俗研究》2015 年第 1 期。

⑤ 益众：《生态文明时代的民俗价值观重构》，《理论界》2010 年第 2 期。

⑥ 益众：《生态文明时代的民俗价值观重构》，《理论界》2010 年第 2 期。

发挥当代价值，为当代社会的发展服务；民俗学要"对社会有所担当"，能够成为推动社会发展的重要力量；要"将民俗研究导入当代社会，直面当下社会的变迁"，"从追溯历史、重构原型、回归传统，转向关注现实、关心人生、阐释社会、服务当今社会。"①

可以看出，学者们是从不同的角度对民俗价值观进行了研究，如果对这些研究进行一下梳理，可以发现，主要包括两方面的内容：一是对民俗价值的分类；二是在当代社会应该建立怎样的民俗价值观。但这些研究均未对民俗价值观的概念本身展开讨论。

2. 民俗价值观的概念和内涵

通过对前期学界对民俗价值观相关研究成果的梳理，我们可以发现，民俗价值观问题已经在学界引起了学者们的关注，学者们从不同的视角对民俗价值观的相关问题展开了讨论和研究，特别是在民俗价值观与当代社会发展理念的关系、民俗文化的当代价值及民俗文化服务于当代文化建设和社会发展、建构现代先进的民俗价值观等领域，学者们进行了具有前沿意义的探讨。可以说，正是这些前期的研究，拉开了当代民俗价值观研究的序幕。

从内容上看，前期学者们的讨论和研究，并未涉及对民俗价值观的概念和内涵本身进行定义和诠释。从学者们的研究目的和研究视角来看，实际仍然是秉承了民俗学研究就是要去"认识民族历史与文化传统，解释和改造现实社会生活"，并"为人类社会的健康发展服务"② 这一传统的民俗学研究宗旨和价值理念，所以大家直接越过了对民俗价值观概念本身的讨论，而直奔民俗和民俗学研究在当代社会发展中应该发挥怎样的作用、如何去发挥作用等问题上。

那么，我们到底应该怎样认识"民俗价值观"的概念和内涵呢？

---

① 黄永林、韩成艳：《民俗学的当代性建构》，《华中师范大学学报》（人文社会科学版）2011 年第 2 期。

② 钟敬文：《民俗学概论》，上海文艺出版社 2009 年版，第 6—7 页。

从前述我们对"价值观"和"文化价值观"的讨论来看：

价值观，是"基于人的一定的思维感官之上而作出的认知、理解、判断或抉择"，"是人认定事物、判定是非的一种思维或取向"①，是"评价行为和事物以及从各种可能的目标中选择合意目标的标准"②。

文化价值观，是指人们"对文化价值的根本观点和看法"，亦即"文化价值的评判标准"③。

无论是价值观，还是文化价值观，最本质的内涵都是作为人们对事物评价或评判的标准。民俗价值观是文化价值观体系的重要内容和组成部分，从这个角度出发，我们可将民俗价值观的概念定义为：

民俗价值观，是对民俗价值的根本观点和看法，是对民俗价值进行评价的标准。

我们把民俗价值观作为一个学术命题来进行研究，就是要研究人们对民俗价值持有怎样的观点和看法，是如何去判断、评价民俗价值的，是通过怎样的方法和途径将民俗学研究的成果去作用于社会的。

由此，民俗价值观概念的内涵，实际上就包含了两个方面：

一是作为核心内容的民俗本体价值；

二是作为关联内容的民俗学的价值。

这两者之间，既存在着因果关系——民俗的价值决定着民俗学的价值，或者说民俗学的价值是由民俗的价值决定的；同时也存在着互动关系——民俗学研究能够提高或降低人们对民俗价值的认识，即能够改变或调整人们的民俗价值观。

民俗的价值是客观存在的，而民俗学的研究成果是主观形成的。二者的关系实际上是一种客观决定主观、主观又反作用于客观的互动传导关系。

---

① 百度词典，http：//dict.baidu.com/s？wd=价值观 &ab=12。

② 于铭松：《价值观层次性浅析》，《中央社会主义学院学报》2012 年第 4 期。

③ 吕慧萍：《论毛泽东的文化价值观》，《理论导刊》2006 年第 11 期。

　　首先，民俗的价值——对人类生活、文化和社会发展的影响是客观存在的。无论是在哪一种社会形态和社会制度下，也无论是在社会发展的哪一个历史阶段，民俗对于整个社会文明的演进、对社会和经济发展的影响等，都不同程度地存在。"当文化价值观成为体制的一部分时"，文化价值观的作用是强有力的，它能够对人的行为产生能动性影响，并进而"引导社会行动"。① 在这种情况下，民俗成为社会主流文化的重要组成部分，民俗价值观成为文化价值观体系和整个社会价值观体系的重要内容；但在另外一些时候，当社会政治取向与传统的文化价值观发生错位时，或经济诉求主导社会发展理念、文化仅仅被当作经济资源沦为牟利的工具时，文化受到权力、资本和商品的强力排挤，整个"社会空间被资本整合"，"文化被边缘化"，历史性、传统性的"非遗"和民俗文化"逐渐被抛弃或被挤出社会空间"②。在这种情况下，民俗和民俗价值观对社会各个领域的影响就会降到低点，甚至成为被政治、经济奴役的对象。

　　其次，民俗学研究具有主观反作用——民俗学研究成果和人们的民俗实践活动能够影响社会民俗价值观的形成与变化，即民俗学研究成果能够对民俗价值观产生调整作用——作用于人们民俗价值观的形成。民俗的价值及其在人类文明进步和社会发展中的作用，虽然都是客观存在的，但人类对它的认识和民俗价值观的形成则是受许多社会因素影响的，民俗的发展和民俗价值观的形成从来就不是一个自变量。其中，民俗学研究成果——包括人们对民俗资源的挖掘与整理、对民俗价值的研究和认定、对民俗在社会各个领域能够发挥的作用和作用的途径等的研究，也包括民俗学者参与社会文化、政治、经济建设和其他社会事物的机会和深度等，都能够对民俗价值观的形成产生实际的甚至是关键性

---

① ［美］塞缪尔·亨廷顿、劳伦斯·哈里森：《文化的重要作用——价值观如何影响人类进步》，程克雄译，新华出版社 2010 年版，第 196 页。

② 王德刚：《空间再造与文化传承——栖霞古镇都村"非遗"保护工程实验研究》，《民俗研究》2014 年第 5 期。

的影响。这种影响既可以是积极的，对民俗价值观产生提高或强化等作用；也可以是消极的，对民俗价值观产生降低或弱化作用。正像刘德龙教授所指出的那样，进入"工业社会以来，人类的生态文化观念同人与自然和谐相处的客观规律渐行渐远，所以我们受到了大自然的一再惩罚。现在，应该是对以往的生态民俗文化观念进行深刻反思，重新构建科学的生态民俗价值观的时候了"①。使人类的民俗价值观能够与当今社会的主流价值观——科学发展观融为一体，成为科学发展观的重要组成部分。

最后，民俗价值的客观性与民俗学研究成果对民俗价值观形成的主观影响之间的互动关系，是一个循环的传导过程，既可以在互动中不断提高，也可以在互动中不断下降。从根本上说，人类民俗价值观的形成是由民俗的本体价值决定的，但人类的民俗学研究成果特别是对民俗的社会价值——包括文化价值、经济价值、政治价值等的研究成果，能够对人类民俗价值观的形成、变化和发展产生重要的影响，这种影响既有积极的，也有消极的；而且，这种主观性的影响又能够进而对民俗的本体价值产生传导性影响——提高或降低民俗本身的价值。当然，无论是民俗的本体价值，还是民俗学研究过程和民俗学研究成果的取得以及两者之间的互相影响，都不完全是由民俗和民俗学研究本身决定的，它们受很多外部环境和关系——包括社会制度、政治环境、社会发展理念、文化语境、经济发展阶段和经济发展模式等的影响，特别是社会的文化价值观，对民俗价值观的形成有着最直接的影响。

二、理论借鉴

民俗价值观是民俗本体论研究的重要内容，是民俗学基础理论最重

---

① 刘德龙：《重构生态民俗价值观：树立和落实科学发展观的重要基础》，《江苏社会科学》2006 年第 6 期。

要的内容，对该问题的研究，除了应用传统的文献研究、理论推导和扎根理论等研究方法之外，相关的理论借鉴也是拓宽视野、深度探究和综合归纳的重要途径。因此，民俗价值观及其相关问题的研究，也需要借鉴和借用相关的理论工具，把研究推向深入。

可资借鉴的理论主要包括价值论、文化适应理论、商品化理论、认同理论、空间生产理论等。

（一）价值论与民俗价值观研究

价值论，是属于哲学范畴的学科，它是"关于价值的本质、构成、评价、选择、创造等问题的学说"①。它"主要从主体的需要和客体能否满足及如何满足主体需要的角度，考察和评价各种物质的、精神的本质、现象及人们的行为对个人、阶级、社会的意义"②。

价值论作为哲学的一个分支学科，它是哲学研究发展到高级阶段，并经过高度分化之后形成的一个专门领域。价值论形成的直接基础，是来源于哲学的两个重要领域：一是伦理学（也有学者称为"道德学"），二是美学。同时，"由于社会事物之间的相互作用在本质上就是价值作用，任何社会事物的运动与变化都是以一定的利益追求或价值追求为基本驱动力。"③ 因此，任何的社会科学也都与价值论有着一定的联系，价值论也因此成为整个社会科学体系中最重要的基础学科之一。

价值论研究的内容，主要包括三大领域：一是价值存在研究，主要研究内容包括价值存在的基础、价值的本质、价值的类型、价值的构成等；二是价值意识研究，主要研究内容包括价值意识、价值评价、价值评价标准、价值的社会评价等；三是价值实践研究，主要包括价值选择、价值创造以及真理与实践、历史与价值、价值冲突与社会文明等。

---

① 杨信礼：《马克思主义价值论与当代中国价值观的建构》，《山东社会科学》2008 年第 2 期。

② 360 百科，http：//baike.so.com/doc/6683364-6897264.html。

③ 李后强：《宽窄价值论》，《企业家日报》2017 年 7 月 14 日。

从价值论研究的内容体系来看，其理论架构体现了一种完整的逻辑关系——由价值存在到价值评价、再到价值实践，这也正是价值论的意义所在，从马克思主义价值论的角度，可以将这种逻辑关系概括为这样一种关联、传导关系，即：存在→认识→实践。而在这一逻辑关系和逻辑链条中，居于核心地位，并具有灵魂作用的则是价值体系中主（体）客（体）关系。近代价值论学说的创始人之一康德认为：价值是"寓于本体之内"的①，而人才是价值的本体；"在价值关系中，价值的性质和程度如何，主要地取决于价值关系主体的情况，而不是由客体所决定的。"② 社会事物的"一切价值都是人的价值"，即"人是一切价值的主体，是一切价值产生的根据、标准和归宿，是价值的实现者和享有者"，"任何事物的任何价值归本到底都是对于人的价值"。③ 马克思主义价值论也认为，"价值作为主体与客体之间的效用关系，除了具有客观性、实践性、社会性和历史性，还具有鲜明的主体性"。④ 因此，从本质上讲，价值论研究的核心问题实际就是"人的主体性价值以及作为这种价值体现的文化"⑤，是社会事物"对于人的价值"和"人的价值观"——体现价值的文化问题，并且要特别关注价值认识——价值评价的标准、价值观念的形成、社会价值评价的科学性和价值实践——价值选择、价值创造等问题。

价值认识包括两个层面，一是价值认知，是价值认识的基础，其任务"是如实地描述对象，目标是达到真理"；二是价值评价，是价值认知的升华，其任务"是揭示和把握一定对象对主体生存和发展的意义"。⑥ 在价值体系中，价值评价实际上是价值主体"对价值的反映"，评价目的就是要

---

① 钟锦：《价值论探源》，《淮阴师范学院学报》（哲社版）2001 年第 5 期。

② 李德顺：《价值论》（第二版），中国人民大学出版社 2007 年版，第 6 页。

③ 李德顺：《价值论》（第二版），中国人民大学出版社 2007 年版，第 81 页。

④ 杨信礼：《马克思主义价值论与当代中国价值观的建构》，《山东社会科学》2008 年第 2 期。

⑤ 钟锦：《价值论探源》，《淮阴师范学院学报》（哲社版）2001 年第 5 期。

⑥ 马俊峰：《90 年代价值论研究述评》，《教学与研究》1996 年第 2 期。

"发现和预估对象对人的价值"①，亦即评估、判断某种社会对象对于人自身会有什么价值、价值有多大以及如何实现最大价值等。所以，马克思主义价值论认为："价值客体对于价值主体的效用、意义，需要主体去认知、体察和评价。价值评价是主体对于自身需要的自我意识、对于客体价值属性的理性认知以及对于主客体之间的价值关系的总体评判。"②

价值论无论是关于价值存在的研究，还是关于价值评价的研究，最终目的都是为了价值实践。同时，价值实践也是"社会评价及其标准的最高形式，科学的社会评价及其标准，来源于对长期的社会历史实践的深刻反思"③。价值实践包括两个环节，一是价值选择，即价值主体价值观念的形成，是价值实践的开始；二是价值创造，即价值主体在进行了价值选择之后、通过实践来创造价值。

价值选择是价值实践的先导环节，是价值主体进行价值创造的意识前提。马克思主义价值论将价值观念和价值理想作为哲学的"内在的灵魂"，就是因为价值主体通过价值选择所形成的价值观念和价值理想，是指导价值主体进行价值实践的行动指针，并因此而内生为价值主体的主观能动性，这种主观能动性，无论是对于个体的还是群体的价值主体的价值实践活动，都能够起到决定性的指引作用，进而影响到价值创造的结果。因此，马克思主义价值论认为，对于社会价值观与社会变革而言，"价值观的革命，发挥着推动思想解放和社会变革的巨大历史作用。在重大社会变革和历史转折时期的思想解放，本质上是一种价值观念和思维方式的转变"。④

价值创造是价值实践的最终行动环节。价值是通过价值主体的实践活动产生的，即"实践创造价值"，实践是人"自我肯定、自我确

---

① 马俊峰：《90 年代价值论研究述评》，《教学与研究》1996 年第 2 期。

② 杨信礼：《马克思主义价值论与当代中国价值观的建构》，《山东社会科学》2008 年第 2 期。

③ 李德顺：《价值论》（第二版），中国人民大学出版社 2007 年版，第 160 页。

④ 杨信礼：《马克思主义价值论与当代中国价值观的建构》，《山东社会科学》2008 年第 2 期。

证、自我实现的根本方式，是人之生存和发展的根本方式"①。人类研究价值、开展价值实践的目的，实际就是为了创造价值，而创造价值也是人进行自我肯定和社会肯定的根本方式。人或人群要确立自己的社会地位，获得社会认同，必须通过社会实践——创造价值来实现。

马克思主义价值论对民俗价值观研究具有重要的指导意义。

马克思主义价值论告诉我们，民俗价值观的形成，与人们长期的民俗实践——包括民俗生活和生产实践、民俗学研究实践、民俗学研究成果应用实践等有着十分密切、直接和重要的关系；没有民俗实践，就不存在民俗和民俗学的价值。同时，民俗学科要想确立自身的存在价值和社会地位，民俗学者要想在社会中发挥自身的学术影响和社会作用，也都必须选择——树立科学的民俗价值观，积极参与民俗实践，积极创造民俗价值。即：民俗学研究群体必须通过民俗价值创造来进行自我肯定、自我确证和自我实现。

马克思主义价值论是我们进行民俗价值观研究的有力理论工具。

（二）文化适应理论与民俗价值观研究

在人类学、心理学和社会学中，"文化适应"是指"由个体所组成，且具有不同文化的两个群体之间，发生持续、直接的文化接触，导致一方或双方原有文化模式发生变化的现象"②。

"文化适应"（acculturation）这一概念最早出现于19世纪末，其相关研究开始时主要是在人类学领域展开的，人们关注的重点是原始的文化群体，在与发达文化群体接触的过程中，其习俗、传统和价值观等文化特征的改变过程。后来，文化适应理论的研究范畴不断扩大，民族文化、传统文化、外来文化、特殊族群（如移民、青少年、妇女、流动

---

① 杨信礼：《马克思主义价值论与当代中国价值观的建构》，《山东社会科学》2008年第2期。

② Redfield R., Linton R., Herskovits M.J, 1936, "Memorandum for the Study of Acculturation", *American Anthropologist*, Vol.38, No.1.

群体、打工者、同性恋等）文化等与主流文化的关系都被纳入研究范畴，"文化适应"概念的含义也不断扩大。到 20 世纪 50 年代，"文化适应"的概念被进一步扩大，被定义为："是由两个或多个自立的文化系统相连结而发生的文化变迁。"① 由于"文化适应"含义和研究范畴的扩大，其相关研究也在两个不同的领域分别展开。一是人类学、社会学领域，主要是对群体的文化适应和群体文化之间的互动影响的研究，"关注点是社会结构、经济基础、政治组织以及文化习俗的改变等问题和现象。"② 二是在心理学领域，主要集中于对个体文化适应的研究，人们"更加注重个体层次，强调文化适应对各种心理过程的影响，以认同、价值观、态度和行为改变的研究为主"。③

文化适应理论从产生到今天，从研究视角和视界上经历了由单维、双维（二维）到融合的不同发展阶段，概念的内涵和研究的范畴不断扩大，同时，这一理论的应用领域也不断扩大。

文化适应理论产生之初，其研究的视角是单维度、单方向的。从这一研究视角出发，认为"个体——原文化"与主流文化之间是一种单向演进关系，"文化适应中的个体总是位于从完全的原有文化（culture of origin/heritage culture）到完全的主流文化这样一个连续体的某一点上，并且这些个体最终将到达完全的主流文化这一点"④，即位于新的文化环境的"个体——原文化"在与主流文化的关系中，一直是一种渐进的自我弱化过程，最终的结果是被主流文化所同化。

20 世纪 70 年代之后，随着社会的发展，特别是由于文化多样性的长期存在和文化心理学的兴起，理论界对单维度、单方向的文化适应理

---

① F.W.Rudmin, "Critical History of the Acculturation Psychology of Assimilation, Separation, Integration, and Marginalization", *Review of General Psychology*, Vol.7, 2003, pp.3-37.

② 杨宝琰、万明钢：《文化适应：理论及测量与研究方法》，《世界民族》2010 年第 4 期。

③ 杨宝琰、万明钢：《文化适应：理论及测量与研究方法》，《世界民族》2010 年第 4 期。

④ 余伟、郑钢：《跨文化心理学中的文化适应研究》，《心理科学进展》2005 年第 6 期。

论提出了质疑，认为这一视角明显地带有对原始文化、非主流文化的歧视色彩或主观的"灭杀"心态，同时也是大国强权主义"文化熔炉"政策的反映，是一种带有明显的文化殖民意识的文化理论。单维度、单方向的文化适应理论无法适应多样文化存在的现实和追求文化多样性发展的社会发展理念。一些学者因此提出了文化互动关系下的双维（二维）文化适应理论，即"从个体选择与社会结构二者之间互动来看待文化适应"①，来研究原始文化、非主流文化等与主流文化间的互相影响，研究多元文化并存与共生的社会机理，并建立了文化适应理论的双维模型（见图1.1）。双维文化适应理论提出了在传承、保持传统文化和身份认同的前提下，文化适应个体"维持与其他文化群体关系的倾向性"，"即对某种文化的高认同并不意味着对其他文化的认同就低"；根据文化适应个体在这两个维度上的不同表现，文化适应可以采取四种策略，即：整合（integration）、同化（assimilation）、分离（separation）和边缘化

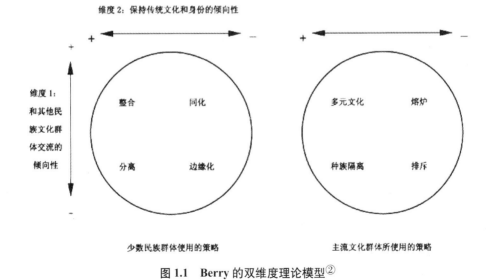

图 1.1　Berry 的双维度理论模型②

① 石长慧：《文化适应与社会排斥——流动少年的城市融入研究》，《青年研究》2012 年第 4 期。

② 余伟、郑钢：《跨文化心理学中的文化适应研究》，《心理科学进展》2005 年第 6 期。

（marginalization）。①

伴随着社会经济的发展和社会文明的进步，特别是进入 21 世纪之后，人类学、社会学、民俗学等学科领域对非主流文化、民族文化、地方文化、传统文化等的关注度越来越高，保持文化多样性的呼声也越来越高，同时社会文化的结构、类型也越来越丰富，在许多情况下，即使是"主流文化"也往往并不具有单一性。在这种情况下，作为个体的文化适应者所面对的，往往不是某个单一的主流文化，而是面对着一种新的"整合文化"。"这种整合的文化可能包含了两种文化里所共有的精华部分，也可能包含着某一文化所特有的但并不突出的内容。"② 有学者以此为基础，提出了文化适应融合理论。文化适应融合理论对于多元文化的并存研究和跨文化心理学研究有着很重要的指导作用，很多学者也试图设计出一个针对这种理论的应用模型和探索出在该理论指导下的文化适应融合路径。目前该领域的实证性研究相对较少，但有价值的探索一直在进行。如王德刚等以四川省大邑县安仁古镇的在社会经济转型发展过程中，采用"文化嵌入"模式进行新旧文化的融合发展，打造古镇文化新品牌和重振古镇经济为案例，进行了专项研究，试图找到以新旧文化为分野的多种文化相互适应与融合发展的有效路径。通过研究得出结论：在城市化、工业化、现代化为背景和"发展是硬道理"的现代社会，新旧文化的融合发展需要"融合与传承"相结合、有"均衡利益的商业运作模式""基于灵魂人物的创新文化产品"、"文化力"对经济和生活要有足够的影响，同时，要对新旧文化的融合过程进行有效的风险管控，以防止新旧文化力量的强弱不均而发生"走偏"现象。③

文化适应理论与本研究的主要内容具有很高的相关性。

---

① D. J. Sam, J. W. Berry, *The Cambridge Handbook of Acculturation Psychology*，pp.12-19, 35.

② 余伟、郑钢：《跨文化心理学中的文化适应研究》，《心理科学进展》2005 年第 6 期。

③ 王德刚、易金、田芸：《古村镇保护与开发中的"文化嵌入"模式研究》，《山东大学学报》（哲学社会科学版）2016 年第 2 期。

文化适应理论的研究内容是不同文化之间的冲突、影响、融合以及多元文化的并存，这对于本研究无论是在理论借鉴上、还是在研究过程中对于核心问题的访谈与探讨，都具有很重要的指导意义。民俗在当今社会环境下，正处于与各种文化交流、碰撞、融合、涵化的开放状态，民俗原有的文化体系的秩序被打乱，现代物质文明、科技文化、政治文化、商业文化等对其产生了巨大的冲击，因而导致民俗主体自身的文化认同发生了危机。在这种情况下，民俗需要"从行为、心理、精神等方面重新予以定位，并为之确立一个新的价值尺度和标准"，或者说在现代化、城市化、工业化和全球化语境下，重新审视和确立民俗的"传统性与时代性、民族性和国际性的关系"，并"利用自身文明的成就创造新的行为模式与价值观，而不是简单的'回顾'和'回归'"，即正确确立民俗和民俗学的现代价值观，避免民俗"随着社会环境的改变而发生相应的变迁"或被"同化现象"的发生，也避免民俗对现代文化的"过度适应"现象出现。① 同时，在文化适应理论指导下在实践中积极探索民俗与现代文化的相互适应策略和融合发展路径，使这一过程能够在可控的范围内进行更具有现实意义。② 最关键的是，要在民俗与现代文化适应的过程中保持主体的本真性，保持其"内价值"的延续性。

（三）文化商品化理论与民俗价值观研究

"商品化"，指的是原本不属于商品流通的事物，或原本不应包含商业目的的行为，在市场经济条件下转化或变异为可以进行买卖的对象的过程。

文化商品化的社会原因，一是源于商品经济势不可当的趋势；二是人类世俗生活的兴起。在自然经济时代，文化的商品价值或经济价值尚

---

① 白晋湘、张小林、李玉文：《全球化语境下我国民族传统体育文化认同与文化适应》，《北京体育大学学报》2008 年第 9 期。

② 王德刚、易金、田芸：《古村镇保护与开发中的"文化嵌入"模式研究》，《山东大学学报》（哲学社会科学版）2016 年第 2 期。

不被重视，文化在人类社会发展过程中是作为一种独立的存在，发挥着其自身的原始或本体价值。进入商品经济社会之后，一方面人类的"资源观"在不断发生变化，经济资源的范畴越来越大，文化也被作为可以利用、开发的经济资源被挖掘、被使用、被开发。"当商品经济大潮迅速占领传统自然经济的领地之时，文化产品也被纳入到商业生产的链条，进入到商业范畴"① 和资本增殖的轨道。同时，许多社会事物——包括文化，其社会价值的发挥也需要通过商品化的过程来实现，即"以商品形式实现它的社会价值"②，并因此而出现了"文化产品""文化产业""文化市场"等概念。而与商品经济的迅速崛起相适应，世俗生活的合法性也得到了确认，"凡人的幸福"、向宗教的禁欲说教挑战、追求个人认可的生活方式和利益等等，逐渐成为世俗生活的基本理念。"当这些要求被广泛地表达出来时，文化作为生活方式和宣泄渠道被重新诠释"，"人们发现，文化不仅可以崇拜，更可以把玩，不仅可以倾听，更可以参与，不仅可以欣赏，更可以创意。"③ 这种现象愈演愈烈，逐渐成为一种不可阻挡的趋势，因此而引发了社会学、人类学、哲学等领域对文化商品化现象的关注。

　　文化商品化理论产生于 20 世纪中期，是由美国社会学家戈夫曼（Erving Goffman）、马康耐（MacCannell Dean）等人提出来的。马康耐从旅游人类学的角度，在戈夫曼"表演人生"理论中的"前台"（the frontstage）、"后台"（the backstage）概念的基础上，提出了"舞台真实"（"舞台的真实性"（Staged Authenticity））的概念④。马康耐认为，旅

---

① 鲍金：《文化商品化的两个层次》，《内蒙古师范大学学报》（哲学社会科学版）2008 年第 4 期。

② 蔡俊生：《文化产品商品化的积极意义和消极意义——兼谈精品"生产"问题》，《哲学研究》1998 年第 3 期。

③ 鲍金：《文化商品化的两个层次》，《内蒙古师范大学学报》（哲学社会科学版）2008 年第 4 期。

④ 张晓萍：《西方旅游人类学中的"舞台真实"理论》，《思想战线》2003 年第 4 期。

游者到异地去旅游，就是希望要领略当地的自然风光、欣赏到当地原汁原味的文化；而"东道社会为了吸引游客而设计了'舞台真实'，即设计所谓的文化旅游产品，以此来迎合各国游客"①。而"在旅游业的开发中，文化旅游产品被当作'真实'而搬上了舞台，向游客展示"，这就是"文化商品化"。②

有学者认为，文化商品化实际上就是文化的"俗化、生活化、娱乐化、消遣化"的过程。③ 这一过程既迎合了人类追求精神愉悦、把文化作为一种"生活方式"的需求心理，也适应了商品经济时代人们追逐经济利益的功利化诉求，是商品经济社会供求关系的真实反映。为此有学者将文化商品化分为了两个层次："一是以信息作为内容来满足精神需求，并采取商品形态的文化现象（文化商品化），此即文化产业化；二是以信息（即文化形式）作为辅助或主要手段来实现商品销售和资本增殖的文化现象。"④

根据马克思主义商品理论，文化商品化实际上是文化价值"双重存在"的体现，⑤ 在商品经济社会，文化价值的双重存在是有其合理性和必然性的，是社会消费需求拉动和资源观泛化的必然结果，也有利于社会经济的发展和人类文明的进步。但同时，文化商品化的负面效益也非常明显，文化的娱乐化、庸俗化也成为伴随这一过程，并挥之不去的阴影，有学者因此认为，文化商品化实际上也标志着文化的"光晕"从"圣洁走向消逝的这样一个过程"⑥。另外，市场规则主导下的文化商

---

① 陈立莉：《少数民族文化旅游分离式开发模式探究》，北京第二外国语学院硕士学位论文，2008年。
② 景琳：《民族旅游的文化商品化研究》，北京第二外国语学院硕士学位论文，2006年。
③ 周溶泉：《论当今文学的俗化与商品化》，《南通师专学报》（社科版）1996年第2期。
④ 鲍金：《文化商品化的两个层次》，《内蒙古师范大学学报》（哲学社会科学版）2008年第4期。
⑤ 马克思：《资本论》（第3卷），人民出版社1975年版，第398页。
⑥ 鲍金：《文化商品化的两个层次》，《内蒙古师范大学学报》（哲学社会科学版）2008年第4期。

品的生产，必然带来文化商品的大量涌现，从而导致"以市场经济规则为杠杆创造出来的文化繁荣"①，但这种所谓的"繁荣"，如果从文化自身的社会价值的角度来评价，它所带来的仅仅是文化商品的数量增长，而对于文化自身质的增长则没有任何意义，这就形成了市场规则对文化"生产"和发展的消极影响——数量多、精品少，重复多、创新少，庸俗的多、高尚的少，等等。

因此，近年来，文化商品化理论研究的重点逐步集中到了文化的使用价值与交换价值、文化商品化的技术路径与商业模式、文化商品化过程中文化本质的保护与传承、文化商品化过程中庸俗化与低级趣味化的防范机制等领域。特别是近年来非物质文化遗产热出现之后，人们的关注重点更是集中到了"非遗"的资源化和商品化、"非遗"的利用方式和在利用中保护与传承、"非遗"的价值评估与价值实现路径等方面。

文化商品化理论对于本研究具有很重要的借鉴意义，同时在研究内容上两者之间也有着交叉关系。

"民俗"本身就是"文化"的一种类型和组成部分，文化商品化理论实际也涵盖了民俗的商品化——民俗的资源化利用和商业化开发。当今社会，在发展诉求主导一切、市场决定资源配置的主流语境下，市场之手无处不在，民俗、非物质文化遗产等的资源化利用、商品化开发趋势已经成为一种不可阻挡的历史潮流，我们对民俗和民俗学价值的认识和判断不得不正视这种客观存在。无论在哪一个国家，"文化产业"都已经成为社会经济结构中最重要的组成部分，而以传统文化、历史文化、地域文化、民族文化特别是其中的民俗和非物质文化遗产为主题形成的特色文化产业，往往成为最具市场影响力的产业门类；另一方面，民俗的资源化利用和商业化开发——即民俗商业价值的实现过程，也是当代社会民俗和民俗学价值体现的重要方式之一。如同马克思主义价值

---

① 蔡俊生：《文化产品商品化的积极意义和消极意义——兼谈精品"生产"问题》，《哲学研究》1998 年第 3 期。

论所指出的那样，任何社会事务社会地位的确立，都必须通过创造社会价值来实现。在当代社会，文化价值具有"双重存在"的特点，经济价值也是民俗价值的重要方面。因此，文化商品化理论对我们研究民俗和民俗学的现代价值以及民俗价值观的内涵等都有直接的借鉴意义。

（四）认同理论与民俗价值观研究

人类关于"认同"的研究起源很早，但认同理论是成熟于 20 世纪60 年代。

"认同就是一个人属于某个群体的认知以及与此相关的价值和评判"。① 虽然有学者认为人类关于认同的研究从古希腊时期的"自我认识"就开始了，中间又有柏拉图、笛卡儿、弗洛伊德等哲学家、心理学家等做过不同论述，但认同理论的真正产生是基于 20 世纪初期以来欧洲的社会动荡，其研究的目的是关注现实社会存在的问题，并对之做出科学的解释、提出有效的解决方案，让作为个体的每个人都有群体归属感，并在这一群体中获得价值肯定和地位感。

认同理论的基本观点是每个人都需要获得一种正面的价值肯定，而这种"正面的价值肯定"是基于"每个人都归属于拥有正面的和独特的认同群体"②；这个群体的存在则是基于权利和地位关系的不同。社会上存在着不同的"社会类别"，如由于性别、年龄、职业、民族、阶级、信仰、宗教等的关系而形成的不同人群。所以，认同理论的研究是从社会分类开始的，通过分类，将社会人群分成不同的类别，然后对其中某一类人群的共同价值观进行研究，并进而定义个人在其中的位置。

在社会学和心理学领域，"认同"是一个关于社会发展的核心概念。"认同"不仅"是一种社会行动"，也是一种"团结"，因为"任何社会制度的'粘合'都基于这样一个事实，即个体使他们社会的价值观、规

---

① 王歆：《认同理论的起源、发展与评述》，《新疆社科论坛》2009 年第 2 期。

② 王歆：《认同理论的起源、发展与评述》，《新疆社科论坛》2009 年第 2 期。

范和可接受的行为模式内化"。① "通过共同的认同，人们在相同的心理特征上联系在一起，而且会采取一致行动来保持、维护和提高他们的共同认同。"② 因此，从社会学、心理学以及政治学、管理学和社会管理等角度出发，认同理论的确具有非常重要的理论意义和现实意义，认同理论对于人群共同心理联系的结构与动力等的研究，对于社会与政治环境模式的构建与调整同样具有支持和借鉴意义。

社会认同理论产生后，在很多领域进行了延伸发展，并进而产生了社会认同、文化认同、政治认同、族群认同、国家认同等分支领域。

文化认同是认同理论研究最重要的内容。实际上，文化认同也是其他认同——包括政治认同、族群认同、国家认同等的基础，因为文化认同决定着人的价值判断和价值选择。文化认同本身就是"一种肯定的文化价值判断"，是"文化群体或文化成员承认群内新文化或群外异文化因素的价值效用符合传统文化价值标准的认可态度与方式"。③ 同时，文化认同——不管是对自身或本土文化的认同，还是对外来文化的认同，都对整个社会文化、社会政治等的发展有着重要的"先决"作用：对"舶来品"——外来文化价值的认同，不仅能够改变一个地区、一个民族、一个国家的文化发展方向，甚至能够解构一个民族的凝聚力、削弱一个国家的政治制度；相反，本民族、本地区、本国人民对自身或本土文化的高度认同，则可以形成民族和国家的共同信仰、共同价值观和共同的精神力量，并巩固、强化民族和国家的凝聚力。

认同理论特别是文化认同理论，是民俗价值观研究重要的基础理论之一，特别是其关于族群文化认同的理论，与本研究的主要命题——中国当代民俗学者的民俗价值观，在学理上有着极高的吻合度。"中国当

---

① 刘璟洁：《新形势下高校教师职业倦怠的成因及调适》，《江西科技师范大学学报》2017 年第 3 期。

② ［美］威廉·布鲁姆：《认同理论：其结构、动力及应用》，王兵译，《社会心理研究》2006 年第 2 期。

③ 冯天瑜：《中华文化辞典》，武汉大学出版社 2001 年版，第 20 页。

代民俗学者"本身就是因共同的职业、共同的研究领域、共同的事业追求、共同的利益诉求而形成的一个具有独立意识的社会群体，这个群体既是一个"价值观共同体"，也是一个文化认同的特殊"族群"，这个"族群"让其中的每一个个体——民俗学者，都具有身份归属感，并形成作为其职业基础和研究对象——民俗的共同价值意识。

　　虽然民俗只是人类庞大的文化系统中的一个具体的文化种类，"民俗学者"这个"族群"也只是当今社会众多族群体系中的一个个体数量不多、影响力相对弱小（特别是与国学、经济学、管理学等在社会上极度活跃的"显学"领域相比）的群体，即使是在学术领域也处于边缘地位。但由于民俗本身具有地方性、民族性甚至是"国家性"等的特征，所以正像文化认同理论研究已经明确了的论断所强调的那样："文化认同是人的社会属性的表现形式"，它"一方面与族群相关，也与国家政治生活相关。同时也与全球化所形成的新的世界主义相关"。① 因此，对作为本土传统文化重要组成部分的民俗的价值认同，是地方认同、民族认同、国家认同的意识基础，可以形成民族和国家的共同信仰、共同价值观和共同的精神力量，巩固、强化民族和国家凝聚力。从这个意义上说，民俗学者这个"族群"、民俗学这个研究领域的范畴和社会影响虽小，但其对于社会、对于国家发展的意义却非常重大。日本民俗学创始人柳田国男"一国民俗学"的提出，其实际就是试图通过对日本民俗的系统整理和研究，来形成日本民族认同和国家认同的文化基础。中国"五四"时期民俗学的发端，同样也是当时的先进知识分子们为寻求民族精神、国家认同的"民间"基础，以走向民间的"运动"的方式开始的。因此，认同理论对于民俗价值观研究而言，是最重要基础理论之一。

---

① 韩震：《论国家认同、民族认同即文化认同——一种基于历史哲学的分析与思考》，《北京师范大学学报》（哲学社会科学版）2010 年第 1 期。

（五）空间生产理论与民俗价值观研究①

空间生产理论，是现代西方新马克思主义学者亨利·列斐伏尔（Henri Lefebvre）从社会空间生成过程的角度，提出的关于"社会—空间"范式和关系中关于"社会过程下的空间生产""空间社会意义的赋予""空间的变化"的理论。②

在工业化、城市化、现代化和全球化进程中，生产、交换、消费等经济现象逐渐占据了整个社会空间，在这种环境下，资本的逻辑被注入了社会空间，并在空间生产的过程中居于主导地位。而且当某一具体的空间形态一旦被制造，就会倾向于秩序化、制度化，并且能够在一定程度上决定着这个空间未来的发展。所以，"空间"是可以"被生产""被制造"的。

1974年，亨利·列斐伏尔出版了《空间的生产》第一版，奠定了空间生产理论的基础。书中指出：空间"是通过人类主体的有意识活动而产生"的，这一理念赋予了"空间"以丰富的哲学意义，把空间定义为"事物的关联性、结构性、有序性在人头脑中的反映，是一种物质的存在方式"。③亨利·列斐伏尔引入社会空间、生活空间以及社会实践、空间实践的概念，并利用黑格尔关于"生产"的思想，形成了将物质空间、精神空间和形式抽象以及社会空间的实际感知集于一体的一元化空间理论，认为人类的社会实践本身就是社会空间的生产过程，而空间又对整个社会具有整合作用。正是这种空间的整合作用，形成了后工业时代社会空间的基本特质：人类的社会生活被强大的资本力量殖民化，"政治化和商品化将原始的、历史的、自然的、物质的具体空间淹没和殖民，使日常生活陷入空间的异化状态中"；"同质化、集权化、商品化已经成为现代性日常生活的表征"；消费与市场逐渐成为中心，而"文化

---

① 该部分主要参照王德刚《空间再造与文化传承——栖霞古镇都村"非遗"保护工程实验研究》，《民俗研究》2014年第5期。

② 张品：《空间生产理论研究述评》，《社科纵横》2012年第8期。

③ 王晓磊：《社会空间论》，华中科技大学博士学位论文，2010年。

却被边缘化"。① 即从整个现实世界的状况来看，社会空间已经在被资本整合。而在文化被边缘化的过程中，历史性、传统性的民俗文化、非物质文化遗产等则逐渐被抛弃或被挤出社会空间。

民俗等历史性、传统性的文化是生存于特定的"文化空间"之中的。从社会学、人文地理学和人类学的角度看，"文化空间"实际上是一个在特定的物理空间或自然空间基础上、由人的活动而形成的"文化场"。② 如古城、古镇、古村落、历史街区等等，都是民俗、非物质文化遗产等赖以存在的文化空间，并被这种文化空间所整合。

民俗本身是没有形态的，必须依附于一定的载体、存在于一定的"容器"中；而"文化空间"的实际作用就是作为承载文化的"容器"，这种"容器"本身也因其承载文化的类型、性质、表现形式等特殊的规定性而形成不同的形态。因此，"文化空间"实际上应该是由文化与一定数量和类型的载体群共同构成的物理空间与文化内涵的融合体。

从社会发展进程来看，资本对社会空间整合的趋势是不可逆转的，即社会空间本身同质化、集权化、商品化的趋势是不可改变的，历史性、传统性的民俗文化、非物质文化遗产等逐步走向衰亡的趋势也是不可阻挡的，而只能在某一特定的区域空间中谋求相对的平衡，即将"传统性、现代性、后现代性这三个不同时代的东西集中压缩到一个时空之中"③。在这一压缩的时空中，把某种特定的传统性元素并存于现代性和后现代性的社会空间中。

文化空间是社会空间的组成元素和组成部分，同时也是民俗文化、非物质文化遗产等存在的容器和载体。而在时空关系上，"文化空间表

---

① 景天魁、何健、邓万春等：《时刻社会学：理论和方法》，北京师范大学出版社2012年版，第251页。
② 向云驹：《再论"文化空间"——关于非物质文化遗产若干哲学问题之二》，《民间文化论坛》2009年第3期。
③ 景天魁、何健、邓万春等：《时刻社会学：理论和方法》，北京师范大学出版社2012年版，第251页。

现的是人类世界的空间维度，本身与时间是相对称的，即文化空间必须通过时间得以纵向延续和发展。"① 空间生产理论从社会空间生产的角度为民俗文化、非物质文化遗产等在现代社会的生存、发展提供了新的理论依据，即将民俗文化、非物质文化遗产所依托的具有传统特征的文化空间在现代性、后现代性的社会空间中并存，这就为那些文化空间的全部或主体部分被损毁的民俗文化、非物质文化遗产在现代性、后现代性的社会空间中谋求生存和发展空间提供了一个新途径——"文化空间再造"，即通过空间再造，重塑民俗文化、非物质文化遗产的存在和发展环境。

有学者从上古时期中国的仪式、集会研究入手，认为人类自古就是通过空间来整合、确立文化秩序的。② 从整个社会发展所对应的社会空间、社会秩序来看，社会发展不同阶段的规定性必然反映在政治秩序、经济秩序、文化秩序等所有领域；文化空间与社会空间、文化秩序与社会秩序既是一种从属关系，又能够互相影响。亨利·列斐伏尔的空间生产理论为"文化空间再造"提供了一个理论框架，即在某种特殊需求和导向下，文化空间和文化秩序完全可以进行"微调"——在社会空间、社会秩序容忍或允许的前提下进行"再造"。

从渊源和本质上说，传统民俗所依赖的是与传统农耕社会对应的社会空间，其所需要的文化秩序是远离现代物质文明的，政治气息也相对淡化。因此，通过空间再造、重整文化秩序，来营造传承民俗的文化空间，需要在理论上解决好三个问题：

一是物理空间再造。物理空间是由一定的物质实体集聚、组合而形成的载体空间，如城镇、村落、社区、街巷、广场、集市等，它们往往是民俗文化和非物质文化遗产存在的现实空间——物理空间是文化依存

① 曾芸：《文化生态与非物质文化遗产保护研究》，《中央民族大学学报》（哲学社会科学版）2013 年第 3 期。

② ［法］葛兰言：《古代中国的节庆与歌谣》，赵丙祥、张宏明译，广西师范大学出版社2005 年版，第 8 页。

的容器。

二是重塑文化秩序。社会中任何事物虽然都无法绝对摆脱政治和资本的影响，但就民俗文化、非物质文化遗产而言也的确表现出强烈远离政治、排斥商业资本的特点，如民间信仰、时令习俗、乡土艺术等。与政治保持距离感或非政治化、非商业化，实际是许多民俗文化、非物质文化遗产生存所必需的文化秩序，许多再造的"古城""古镇""古街"之所以事与愿违地成为"死城""鬼城"，除了物理空间的不合理外，根本的原因就是强势的政治影响和强烈的商业诉求下所形成的文化秩序，本身并不是民俗文化、非物质文化遗产生存所需要的空间环境。当然，也有许多以生产方式或民间技艺为特征的民俗文化、非物质文化遗产本身就具备经济属性，能够产生商业价值。

三是民俗的整合。文化空间要有集聚效应，即同类、相近或具有同源性的民俗文化、非物质文化遗产等集聚在一个特定的空间内，才能够依托规模效应形成实际性的民俗文化、非物质文化遗产生存和发展的文化空间，单靠一两项民俗文化、非物质文化遗产无法营造足够的文化空间氛围。

民俗和非物质文化遗产的存在与发展，文化空间的整合作用是重要的影响因素。也正因为人类在保护民俗文化、非物质文化遗产的实践中逐步认识到了这一点，使民俗文化、非物质文化遗产的保护理念也开始发生演变，从重视民俗文化、非物质文化遗产自身的保护，逐渐转变为民俗文化、非物质文化遗产及其文化空间的整体保护。

"活态"是民俗、非物质文化遗产的基本特征之一，这种"活态"取决于时间、空间和活动于时空中的人这三个要素的共同作用，组成一个动态的"文化场"，在这个"文化场"中进行着疏通传承渠道、存留文化空间和延续文化时间的工作，以达到民俗文化、非物质文化遗产保护的目的。三个要素中，人是本体，时间是过程，空间是容器，三者缺一不可。但在社会演变过程中，最容易受到破坏或破坏最严重的往往是作为容器的文化空间。因此，文化空间实际上越来越成为民俗文化、非物质文化遗产保护、传承的关键性要素。

从人类文化遗产保护、传承的历史来看，传统的文化空间保护多数情况下是保护现存的文化空间，即只是对那些部分受到破坏，但并没有完全损毁的传统文化空间，采用维护、修复等技术手段来恢复传统文化空间的完整性和完好性。

实际上，空间生产理论还为我们指出了另一条与维护、修复平行的文化遗产保护、传承途径，即在传统文化空间基本损毁，甚至不复存在的情况下，通过"空间再造"方式为那些无所依托的传统民俗、非物质文化遗产等提供一个新的、赖以生存的物质环境和空间载体，从而实现民俗、非物质文化遗产的活态保护和有序传承。

空间生产理论为民俗和民俗学社会价值的实现，提供了有效的理论支持和路径选择。

基于空间生产理论的"空间再造"，既为我们提供了一种在工业化、城市化、现代化、全球化语境中民俗、非物质文化遗产保护、传承的有效方法，也为我们在商品经济时代发挥民俗、非物质文化遗产的社会价值、经济价值提供了一条新的路径。路径选择是民俗价值实现最重要的环节，是民俗学存在价值的技术支持——研究民俗价值实现或作用于社会的路径本身就是民俗价值观研究的重要内容。空间生产理论为民俗学的当下意义、即民俗价值观研究提供了有力的理论支持，特别是在民俗文化保护、传承的路径选择上，提供了现实的、具有实践意义的解决方案。

（六）相关理论的借鉴与应用过程

上述五个相关理论，对本研究的主要命题——民俗学研究在当代社会的现实意义和当代民俗学者的民俗价值观，各有着不同的借鉴意义，有的是在研究内容上有密切的关联，如价值论、文化商品化理论等；有的是能够在理论上对本研究给予指导，如文化适应理论、认同理论等；有的是在技术上能够给予借鉴和支持，如空间生产理论。这其中也有一些理论，既在研究内容上有密切的内在联系甚至是内容上有交叉，同时也能够在理论上给予借鉴和指导，甚至在一定程度上能够成为上位理论，如价值论，既在内容上与本项研究具有非常密切的内在联系——包括对民俗的本体价值和民俗学价值的研究、民俗价值观的形成过程研究、民俗价值观形成机理的研究、民俗价值观共同体的研究等，也在理论层次上对本研究有着自上而下的指导作用——由价值、价值观、文化价值观、民俗价值观等形成自上而下的逻辑延伸和传导。

因此，在研究过程中，对上述理论的借鉴和应用，将在不同的研究阶段、不同的研究节点上，结合其理论的特性和功能特点，有针对性地借鉴和应用。

首先是研究设计过程。研究设计是对研究项目的全部研究过程所拟定的规划方案，是对项目研究所作的前置性计划安排，对项目研究的内容设计、研究过程、方法选择、技术路径、框架体系等制定科学的推进计划和实施预案，对项目研究能否按时完成并取得预期成果具有举足轻重的作用。在这一阶段，要综合借鉴和利用上述理论，以它们的概念、理论、逻辑、方法等为指导，特别是利用其中那些已经成熟、形成定论或共识的研究结论，来梳理研究思路，设计研究框架，规划研究方案，使研究设计本身具有较高的科学性和可实施性。

其次是理论推导过程。理论推导是人文社会科学领域最传统、最常用的研究方法。它是用由概念到概念、由理论到理论的方法进行的逻辑传导性研究。民俗学的存在意义和民俗价值观研究，许多环节涉及由理论到理论的推导过程，包括对核心概念的研究和定义、对研究命题理论架构的梳理和建构等。如在概念研究过程中，由价值→价值观→价值观共同体→文化价值观→民俗价值观本身就是一个逻辑延伸过程；在理论框架梳理过程中，由民俗本体的价值→民俗价值观的形成→民俗学的存在意义、民俗的价值→民俗作用于社会的途径与方法→民俗学者的民俗实践等，同样也都具有内在的逻辑联系，对这些命题的分析、研究，在许多环节需要采用逻辑推演的研究方法，而这种逻辑推演过程，就是一个使用上述理论进行由理论到理论的研究、推演过程。

最后是分析、归纳阶段。本研究需要采集大量的文献、数据、访谈信息，并通过烦琐的资料整理、分析和归纳过程，将零散的资料形成有序、有据的系统性信息，最终形成研究结论。这一过程既包括对已有相关文献资料的收集、整理，也包括对选定对象的深度访谈，即通过"田野"作业获得第一手的资料。但本研究与多数民俗学研究以乡村和民间作为田野场所、以民间艺人和作为民俗载体的"乡民"作为田野对象有很大的不同，是把民俗学者的书斋作为田野的场所，把民俗学者作为田野调查的对象，访谈的话题也不是乡村或家族的来龙去脉、村里的庙、庙里的碑、碑上的文以及庙里的仪式、乡村的活动等"民间性"信息，而是关于"民俗价值""民俗学价值""民俗学科"的性质与地位、民俗学者的社会责任与民俗学的存在意义等"学术性""智慧型"信息，对这些资料进行分析，不单纯是从中提取有价值的信息，更重要的是进行学术性的分析、整理和归纳。在这一过程中，上述理论将在不同阶段、不同环节发挥理论上的指导作用和技术路径上的借鉴作用。

第二章　访谈过程与口述资料初步分析

一、访谈提纲设计与访谈对象遴选

（一）研究宗旨

本研究的宗旨是要对"民俗学的当下意义"这一命题做出回答，即民俗和民俗学在现实社会——快速城市化、工业化、现代化、全球化背景下的存在价值和现实意义。

与该研究宗旨直接关联的关键性前提是——"中国当代民俗学者"这一学术和价值观共同体，他们自身有什么样的民俗价值观，他们在自身民俗价值观的指导下如何将民俗和民俗学的价值作用于社会，并得到社会的回应，以此来确定自身的社会地位和学科地位。这些问题之间有着紧密的内在逻辑关联性。

围绕这一核心命题所形成的关于民俗和民俗学的价值理论，实际上也是当代民俗学存在和发展的学理基础。

在前述的研究设计中，已经明确本次研究的对象，只是整个社会整体中的一个与民俗价值观关系最直接的群体——"中国当代民俗学者"这一价值观共同体；而研究的主题是"民俗价值观"，即"中国当代民俗学者"的"民俗价值观"。

因此，从本研究的宗旨和研究框架出发，对本研究的主要内容做如下逻辑梳理：

核心命题：民俗学的当下意义——中国当代民俗学者这一学术和价值观共同体的民俗价值观。

核心命题之下，进一步分解出若干个在内涵上具有逻辑关联性的单项问题，对这些单项问题的分别研究，将从本体论的角度，发现和解读民俗和民俗学在当代社会的存在价值和意义。

这些问题主要包括：

——民俗的价值，或民俗的本体价值；

——民俗学的价值；

——民俗学的学科地位和社会地位；

——民俗学者社会价值的发挥途径和民俗学者的社会地位。

对这些问题的梳理将作为拟定访谈提纲的主要话题线索。

（二）访谈提纲设计

1. 访谈内容设计

根据研究命题和研究宗旨，以及核心命题延伸出的关联性问题，确定的访谈提纲包括了 10 个具体的话题（现场访谈提纲模本见附件 1）：

——您认为民俗、民俗学的价值体现在哪些方面，在当代社会，我们应该树立怎样的民俗价值观？

——您对民俗学的传统价值观——"解释和改造现实社会生活"（钟敬文先生观点）如何评价？

——您认为微观的乡民文化与国家、民族宏大的历史和文化体系是一种什么关系？

——民俗学研究在当代社会能够发挥怎样的作用，或者说民俗学者应通过什么样的途径来确定自身和民俗学科的地位？

——民俗学研究成果作用于社会的途径有哪些，民俗学者如何参与社会，或者说民俗学应不应该有应用研究？对一些民俗学者参与民俗文化的开发利用，甚至走上政府、企业搭建的文化和经济舞台，帮助政府和企业将民俗文化资源化等行为如何评价？

——您认为民俗文化当前的生存环境怎样？

——您认为政府通过评选"非遗""非遗传承人"等办法对保护和传承传统文化有效吗，是否还有别的好办法？

——您认为民俗学研究与政治文化应保持什么样的关系，在主流语境中如何保持民俗学研究的独立性？

——请介绍一下您的个人学术成长经历，您的这些思想是怎样形成的（师承？接受别的学者的观点？自我逐渐形成？或其他）。

——请您总结一下今天我们讨论"民俗学的当下意义"和"民俗价值观"这两个话题您的主要观点。

说明：上述问题在顺序上有一定的逻辑联系，是层层递进式地对核心命题展开引导式讨论，使被访谈者的叙事逻辑始终不偏离话题主线。但为了使受访者能够放开思路，对话题展开深入的探讨，访谈类型采用半结构深度访谈方式进行，即受访者可以沿着某一话题进行开放式谈话，将问题探讨引向深入。特别是对于某些受访者熟悉或有深厚研究基础的话题，受访者可以有针对性地展开深入探讨。

2. 访谈内容诠释

访谈提纲的内容包含了 10 个具体话题，主要是设想从三个层面来与受访者进行交流，以将话题聚焦于本研究的核心命题。

一是在哲学层面，对民俗价值观问题的探讨。这是针对研究命题设计的直奔主题的访谈话题，直接询问受访者对"民俗的价值""民俗学的价值"和"民俗价值观"的看法。用这种直奔主题的提问式内容设计，是为了使访谈一开始就能够非常集中地针对研究命题展开叙述和讨论，以获得有较高内容集中度的访谈资料。

因访谈提纲一般多会在正式访谈之前就提前发给受访者，与受访者会面后也会按程序先行介绍访谈目的和访谈程序，对访谈内容进行现场说明，并给受访者一定的时间现场阅读访谈提纲，因此，能够充分保障受访者对访谈提纲中哲学层面的话题有较充分的思想准备和知识准备，以保障谈话内容的深度和质量。

　　同时，访谈提纲中还涉及对传统的民俗价值观的评价，即对"解释和改造现实社会生活"这一观点的评价。这是一个试图获取民俗价值观的形成路径或形成机理方面信息的话题。"解释和改造现实社会生活"是钟敬文先生对民俗学价值的传统观点，在许多民俗学教科书中被普遍引用，是民俗学理论中的"常识性"知识，当今民俗学界的学者们也几乎全都是读着钟先生的著作和教科书迈入民俗学领域的，因此，对这一传统观点，是接受、继承，还是持有不同看法，抑或是在继承的基础予以发展，等等，是能够从一个侧面反映出学者们自身的民俗价值观的形成轨迹的。包括访谈提纲中对受访者"个人学术成长经历"和其学术思想"是怎样形成的"等问题的追问，实际都是为了获得对民俗价值观的认知和形成过程的相关信息。

　　二是在实践层面，对民俗和民俗学价值实现途径的探讨。从马克思主义价值论的角度出发，任何事物的价值都需要通过一定的途径才能够得以实现，而民俗和民俗学价值的实现，主要是通过民俗实践来完成，并得到社会认可的。民俗实践一方面表现为人类在日常生活和生产过程中的创造，另一方面表现为民俗学者通过一定的途径参与社会民俗实践或作用于社会各项事业发展的社会民俗实践。实际上，民俗学者参与社会事务，特别是参与政府的政治事务——包括文化、意识形态和文化产业发展领域的研究、咨询和具体行动等，参与企业的商业化经营事务——包括文化资源的调查、研究以及开发利用的创意策划、规划设计等事务，一直以来都是民俗学界比较敏感的话题，特别是近年来的"非遗"保护工程、乡村记忆工程、古村落保护工程等，很多民俗学者"深度介入"，在民俗学界引起了不同反应，同时也引发了人们对民俗价值观、民俗学的学科地位与社会地位等问题的重新认识，这实际上是试图从实践层面上对"民俗学的当下意义"这一命题展开探讨，并获得应答。

　　三是环境与形势判断。本研究的宗旨是要探讨并明确基于"当下"

的民俗和民俗学的存在价值与社会意义，那就需要对"当下"有一个客观的认识，即基于城市化、工业化、现代化和全球化趋势的这样一个大社会背景，我们对民俗和民俗学的生存、发展环境有一个怎样的认知和判断，这实际上是我们探讨民俗学当下意义的认识前提，亦即我们最终要给出的实际就是具有时代特征的、关于民俗和民俗学存在价值的"当下"应答。因此。访谈提纲中设计了对"民俗文化当前的生存环境"的判断和国家"非遗"政策的有效性等相关问题，意在引导受访者能够给出关于当下社会环境和政策环境的评判。

（三）访谈对象遴选

根据前期对研究宗旨、研究目的、研究命题、研究对象等的初步研究，确定本研究的研究对象是"当代中国民俗学者"这一学术和价值观共同体的"民俗价值观"，亦即：研究的对象是"中国当代民俗学者"这一特定的学术群体，他们因共同的民俗学研究事业、共同的人文追求和共同的责任担当而形成了一个相对独立的"民俗价值观共同体"。

这个学术和价值共同体的具体界定：

——"中国当代"：指的是中华人民共和国范围以内、现仍健在的。

——"民俗学者"：指的是在科研机构、高等院校、党政机关、博物馆（含民俗馆、艺术馆等）、民间组织等单位和组织中以从事民俗学研究、教学、保护、传承、利用及相关工作为职业的工作者。

学术和价值观共同体以研究、保护、传承、利用民俗为共同的事业追求，因此而形成了共同或相似的民俗价值观。

受访学者的遴选，对笔者来说是个难点。一是笔者是跨界入行的初学者，虽然经过几年的专业学习，也阅读、学习了很多前辈的学术论著，但毕竟入门时间短，对民俗学界的了解不够充分；二是从本研究所使用的资料分析工具——扎根理论质性研究方法本身的要求来看，访谈对象的选择本身也属于研究过程的组成部分，要遵循一定的流程和规则来获得。因此，笔者采用了第三方推荐——通过问卷调查遴选的方式进行。

　　笔者专门设计了访谈对象问卷调查表（推荐表），说明研究主题、研究目的、研究内容、研究对象和访谈要求等基本要件，请问卷调查对象推荐 15 名以上的民俗学者和在政府领域从事与民俗事务相关工作的官员。推荐条件除上述界定的"民俗学学术和价值观共同体"的条件之外，还要对本研究的主题有一定的研究基础、学术思想相对稳定等（具体访谈提纲见附件 2）。

　　笔者共发放问卷 9 份，问卷对象均为从事民俗学研究的专业学者；问卷全部收回、全部有效。推荐票数过半（即 5 票及 5 票以上）的学者，即确定为本项研究的访谈对象（见表 2.1 受访学者遴选一览表）。

表 2.1　受访学者遴选一览表（按年龄排序）

姓名	年龄	职业／职务
张振犁	92	河南大学文学院教授，新中国第一代民俗学研究生，师从钟敬文先生。在河南大学创立了中原神话学派，在神话研究方法上，开创了在田野中发现和研究神话的活态神话理论。出版了《中国古典神话流变论考》《中原神话研究》《东方文明的曙光——中原神话论》等多部有关神话研究的著作，对中国神话学研究作出了巨大贡献。
乌丙安	88	辽宁大学中文系教授，中国民俗学会荣誉会长，文化部非物质文化遗产保护专家委员会副主任委员。长期从事民间文学和民俗学的教学和研究，著述颇丰，主要有《民间文学概论》《民俗学丛话》《中国民俗学》《民俗学原理》《民俗文化新论》《中国民间信仰》《神秘的萨满世界》和《日本家族和北方文化》等一系列具有里程碑意义的民俗学专著，关注神秘宗教、民间灵异现象的研究，为中国与国际民俗学事业和民俗学专业教学的发展作出了卓越贡献，被誉为我国第二代最富有声望的民俗学家。
刘魁立	83	中国社会科学院少数民族文学研究所原所长、研究员，《民族文学研究》原主编，中国民俗学会原会长。主要从事中国民俗学及民间文学、中国少数民族文学、欧洲民俗学的研究。著有《民间文学的搜集工作》《俄国农奴制时期民间文学的幻想与现实问题》《民俗学：概念、范围、方法》等代表性著作，译有《列宁年谱》等。1956 年及 1960 年曾经结合我国民间文学状况，发表《谈民间文学搜集工作》和《再谈民间文学搜集工作》两篇长篇论文，全面阐述田野工作忠实记录的原则，引起民间文学工作者的一场大讨论，对民间文学的搜集和研究产生了巨大的影响。

续表

姓名	年龄	职业 / 职务
刘锡诚	82	中国民间文艺协会原党组书记、副主席，中国文学艺术界联合会研究员，中国当代文学研究会副会长，中国旅游文化学会副会长，中国俗文学学会第三届副会长、第二届会长，国家非物质文化遗产保护专家委员会委员。出版有《原始艺术与民间文化》《石与石神》《中国原始艺术》《象征——对一种民间文化模式的考察》《民间文学：理论与方法》《20 世纪中国民间文学学术史》等著作几十部。是我国当代最有影响的民俗学家之一。
叶春生	78	中山大学中文系教授，国际民间叙事文学研究会（ISFNR）会员，广东省民间文化遗产抢救工程专家委员会主任。长期致力于民间文学、俗文学、民俗学、岭南民俗文化及神秘文化、灵异现象研究，着力对区域民俗与地方社会、区域民俗与传统文化等关系的研究，民俗文化资源与经济发展的互动研究，南方新都市文化、都市新民俗的研究，科学精神与神秘文化关系等的研究。代表性专著有《简明民间文艺学》《岭南俗文学简史》《岭南民间文化》《岭南民俗与旅游》《广府民俗》《广东民俗大典》《俗眼向洋》等。代表性论文有，《论〈粤讴〉》《广东水神溯源》《天籁同声唱客音》《神秘的高山族矮灵祭》《现代口承文艺的超时空传播》《广府民俗源流及其特征》《岭南民俗的嬗变与认同》《从盘古神话的演变看岭南民俗的融合》《新办民间节日的民俗底蕴》《神秘游戏探秘》等。是我国唯一对民间神秘文化、灵异现象进行体验式研究的学者。
刘铁梁	70	北京师范大学教授，山东大学文化遗产研究院一级教授，中国民俗学会副会长。研究方向主要在民俗学理论、村落民俗研究、庙会研究、民俗志、乡村民间自治组织与仪式行为、歌谣学、故事学等方面。在浙江、河北、北京等地的农村城乡社会中开展了对于民俗传统的深入调查，为理解近现代地方社会和文化建构的历史，提出并进行了"标志性文化统领式民俗志"的调查研究和写作实验，提出了民俗的内价值与外价值学说。出版了《北京民俗文化普查与研究手册》《中国民俗文化志北京门头沟区卷》《中国民俗文化志北京宣武区卷》《20 世纪中国民间文学经典》等重要著作。
陈勤建	68	华东师范大学终身教授、对外汉语学院常务副院长，中国民俗学会副会长，国家非物质文化遗产保护工作委员会委员。长期从事民俗学学理研究，出版《当代中国民俗学》《中国民俗》《文艺民俗学导论》《民间文学》《中国鸟信仰》《东方的罗密欧与朱丽叶——梁祝口头遗产文化空间》《民俗视野：中日文化的融合和冲突》《文艺民俗学》等著作几十部，发表学术论文逾百篇。

续表

姓名	年龄	职业／职务
刘德龙	63	中国民俗学会副会长，山东省民俗学会会长，山东大学兼职教授。曾入伍参军，长期从事理论宣传和研究工作，在报刊、广播等媒体上发表新闻稿件、理论文章、调查报告、散文、诗歌等上千件；主持和参与编写著作40余部（套）；全面负责和完成了《山东省志·民俗志》的编撰与续修工作；撰写和主编了《民间俗信与科学文化》、《民俗文化资源开发论纲》《地域文化与经济社会发展》《齐鲁历史文化名人》《山东籍现当代文化名人》等专著和大批民俗学论文、散文。
朝戈金	58	中国社会科学院民族文学研究所所长，中国社会科学院学部委员，中国民俗学会会长。研究领域包括民俗学、民间文艺学、中国少数民族文学等。精通汉语、蒙古语、英语等语言。有著作、论文、编著、译著、译文等百余种在中国、美国、日本、俄罗斯、蒙古、越南、马来西亚等国以多种文字发表。主持多个国家社科基金重大委托项目。曾主持国家社科基金重大委托项目"中国少数民族语言与文化研究""格萨（斯）尔抢救、保护与研究""蒙古口传经典大系"等课题研究。
田兆元	57	华东师范大学社会发展学院副院长，民俗研究所所长，文化部民族民间文艺发展中心—华东师范大学区域文化资源与应用研究中心主任。著有《神话与中国社会》《盟誓史》《商贾史》《文化人类学教程》《神话学与美学论集》等，论文80余篇。主张综合地、多学科交融地研究中国文化；崇尚田野调查，在乡野锤炼品格，在民间寻求真知，把田野当作书斋。
李　松	56	文化部民族民间文艺发展中心主任。从事民族民间文化保护工作多年。参与国家社科基金重大项目中国民族民间文艺集成志书编纂出版工程、国家科技支撑计划课题网络文化安全与民族文化数字化关键技术研究与示范项目等项目；主持国家科技基础性工作专项项目中国民族民间文艺基础资源数据库工程、国家社会公益研究专项项目中国民族民间文艺基础资源拯救项目、中国民族民间文化保护工程试点项目及文化部重点课题中国戏曲、民间舞蹈、民间音乐现状调查项目；担任国家社科基金重大委托项目《中国节日志》编委会常务副主任。任中国文化艺术资源标准化技术委员会主任、中国民间文艺家协会理事等职；并在山东大学、西南民族大学、云南大学、新疆师范大学等国内多所高校任特聘教授或硕士生、博士生导师。
赵世瑜	55	北京大学历史系教授，北京文化发展研究院历史文化研究所所长。主要研究领域为明清以来的民间文化史和民俗学史。代表作有《清皇父摄政王多尔衮全传》《腐朽与神奇：清代城市生活长卷》《史与中国传统社会》《中国文化地理概说》《眼光向下的革命——中国现代民俗学思想的早期发展，1918—1937》等。

续表

姓名	年龄	职业／职务
高丙中	54	北京大学社会学系人类学专业主任、教授，中国民族学会副会长，文化部非物质文化遗产保护专家委员会委员，联合国教科文组织亚太中心管理委员会委员。主要专著有《民俗文化与民俗生活》《中国社会发展与文化研究的探索》《现代化与民族生活方式的变迁》（合著）、《民俗志》《居住在文化空间里》等，是民俗学界日常生活研究领域的主要开创者。
吴效群	54	河南大学文学院教授，文化部—河南大学中原民间文化发展中心主任。研究方向为民间宗教、民间信仰等。出版《妙峰山：北京民间社会的历史变迁》《走进象征的紫禁城——北京妙峰山民间文化考察》《中原文化大典·民俗典·民间信仰》《中国文化论纲》《东方文明的曙光——中原神话论》等著作十几部。
叶　涛	53	中国社会科学院宗教研究所研究员，中国民俗学学会秘书长。主要研究民间信仰、民俗学理论，主要著述有《泰山香社研究》《民俗学导论》《中国民俗》《泰山石敢当》《中国京剧习俗》《孔府》《中国牛郎织女传说》（五卷本，总主编）、《中国民俗大系山东卷》（主编）、《领略山东民俗》（小学地方课程课本，主编）等。
刘宗迪	53	山东大学儒学高等研究院教授，"齐鲁青年学者"。主要研究方向为民俗学、神话学、口头传统研究，尤其致力于以民俗学、神话学的方法解读中国早期文献和历史。出版有《七夕》《古典的草根》《失落的天书》《姓氏名号面面观》等著作。
张士闪	52	山东大学文化遗产研究院副院长、教授，民俗研究所所长，《民俗研究》主编，山东省民俗学会秘书长。主要研究领域为民俗学基础理论、艺术民俗学。长年坚持田野调查，建构的艺术民俗学学科在国内民俗学界有较大的影响。出版有《中国艺术民俗学》《中华文学精要》《乡民艺术的文化解读》《中国家族教育》《艺术民俗学》《时尚指标》《家书抵万金》等代表性著作。
巴莫曲布嫫	52	中国社会科学院民族文学研究所研究员，口头传统研究中心执行主任，中国民俗学会副会长，中国少数民族文学学会副会长，国际史诗研究学会秘书长，联合国教科文组织保护非物质文化遗产领域专家。出版《鹰灵与诗魂——彝族古代经籍诗学研究》《神图与鬼板：凉山彝族祝咒文学与宗教绘画考察》等学术专著十几部。

说明：

（1）表中所列受访学者的年龄，为调查问卷回收和访谈时——2016年下半年的年龄。

（2）经问卷调查确定的受访学者共 18 位。在联系过程中，巴莫曲布嫫教授婉拒了访谈邀约。其他学者均接受了访谈。因此，实际受访者为 17 位。

（3）为了解民俗职业人对研究主题及相关问题的看法，笔者还选取了三位民俗职业人作为访谈对象，他们分别是一位国家级"非遗"传承人、一位省级"非遗"传承人、一位民俗博物馆馆长（见表 2.2）。

表 2.2　民俗职业人访谈对象一览表

何晓铮	77	山东省非物质文化遗产传承人（山东面塑），山东面塑艺术学会会长，山东省民间手工艺制作大师。
范正安	72	国家级非物质文化遗产传承人（泰山皮影）。
刘学斌	58	济南市民俗艺术馆馆长，济南市民俗文化旅游产业协会主席，济南市民俗艺术学校校长。

二、访谈过程与口述资料收集

（一）访谈时间与访谈过程

本项研究的访谈过程严格遵循科学访谈规则和要求进行，采用面对面半结构深度访谈方式进行。

访谈时间：2016 年 7 月 27 日—2017 年 2 月 12 日。

访谈程序：包括 4 个步骤（具体见表 2.3）。

表 2.3　访谈程序

顺序	项目	内容
D1	预约	与受访学者预约访谈时间、地点，并简要说明访谈目的、访谈内容（如受访学者有需要，则通过邮件或微信将访谈提纲提前发给受访者）；联系方式为微信、短信、电话。
D2	准备	见面后向受访学者详细介绍研究项目概况、访谈内容和相关要求；核实学者学术身份；拍照留念；录音准备。

顺序	项目	内容
D3	现场访谈	按预先准备的访谈提纲进行讨论式访谈，受访学者可不受局限、就某一问题进行深度发挥；访谈时间长度不受限制；如当天进行不完则直接预约下次访谈时间；访谈过程进行全程录音。
D4	过程确认	待受访学者进行自述总结后，对整个访谈过程进行签名确认；现场访谈结束。

预约。因笔者进入民俗学领域的时间较晚，访谈开始之前除本单位的刘铁梁教授、张士闪教授、刘德龙教授、刘宗迪教授和现在中国社科院宗教研究所从事研究工作的叶涛教授之外，只听过北京大学赵世瑜教授在山东大学的一次学术报告，与其他受访学者均未曾谋面，非常担心预约遭拒而影响研究进程。与每一位前辈的预约都仿佛是对笔者的考验，因此每一次都是非常认真而又忐忑不安地编写预约短信。非常幸运的是，前辈们接到我的短信之后基本都是马上回复，而且都非常客气、盛情接待，甚至请喝茶、请吃饭。其中叶春生教授在我访谈前得了中风，活动不很方便，左耳朵听不清楚。本来家人已经拒绝了我的预约，但当我把访谈提纲通过短信发给叶教授后，他又让家人给跟我联系，答应接受访谈。而最让我吃惊并感动的是，老先生竟然根据我的访谈提纲提前拟好了一份谈话稿。叶夫人介绍说，叶先生对这次访谈非常重视，一是为了提高效率，二是怕脑子不好用，要把握好思路。所以用了整整一晚上的时间哆哆嗦嗦地写了一份谈话提纲。这一访谈经历让我终生难忘！

巴莫曲布嫫教授在接到我的预约短信后，立即打回电话，表示对我研究的主题没有专门研究，怕谈不好，因此非常客气但又非常坚定地婉拒了我的访谈约请。对此笔者表示理解和尊重。

访谈准备。与受访对象见面之前，笔者已经列好了访谈提纲。根据受访学者的要求，提前将访谈提纲通过邮件或微信发给受访学者。按照约定的时间和地点，笔者与受访学者见面，然后按以下程序展开访谈过程：

——笔者做自我介绍，并简要说明研究内容；

——介绍访谈程序和具体要求，向受访者告知访谈需要受访者签字，并对访谈过程要进行录音，征得受访学者同意；该程序实际也是赋予被访谈者接受或不接受访谈的权利。由于笔者在见面之前已经口头获得了被访谈者的同意，因此，在该阶段，都得到了受访学者的同意；录音作为数据收集的一个工具，是为了后期的资料整理和分析研究。

——核实受访学者详细的学术身份。笔者通过几个简单的家常问候，即迅速核实被访谈者的学术身份。

现场访谈。现场访谈采用半结构深度访谈方式进行，受访学者根据访谈提纲和笔者的提问可以延伸至其他相关内容，并且笔者也鼓励受访学者能够就某些熟悉的问题进行深度阐述。因此，访谈的时间是不受限制的。笔者与每一位受访学者的访谈时间均超过 60 分钟，部分访谈时间超过了 120 分钟，还有个别访谈时间花了 4 个小时左右（一边吃饭一边访谈）。每一次访谈都是基于访谈者与被访谈者之间的相互信任与尊重基础上进行的。

最后确认。在访谈基本结束之后，笔者请受访学者做一个自述总结：对于学者群体，主要谈及的是学者们各自的学术生涯与学术发展；对于公务人员，谈及的是其公共事业与民俗学术之间的联系与发展；对于民俗从业人员，涉及的是其民俗保护、传承与商业化利用（即民俗经营的发展途径）。每一份自述总结都反映出民俗学者们淳朴的人文性格和积极努力的精神。最后，笔者请被访谈者签字并摄影留念。值得一提的是摄影留念工具在本研究中的应用。访谈方法中并没有限定必须使用摄影工具和方式做图像见证，但是对于笔者来说，每一位受访学者都是自己的前辈，相见一次机会难得，摄影留念更多地反映出笔者对前辈们的尊重，对本研究主题的认真与坚持。这个过程也获得了受访学者们的认可、支持和配合。

需要说明的是，访谈期间，高丙中教授正在美国做访问学者，笔者通过微信与高教授取得联系后，专门约定了时间，使用微信"语音聊天"方式完成了访谈，因此，访谈确认签字表上缺少高丙中教授的亲笔签名。

对每一位受访学者的访谈时间见表2.4。

表 2.4　访谈时间列表（按访谈时间顺序排列）

受访者姓名	访谈地点	访谈时间
刘宗迪	北京国际饭店	2016 年 7 月 27 日 12：30—16：30
刘铁梁	北京国际饭店	2016 年 7 月 27 日 17：00—18：30； 19：20—21：30
李　松	文化部民族民间文艺发展中心	2016 年 7 月 28 日 15：00—16：50
赵世瑜	北师大小西门瑞草轩茶馆	2016 年 7 月 29 日 9：00—11：50
刘德龙	山东省民俗学会秘书处办公室	2016 年 8 月 3 日 9：00—11：30
何晓铮	济南明湖花园何府	2016 年 8 月 4 日 13：00—15：00
范正安	泰安皮影剧场	2016 年 8 月 5 日 9：00—10：30
田兆元	华东师范大学闵行校区，农家巧媳妇厨房餐馆	2016 年 8 月　　日 21：00—8 月 12 日 0：30
刘学斌	济南市民俗艺术馆	2016 年 8 月 21 日 14：00—16：00
陈勤建	华东师范大学对外汉语学院 211 办公室	2016 年 8 月 24 日 13：30—15：30
乌丙安	沈阳市浑南区华发小区乌府	2016 年 9 月 12 日 9：00—11：30
叶春生	中山大学蒲园区 641 号叶先生府	2016 年 9 月 18 日 16：00—17：30
叶　涛	北京天通苑五区四号楼叶府	2016 年 10 月 9 日 16：30—20：30
刘锡诚	北京安外东河沿 8 号楼刘先生府	2016 年 10 月 10 日 8：40—10：30

续表

受访者姓名	访谈地点	访谈时间
朝戈金	中国社科院 1109 室	2016 年 10 月 10 日 10：30—11：50
高丙中	高丙中教授美国公寓（微信"语音聊天"）	2016 年 11 月 26 日 9：00—10：30
吴效群	河南大学学术交流中心	2016 年 11 月 27 日 12：00—14：30
张振犁	开封河南大学教授宿舍张府	2016 年 11 月 27 日 15：00—16：40
刘魁立	中国艺术研究院	2016 年 12 月 28 日 15：00—16：00
张士闪	山东大学文化遗产研究院	2017 年 2 月 24 日 10：00—12：00

受访学者签名确认表见附件。

（二）口述资料收集

本研究采用面对面半结构深度访谈方式进行访谈。

每一位受访者与笔者的谈话时间都在 1—4 小时之间，围绕民俗、民俗学、民俗价值观、民俗学科地位、民俗学者个人职业发展和对社会的作用等问题逐个深入交流。面对面的深度访谈，最大的益处是能够进行有深度的、专业性的交流，同时有利于访谈者根据受访者的表情、态度、身体语言等来及时调节谈话节奏、深度、方向和氛围等，把握好访谈的气氛和效率。Guest 等学者提出："深度访谈的优势是能够帮助访谈者从专家人群中获得深入的回答；有导向性的开放式交谈使得访谈者与被访谈者之间形成更熟悉放松的环境；方便询问一些极端的、敏感的、保密的或者较为隐私的问题。"[1] 很明显，使用深度访谈对于本研究的深

---

① Guest，G.，Namey，E. E.，& Mitchell，M. L. (2013) .Collecting qualitative data：A field manual for applied research. Thousand Oaks，Calif：SAGE.

入有着积极的作用。

访谈过程严格根据扎根理论规范的程序和要求进行：围绕访谈提纲进行交互式的自由讨论，按照访谈提纲的提示和访谈提纲内在逻辑递进关系依次进行，使访谈内容能够不断深入，并由受访者的经验性描述上升为理论性的概念和范畴。

访谈过程形成了完整的语音记录，有现场照片和受访者对访谈过程的签字确认。

从对访谈过程的把控要求来看，面对面访谈是一个在特定场域中进行的、指向性十分明确的、动态性的资料采集过程，话题的导出、主题和主线的把握、谈话气氛的控制、对信息的敏感度、双向讨论的深度和广度等，都会影响到访谈过程和采集资料的有效性。

首先，是把握谈话的氛围与话题主线。半结构访谈本身具有一定的开放性，受访者可以在话题主线的框架下进行较大自由度的发挥，以将谈话引向深入，但有时在轻松的谈话氛围中则有可能会发生"跑题"现象，影响访谈效率。特别是在谈话氛围过于轻松欢快的情况下，往往容易发生偏离话题主线的现象。因此要求访谈者既能够调节氛围、形成轻松的谈话语境，又能够把控好主线和节奏，围绕访谈提纲进行有效率的谈话。而且，为了能够不断提高访谈效率，每次访谈后，都要进行效率总结——回顾访谈过程中的话题把握、时间掌控、气氛控制，以此优化与下一个对象的访谈过程。访谈过程给予被访者充分的空间自由谈话，再根据被访谈者不同的回答分别追问相关的问题与方向。最后将所有收集的原始录音、访谈笔记等资料转译成文字，形成完整的访谈口述资料。

其次，是保持对谈话信息的敏感度。采用扎根理论方法的目的是从资料中来提取概念、建构理论，因此它特别强调两点：一是讨论的深度，即保证访谈交流要有较高的专业性和对问题探讨有足够的深度；二是敏感度，即研究者对与研究主题相关的话题信息要保持高度的敏感，特别是在访谈过程中"收集和分析资料的时候，研究者都应该对自己现有的理论、前人的理论以及资料中呈现的理论保持敏感，注意捕捉新的建构理论的线索"①。在访谈过程中保持对谈话信息的敏感性，"不仅可以帮助我们在收集资料时有一定的焦点和方向，而且在分析资料时注意寻找那些可以比较集中、浓缩地表达资料内容的概念。"② 这就要求访谈者要做充分的准备，对访谈提纲涉及的内容、受访者的学术背景、对与研究命题相关的理论等必须有充分的了解，才能够保障访谈的效率和对话题信息的敏感性。

再次，是要实事求是，资料整理要忠实、客观、可靠。通过现场语言交流访谈获得的资料内容很复杂，而且因为交流语境的特殊性，内容往往会比较零散、无序、缺乏逻辑严谨性，甚至缺乏理论价值，也可能会发生访谈质量不高、访谈对象提供的资料价值不大等现象。但扎根理论方法就是要通过对原始资料的分析、归纳来建构理论。因此，无论访谈获得的信息资料的价值是大还是小，都要秉持对资料保持忠实、客观、可靠的态度和实事求是的精神，尊重访谈对象所表达的思想、观点和信息的原创性、真实性。只有这样才能够真实地反映受访者的思想、观点和学术水平，使每一位受访者都能够显现出其独特的个性。

最后，是保持程序的严谨性。访谈程序、过程虽然只是一种形式，但严谨的过程管理往往是取得有效结果的保证。因此，所有的访谈过程均要基于扎根理论的要求进行严格的程序管理，从访谈话题设计到预约、准备、现场访谈，再到最终的访谈内容整理，都保证严格按照既定程序进行。

整个访谈过程从 2016 年 7 月 27 开始，到 2017 年 2 月 12 日结束，历时半年。口述资料经整理后，形成了 30 多万字的文字资料。这些资料为本项研究奠定了坚实的学术基础，同时也成为我国民俗学领域非常珍贵的学术史资料。

---

① 陈向明：《扎根理论的思路和方法》，《教育研究与实验》1999 年第 4 期。
② 陈向明：《扎根理论的思路和方法》，《教育研究与实验》1999 年第 4 期。

三、口述资料分析过程

从研究宗旨出发，本研究的方向是试图以"中国当代民俗学者"——民俗价值观共同体为研究对象，用深度访谈的方式来提取、归纳关于民俗价值观的共识。而扎根理论质性研究方法作为一种分析工具，就是通过对原始资源的分析、聚类、归纳来建构理论的，这与本研究"搁置异见""归纳共识"的价值取向是完全一致的。

根据扎根理论对资料分析过程的基本要求，结合本项研究的宗旨和诉求，特别是基于民俗学的学科特点和学者口述资料的"鲜活性"特征，为避免机械使用分析工具对"鲜活性"资料进行分析而产生的"工具性"僵化现象，笔者根据民俗学的特点，对资料分析过程进行了适度调整，使其更适用于本研究，更加贴近民俗学研究的特征。

资料分析过程包括以下五个环节，即：

——深度阅读；

——提取概念；

——归纳范畴；

——凝练主题；

——建构理论。

其中，前四个环节为客观分析阶段，第五个环节为由客观到主观的研究阶段。

而在扎根理论方法的技术规范中，深度阅读、提取概念、归纳范畴和凝练主题这四个环节又被称为编码。

编码分为两个阶段，即开放编码和主轴编码。与上述四个环节对应，深度阅读、提取概念、归纳范畴，属于开放编码阶段；凝练主题属于主轴编码阶段。

开放编码。即将访谈的内容经文字整理之后，录入软件后进行数字化处理。这是一个将访谈所形成的原始资料进行分解、检视、比较、概念化和范畴化的过程，即将资料进行分析并使之概念化，然后再以新的方式重新组合。概念和范畴的提炼、命名有多重来源，有的来自访谈记录（鲜活代码），有的来自文献资料（建构代码），有的是研讨的结果。一是通过对原始资料脚本进行逐行逐段分解，辨别意义单元，将原始资料分解为一件件独立的事件；二是对每个意义单元所指示的现象进行概念赋予，此阶段概念的抽取在意义上存在很多重复或者交叠，因此将意义相同的概念进行合并，形成较大的概念群；最后是基于研究主题分析和概念关系分析，把那些与同一现象有关的概念聚拢成一类，即发展成"范畴"。本着尽量"悬置"个人"已见"和研究界"定见"的原则，最终形成若干概念和范畴。

主轴编码。即分析、比对和建立概念类属之间的联系，以显示原始资料中各个部分之间的有机关联。开放编码所得到的概念和范畴基本是独立的，没有对范畴之间的关系进行分析，因此需要进行第二个阶段的主轴编码，根据不同范畴间的相互关系和潜在逻辑次序，对开放编码进行重新归类，归纳提炼出若干个主题。这些主题将分别对应研究设计中设定的研究内容，进而基于主题构建之后的概念模型。

本项研究中，建构理论是整个研究过程的理论推导和总结阶段，是由客观到主观的研究过程，将进行专章论述。

（一）深度阅读

深度阅读是对口述资料分析的基础。

通过对访谈资料的整理，共获得 30 多万字的学者口述资料。

在深度阅读环节，对学者口述资料的分析包括两个阶段：

一是结合访谈过程、场景、语境的客观分析。在阅读过程中，笔者通过对访谈过程的场景回忆来理解、分析口述资料的内涵，揣摩受访者某一段话语的特殊含义。如当对某个问题的讨论涉及笔者导师的观点时，从个别受访者面带微笑的表情和吞吞吐吐的语言中，你能够感受到受访者虽然出于对导师的尊敬、照顾笔者的感受而没有直接表达自己的观点，但其不赞同的态度实际已明显地表达出来。因此，在深度阅读的过程中，需要根据对访谈场景的回忆来综合判断受访者的意见指向。但该阶段只对口述资料本身进行"客观"分析，将其表达的概念和寓意析出。

二是将受访者的口述资料与其前期的研究成果通过"对读"方式进行对比分析。在客观分析的基础上，笔者通过检索受访者前期的研究成果，将其访谈过程中表达出来的观点与研究成果中相关的观点进行对比研究，比较其前后是否存在变化或进一步的发展。该阶段的分析将应用于研究后期的建构理论环节——主观研究阶段。

深度阅读，主要是在第一个阶段进行。对20位访谈对象的访谈，形成了30多万字的口述资料，深度阅读就是将这些口述资料进行概念挖掘、发现和提取的过程，扎根理论中将此阶段定义为将访谈所形成的原始资料的分解、检视、比较和概念化阶段，即通过口述资料的深度阅读，将资料脚本进行逐行逐段分解，辨别其意义单元，奠定下一步提取概念的基础。

（二）提取概念

深度阅读的目的是为了提取意义单元——概念。

扎根理论中，提取概念属于"开放性编码"阶段，或称"一级编码"，是在深度阅读的基础上，将口述资料进行分解、检视、比较的过程，以提取与研究主题相关的意义单元，即编码——概念化过程。[1] 概念的命名来自原始的访谈记录，即通过对原始资料脚本逐行逐段、逐节分解，辨别其意义单元，提取其中的关键词或关键话语段落——概念赋予。

---

① ［英］卡麦兹：《建构扎根理论：质性研究实践指南》，边国英译，重庆大学出版社2013年版，第61页。

作为意义单元的概念，扎根理论中也称其为"自由节点"，是从受访者口述资料中提炼出来的有意义的、能够解释研究主题的"原始概念"，它一般是直接来源于受访者口述资料中的某个词语，或由分析员（笔者）根据受访者的意见表达提炼出来的语句。

从本研究的词频分析结果为例来看：词频分析是用来分析访谈中的某些概念、词语出现的次数多少分布。

在进行数据分析之前，研究者往往会首先通过词频分析获得初步的访谈数据结果和编码范围。以表 2.5 为例，这是基于所有访谈数据所进行的词频分析。结果呈现的是在所有原始数据中前 60 个被提及的词语，设定最少词语长度为 3 个字，并且词语匹配度为中度精确匹配（见表 2.5 第 5 列）。

表 2.5　Nvivo 词频分析表

词语	长度	次数	加权百分比（%）	相似词语
老百姓	3	290	17	老百姓
民间文学	4	225	13	民间文学
价值观	3	124	7	价值观
意识形态	4	117	7	意识形态
共同体	3	96	5	共同体
年轻人	3	91	5	小伙子，年轻人
社会学	3	85	5	社会学
北师大	3	69	4	北师大
人类学	3	63	4	人类学
社会科学	4	60	3	社会科学
知识分子	4	57	3	知识分子
移风易俗	4	49	3	移风易俗，风俗
历史学	3	48	3	历史学
教科文	3	46	3	教科文
联合国	3	45	3	联合国

续表

词语	长度	次数	加权百分比（%）	相似词语
封建迷信	4	43	2	封建迷信
现代化	3	43	2	现代化
社科院	3	43	2	社科院
多样性	3	42	2	多样性
研究所	3	42	2	研究所
有意思	3	41	2	有意思
影响力	3	36	2	影响力
研究生	3	35	2	研究生
工业化	3	34	2	产业化，工业化
民族主义	4	34	2	民族主义
少数民族	4	30	2	少数民族
中华民族	4	29	2	中华民族
大学生	3	29	2	大学生
本体论	3	29	2	本体论
老人家	3	29	2	老人家，老人
过日子	3	27	2	过日子
创造力	3	26	1	创造力
最大化	3	26	1	最大化
中山大学	4	25	1	中山大学
乡规民约	4	25	1	乡规民约
共产党	3	25	1	共产党
民间艺术	4	25	1	民间艺术
宣传部	3	24	1	宣传部
教育部	3	23	1	教育部
国家级	3	21	1	国家级
大部分	3	21	1	大部分
座谈会	3	20	1	座谈会
马克思	3	20	1	马克思

续表

词语	长度	次数	加权百分比（%）	相似词语
全世界	3	19	1	全世界
唯物论	3	19	1	唯物论
圣诞节	3	19	1	圣诞节
城市化	3	19	1	城市化
外地人	3	19	1	外国人，外地人
旅游业	3	19	1	旅游业
山海经	3	18	1	山海经
无神论	3	18	1	无神论
研究院	3	18	1	研究院
解放后	3	18	1	解放后
使命感	3	17	1	使命感
再生产	3	17	1	再生产
博物馆	3	17	1	博物馆
学术界	3	17	1	学术界
文化部	3	17	1	文化部
方法论	3	17	1	方法论
殖民地	3	17	1	殖民地

　　上述词频分析的结果支持了笔者在访谈过程中获得的部分编码总结。很明显，"老百姓"和"民间文学"是最多被提及的前2个词语，分别占有17%和13%的比例。在访谈期间，众多被访谈者都提及民俗的基本价值就是关注百姓生活，它存在于日常生活之中。正因为如此，民俗学研究的价值也开始更加接地气地关注百姓生活，通过分析百姓日常生活去获得民俗发展的来龙去脉。"民间文学"有着独特的作用，民俗通过民间文学去追踪民俗文化的发展，同时，在当代，民间文学开始与新媒体进行有效合作，开发出很多被市场认可和追捧的文化产品。"价值观"（7%）被提及124次，这与本研究的研究宗旨不谋而合。

访谈中众多学者清晰地表达了自己对民俗价值观和民俗学价值观的看法和认识，围绕着民俗泰斗钟敬文先生提出的"解释和改造社会生活"各抒己见。"意识形态"（7%）的加权比例与位列第三的"价值观"相同，但被提及的次数少于"价值观"，共 117 次。被访谈者大多认可民俗是属于意识形态领域的内容。在谈及民俗具体事项的时候，这种意识形态观念更是被意念和经历所证实。"共同体""年轻人""社会学"的加权比例为 5%，被提及次数分别为 96 次、91 次和 85 次，"人类学""社会科学""历史学"等学科被提及的次数紧随其后，这反映了访谈集中讨论了本研究的研究对象为学术共同体，民俗的发展离不开年轻人，以及民俗学与社会学、人类学和历史学等学科的紧密联系。有趣的是，"北师大""社科院""研究所""中山大学"这些民俗学研究的主要发源地和基地在访谈中也经常被提及。这些概念、词语的表达反映了民俗研究一直在大学和研究所持续着，对民俗研究有着重要的意义和作用。

图 2.1　基于所有访谈数据的 Nvivo 词云

由于访谈资料的"口语化"特征，作为意义单元的概念在这里是一个广义"概念"，其表现形式多种多样，有的是能够直接、准确表达某种特定含义的单词，如从访谈资料总提取的"陋习""边缘化""根基""全球化"等，都是具有特定含义的单词；而有的则是"短语化"的意见表达方式，在这里都作为"概念"，如"解决社会问题的能力""民俗孕育国魂""人类的共同课"等。

"概念"是表达学术观点、思想最直接的词语性意见，因此，我们在进行资料分析时，往往会发现，一组"概念"一般能够比较集中地表达某一种含义或观点。如在对访谈口述资料进行深度阅读、分析时，我们得到一组"概念"——"发展愿景""面向未来""把精神在新的物质环境中得到最好的保存""对民俗和民俗的现状和未来担忧""政策导向与'提线人'的作用"等，我们对这些短语性"概念"进行意义分析和聚类，就会发现，它们的内容含义比较一致地在向民俗和传统文化的"传承愿景"这个方向集中。因此，我们最初进行访谈资料深度阅读并从中析出"概念"，目的就是为了进一步向上聚类、归纳，逐步析出内容集中度更高的"范畴"和"主题"。

通过在深度阅读基础上对 20 位受访者口述资料的分析，共提取与研究主题相关的概念 150 个（见表 2.6）。

（三）归纳范畴

范畴是在聚类、合并概念的基础上形成的更高一级的编码——"二级编码"或"主轴编码"。

首次提取的概念许多是意义相同、相近或重叠的，或在含义上具有共同的指向。归纳范畴就是就此来进行概念合并——把与同一现象或含义有关的概念聚类、合并成一类，形成含义较为丰富的"概念群"。

"概念群"所表达的寓意相对比较丰富，但寓意指向也相对集中，将"概念群"所表达的寓意进行凝练，便形成具有一定内涵的"范畴"。如上述内容的一组"概念"——"发展愿景""面向未来""把精神在新的物质环境中得到最好的保存""对民俗和民俗的现状和未来担忧""政策导向与'提线人'的作用"，归纳和聚类"范畴"就是要将这些从口述资料中析出的意义相同、相近的"概念"进行归类，形成能够集中表达某种特定含义的"概念群"。通过专门的内容比较，将上述"概念群"聚类成一个具有特定意义的"范畴"——"传承愿景"。

归纳范畴，是一个通过聚类来向达成共识方向进行集中的过程。因此，此阶段要本着尽量"搁置"个人"倾见""异见"的原则，[①] 求同存异，逐步向能够形成共识的方向发展。

经归纳聚类，本项研究共获得了42个范畴（见表2.6）。

（四）凝练主题

前期的资料分析过程——编码所形成的概念和范畴基本是独立的，没有对范畴之间的关系进行分析，因此需要进行第二个阶段的主轴编码，即根据不同范畴间的相互关系和潜在的逻辑次序，对开放编码形成的结果——"范畴"进行进一步聚类，形成"范畴群"，并归纳、提炼出内容集中度更高、含义更广泛的主题。这些主题是回答研究命题的关键性内容，通过对这些主题的阐释和深化研究，是最后建构理论——形成研究结论的基础。

从整个资料分析过程来看，逐级聚类的程序一般是：

——通过深度阅读从口述资料中析出"概念"；

——通过聚类"概念"形成"概念群"并归纳出"范畴"；

——通过聚类"范畴"形成"范畴群"并归纳出"主题"。

如初级聚类：

"概念群"："发展愿景""面向未来""把精神在新的物质环境中得到最好的保存""对民俗和民俗的现状和未来担忧""政策导向与'提线人'的作用"，聚类成"范畴"——"传承愿景"；

"概念群"："代际传承""生活传承""学术传承""转型发展""师徒传承""文化传承""民间技艺""执着追求""文化包装""学校专业

---

① 　陈向明：《质的研究方法与社会科学研究》，教育科学出版社2000年版，第327页。

教育""差异化发展""适应现实社会"，聚类成"范畴"——"传承与
发展方式"；

"概念群"："共同追求""交流与合作"，聚类成"范畴"——"共
同体"。

进一步聚类：

"范畴群"："传承愿景""传承与发展方式""共同体"，聚类成"主
题"——"传承与发展"。

经过这样层层聚类，进行逐级向上的意义归纳，逐步形成内容集中
度更高、含义更广泛的"主题"。

经对范畴的分析与归类，共获得与研究主题相关的 15 个主题（见
表 2.6）。

表 2.6　概念、范畴、主题的提取、聚类过程

概念	范畴	主题
发展愿景；面向未来；把精神在新的物质环境中得到最好的保存；对民俗和民俗的现状和未来担忧；政策导向与提线人的作用	传承愿景	传承与发展
代际传承；生活传承；学术传承；转型发展；师徒传承；文化传承；民间技艺；执着追求；文化包装；学校专业教育；差异化发展；适应现实社会	传承与发展方式	
共同追求；交流与合作	共同体	
封建迷信；糟粕；民间信仰	民间信仰	乡土根基与行为规范
乡土性；文化根基；生活中的创造；民间智慧	民间智慧	
乡规民约；村庄与村治是民俗的空间和规则；新民俗保证当代人的生活质量；新旧社会机制；礼与俗；日常生活的规则；民间法律	行为规范	
灵魂人物	灵魂	圈子文化
民俗学就是个小圈子；为学科争气；培养人才	凝聚力	
学术团队化	特征	
地位尴尬；边缘化	集体忧虑	

续表

概念	范畴	主题
与社会的关系；学科内容；民俗学的社会地位；北师大；学科的本质；学科断层；美国民俗学；学科魅力；学科价值判断的多样性；学术思想相对稳定；民俗学的学科地位；欧洲民俗学的衰落	学科建设与社会关系	民俗实践与民俗学科发展相辅相成
理论基础与创新；田野作业；民俗本体论；民俗学的价值就是研究和确定民俗本身的价值；理论建构；缺乏理论创新	学科发展与理论创新	
本真理念；文化多样性；政府的作用；学者参与新的机会；中国的四级"非遗"	"非遗"的存在	"非遗"与民俗
新的经营方式；"非遗"的保护与发展；"非遗"的知识产权	"非遗"的创新发展	
解释价值认知；解释社会生活	解释	能动地解释、服务和作用于社会生活
服务社会；服务政府与企业	服务	
移风易俗；能动地作用社会；创造式发展；被民俗教化；变革；解决现实问题的能力；社会地位；社会担当	作用	
文化认同；身份认同；共同利益；公共意识	软控力	凝聚认同到国魂
民族特色保护；凝聚族群；软控力；文化共同体	国魂	
意识形态；乡土生活与国家意识的联系；民族主义；民俗孕育国魂	认同	
国家干预；必要干预；在政府搭建的文化舞台上担任主角	与政治结盟	与政治政策的矛盾统一
无处不在；民俗能够作用于每个人；生活中的创造	民俗的无意识与有意识	
保持学者的独立性	相对独立	
民俗的商业化利用；民俗文化的资源化；民间文学与新媒体的结合；获得市场地位；在利用中传承	民俗商业化	民俗与市场结合
传统手工艺的市场化推广；基于民俗的旅游产品开发；打造民俗品牌产品；专业培训与创新能力；购物节文化现象	创新发展	

概念	范畴	主题
民俗源于老百姓生活中的创造；老百姓的生活就是民俗	生活与创造	与民众的日常生活密切相关
关注百姓日常生活；民俗研究转向	关注百姓日常生活	
民俗文化的危机	民俗文化的危机	无形的使命感
学科使命感	学科使命感	
当代学者的使命感	当代学者的使命感	
民俗从业人员的使命感	民俗从业人员的使命感	
民俗平等；民间智慧；精神需求；完善人格；意念；前鉴；民俗的整体与人类共存	个体认知	民俗对个体认知和意识形态的影响
人类的共同课；思想方法；文化空间；文化比较	意识形态	
源文化；根文化；民俗结构	文化源头与民俗结构	完整的人类文明知识图谱
口耳传承；两个轮子	口耳传承	
民间文字	民间文字	
解密神秘文化	解密神秘文化	
小传统的提升；寒食节——小传统的提升案例；民俗作为小传统对儒家文化大传统的体现	小传统到大传统	以小见大和由小到大的价值
从民间文学追踪民俗文化；民俗文化的碎片化利用	小文化到大文化	
为社会所用；民俗学的发展反映了国家政策的发展	小规则到大规范	
全球化；非物质文化遗产公约；传播渠道；公共民俗；一体化	全球化传播	全球化
与时代相关；重构民俗文化以适应主流文化	价值标准重构	
概念：150	范畴：42	主题：15

　　为进一步分析受访者对研究命题意见表达的主题集中度，在凝练出主题后，又按主题类别，以受访者人数和主题出现频率为单位，对主题和范畴进行了统计，获得结果如表2.7所示。

表 2.7 源自全部访谈资料的主题、范畴频率统计①

编号	主题	范畴	来源统计（人）	出现次数	占百分比（%）
1	传承与发展	·传承愿景 ·传承与发展方式 ·共同体	18	107	13.54
2	乡土根基与行为规范	·民间信仰 ·民间智慧 ·行为规范	15	78	9.87
3	民俗实践与民俗学科发展相辅相成	·学科建设与社会关系 ·学科的发展与理论创新	15	74	9.37
4	圈子文化	·灵魂 ·凝聚力 ·特征 ·集体忧虑	15	66	8.35
5	"非遗"与民俗	·"非遗"的存在 ·"非遗"的创新发展	15	57	7.22
6	能动地解释、服务和作用于社会生活	·解释 ·服务 ·作用	15	56	7.09
7	凝聚认同到国魂	·软控力 ·国魂 ·认同	15	56	7.09
8	与政治政策的矛盾统一	·与政治结盟 ·民俗的无意识与有意识 ·相对独立	17	46	5.82
9	民俗与市场结合	·民俗商业化 ·创新发展	15	41	5.19
10	与民众的日常生活密切相关	·生活与创造 ·关注百姓日常生活	14	41	5.19
11	无形的使命感	·民俗文化的危机 ·学科的使命 ·学者的使命感 ·民俗从业人员的使命感	11	40	5.06

① 该结果是应用扎根理论分析软件 Nvivo.11.0 进行统计获得的。

编号	主题	范畴	来源统计(人)	出现次数	占百分比(%)
12	民俗对个体认知和意识形态的影响	·个体认知 ·意识形态	12	34	4.30
13	完整的人类文明知识图谱	·文化源头与民俗结构 ·口耳传承 ·民间文字 ·解密神秘文化	10	33	4.18
14	以小见大和由小到大的价值	·小传统到大传统 ·小文化到大文化 ·小规则到大规范	9	32	4.05
15	全球化	·全球化传播 ·价值标准重构	10	29	3.67
	15	42	206	790	100.0

表 2.7 所列结果，是在范畴、主题从访谈资料中经过深度阅读、提炼、聚类析出后，进行回溯统计获得的。统计结果表明，在所有的 20 位受访者中，学者们对"传承与发展"的关注度最高，有 18 位学者在访谈中谈及该主题，主题出现频次达 107 次，占总频次的 13.54%。其次是"乡土根基与当代社会规范共存"，有 15 位学者关注该主题，主题出现频次 78 次，占总频次的 9.87%。以此类推的统计结果，验证了笔者前期通过深度阅读提取概念，逐级聚类、归纳所形成的范畴与主题的准确性。

四、主题凝练结果

经过对受访学者口述资料的阅读分析与聚类，最终凝练出与研究命题相关的 15 个主题——即从"民俗价值观共同体"的口述资料中析出了 15 个与民俗价值观紧密相关的主题。

从逻辑关系上，每一个"主题"都是由若干个"范畴"聚类形成；每一个"范畴"又都是由若干个"概念"聚类形成的。

15 个主题具体包括：

——主题 1：传承与发展；

——主题 2：乡土根基与行为规范；

——主题 3：民俗实践与民俗学科发展相辅相成；

——主题 4：圈子文化；

——主题 5："非遗"与民俗；

——主题 6：能动地解释、服务和作用于社会生活；

——主题 7：凝聚认同到国魂；

——主题 8：与政治政策的矛盾统一；

——主题 9：民俗与市场结合；

——主题 10：与民众的日常生活密切相关；

——主题 11：无形的使命感；

——主题 12：民俗对个体认知和意识形态的影响；

——主题 13：完整的人类文明知识图谱；

——主题 14：以小见大和由小到大的价值；

——主题 15：全球化。

上述 15 个主题，集中反映了受访者作为价值观共同体对于民俗和民俗学价值的基本认识。

结果显示：在当代社会、经济、文化的快速发展和全球化背景下，民俗与民俗学的价值实际上也在随着社会的变迁而逐步变化、扩大，不再仅仅局限于最初钟敬文先生提出的以服务于人们的日常生活为宗旨的"解释和改造社会生活"，它既保留着传统的解释价值、能动地作用于社会生活的价值，同时还具有同样被重视的"圈子文化"价值、学术和理论建构价值、文化传承价值、意识形态凝聚价值，以及与时代密切相关的对人类个体的影响和养成价值、市场价值、技术价值（如在非物质文化遗产保护过程中保护、传承的技术方法等）等等。

很显然，民俗本身是一种安安静静地、自然而然地存在于人类社会和人们生活中的无形文化；而民俗学同样是一个安静地存在于学术领域的学科体系，但同时又不安静地存在和作用于社会的学术范畴。它们的影响已经不仅仅只是局限于民俗学内部对民俗事象的研究、对民俗学理论体系的建构，它在文化和意识形态领域、社会实践和国家治理领域的影响以及对其他学科发展的影响和作用等等，都正在逐步扩大。

正如一位受访者所表达的那样：

　　这些工作（笔者注：指非物质文化遗产保护和社会文化工作）不一定是，或者说大部分不是民俗学者干的事，但是干这些工作的人肯定是在应用民俗学的思想方法从事这项工作。（高丙中）

第三章　主题阐释

　　主题阐释，仍然属于客观研究阶段，是用受访者的口述资料和其中表达出来的观点，来诠释和深化访谈资料分析所形成的 15 个主题，以对每一个主题的内涵进行相对完整的意义表达，为下一步建构理论奠定基础。

一、传承与发展

　　"传承与发展"实际上是民俗学界一直关注的热门话题，所以虽然本研究并没有刻意设计直接与此相关的话题，但"传承与发展"仍然成为访谈中出现频次最高的主题。

　　"传承与发展"这一主题来自 20 个受访者中的 18 个访谈对象，口述资料中的出现频次数高居第一（107 次），在所有的主题中集中度最高，占所有主题编码次数的 13.54%。而围绕主题进行进一步的内容分析则可以看出，这一主题实际上是由三个"范畴"——"传承愿景""传承与发展方式"和"共同体"所聚类成的"范畴群"形成的。

（一）传承愿景

　　传承与发展，是所有受访学者对民俗未来的共同愿望。但对于"传承愿景"的个人期望和表达，由于学术养成、意识境界、社会地位与视野等的不同，关注传承与发展、表达未来愿景，民俗学者、政府民俗文化保护者和"非遗传承人"之间，会表现出具体诉求的不同。

民俗学者们基于自身的学识、立场和学术追求，是把民俗和民俗学的传承看作是当代学者的一种历史使命、一种社会担当和个人价值实现的途径。这正如刘宗迪教授在访谈时所强调的：使民俗"在新的物质环境中得到最好的保存"是我们这一代民俗学人最真切、最核心的愿景，而将前辈们的学术思想进行传承与发展则是我们"当代学者的使命"。也正因为如此，本研究从最初的担忧到最后得到所有受访者的关心、关注和支持，都反映了"传承与发展"是"中国当代民俗学者"这一学术共同体所共同关注和期待的民俗与民俗学发展的重要内容之一。

民俗学者心存高远，有着发自内心的"忧国忧民"情怀，关心的是以民俗为代表的传统文化对于民族、国家和人类未来的意义：

> 民俗学学科从出发点上，具有崇高的政治理念和追求。到了今天，随着民俗的被商品化、被消费主义化，这门学科本身也就跟市场结合得非常紧了。我觉得当代民俗学者，主要还不是为了发现民俗文化的民族精神之根，但这的确是需要我们民俗学者去研究、去发现的，也就是说民俗学实际是带有意识形态意义的。早期的学者去民间是为了发现真正的民俗传统所在，这就是为什么顾颉刚他们那一代人，要重新为中华民族寻找生命之源。因为他们觉得古典文化、古典文学已经不行了，因此需要为中华文化、中华民族寻找新的生命之源，所以他们去民间寻找。我觉得当代学者没有这样一种使命感，当代学者可能就是为了当前国家的、地方的一些商业动机而去做一些项目。他们是为地方文化产业，为国家某个部门的项目甚至就某个公司、某个开发项目服务的。他们的项目确实变得比较功利化、工具化，这门学科目前与现实走得非常密切。（刘宗迪）

因此，基于民俗学者的学术视野与意识境界，对于民俗和民俗学传承与发展的愿景，主要表达为"去建构当代社会文化，即把民族精神凝练出来，去形成现代的社会主流文化"（刘宗迪）。

中国民俗学会前任会长刘魁立教授认为，民俗学者是从"知识生产"的角度进行民俗和民俗学传承的。"学者们在研究什么、在说什么，实际上也是知识生产。知识分子实际上也是进行生产的"。但不同身份的人"功业各有不同"（刘魁立）。

> 在历史上，许多人是能够留下痕迹的，学术研究也是一样，有的人能够留下痕迹，这就是传承；像顾颉刚先生这样的大学者，他有自己的一套方法，这套方法行之有效，屡验不爽，他们能够从方法到理论都有自己的创建，并且影响了几代人。
>
> 但有的人的功业，在于他作为领导人，作为组织、作为机构的代表，通过制定政策和调动政府的干预、制定规划、顶层设计等等，来影响民俗和民俗学的发展。这是另外一个层面。这个层面的人，比如说周扬，比如说周巍峙，比如说贾治邦，等等，他们是在这个层面上影响民俗和民俗学发展的，即通过影响来实现传承。（刘魁立）

与刘魁立教授的观点相呼应，政府民俗文化工作者作为制度、政策的制定者、实施者和代言人，更多地会站在国家、政府、意识形态的角度来关注民俗和民俗学的传承与发展。在任何一种制度下，与意识形态相关的各种文化内容、文化形态都不可能完全自由地存在与发展。

李松主任是在国家、政府层面长期主持民族和民俗文化保护的学者型官员，认为"国家的文化应当关注生活文化"，而与此相关的民俗学研究一定"要对国家文化建设发挥作用"，并且特别强调对于民俗文化的传承与发展，政府和相应的社会组织必须进行"积极的干预"。

> 从国家价值定位的角度，我个人觉得，越是现代国家，未来越

会关注生活文化。西方时髦的说法是公民社会，我觉得民俗学大概不能放松对大众生活的人文关怀，不能放弃对大众生活实际状况的了解。这可能是它在未来社会发展过程中定位的主要方向。

　　当下有很多东西，很多现象，如果学界一直处在批评政府的状态中，实际上是很难创造、设计出新东西的。因此学术能不能有创造？到底能不能对大众的生活文化有所贡献？可是矛盾又来了，一旦开始创造，在学理上就会变成干预，这是一个很大的问题。实际上民俗学家通过政府、通过学术影响力参与社会，难道对社会生活就没有干预吗？我觉得更积极一点地去干预，也不是什么坏事，反倒是好事！但是这种干预要更加地负责任。所以我就非常认同民俗学的一个学术价值，就是在这个领域中除了文本研究、田野历史文献、民间文学方向以外，我宁可希望它更多地做一些时政研究。比如说长期观察某一个村落，看它改变了什么，甚至提出关于某件事这样做是不是更好一些的建议。（李松）

基于国家、政府利益和对意识形态的主导，民俗学者要"拥有时政研究的能力"——"在学术理论研究、学术体系的建设之外，民俗学者还应该有一点担待（当），那就是时政"（李松），并通过时政研究，对政府工作和文化发展产生影响。

对愿景的描绘，往往也是在与以往某个特定时段的对比中形成的。上世纪80年代被称为"世纪经典"和"文化长城"的"中国民间文学三套集成"（即《中国民间故事集成》《中国歌谣集成》《中国谚语集成》，其中三套书的省卷本90卷、县卷本4000多卷）给李松留下了十分深刻的印象，也成为其描绘民俗和民俗学传承、发展愿景的重要参照。

　　上世纪80年代做的三套集成，钟老、马学良、贾芝、刘魁立、乌丙安等一代学人的参与，在国家的支持下，这些学者配合国家对口头传统进行整理，可以说学界主导了主要的工作。上次我和剑桥大学的学者讨论过这个问题，他觉得这样一个政府项目，会不会就是按照政府的意愿编的。我说你看书的内容、名单，政府基本上就是给学者服务。这当然也是受周巍峙的理念的影响，所以三套集成基本上可以说是按照学术规律做的一个浩大工程。这种把大众生活的东西变成专门的典籍的文化建设，这在历史上也不多。虽然从孔子开始我国就有采风收集的传统，但如此全面、大规模地收集整理，只有上世纪80年代的这次三套集成。可以说，这个工程在中国文化史上是一个里程碑式的贡献。西方因为机构比较疏离，做不成这样全国的收集。中国的民协虽然看起来也是一个行政机构，但是各省各地的学者基本上都参与了这项工作。如果把中国的民间文学与老百姓口头传统互动历史梳理一下的话，可以发现，这在那个时候是空前的。

如果钟老还在，如果还有一批这样的学者，应该还能做点系统的工作，比如民间文学的类型研究方面，这对真正建立中国民俗学的国际话语权体系非常有作用。（李松）

"钟老"和"一批这样的学者"成为民俗和民俗学传承与发展愿景的形象比喻。他们的特质是什么？将上述内容联系、总结起来，可以概括为：有担当意识，关心和研究国家时政，积极参与社会，用学术成果去影响国家政策和社会文化发展。

而对于民俗载体中最重要的主体——"非遗传承人"来说，他们关心的则是那些堪称民间绝活的民间技艺——非物质文化遗产在现代社会的生存和发展，是与自己习惯的那些具体的"非遗文化"本身的命运。而且他们往往会从自身的境遇出发，更多地希望依靠政府的干预——政策扶持、资金支持、赋予社会地位等途径来扩大和改善民俗文化的生存空间。

范正安是国家级非物质文化遗产泰山皮影的传承人，曾多次代表国家出国参加民俗文化和非物质文化交流展演，获得荣誉无数，但却一再强调自己"只是一个生活在社会底层的民间艺人，不懂什么大事，只会做好自己的小事"（范正安）。他非常明确地表达了自己的愿望和想法——"好政策"加"个人努力"：

> 说真的，我就是个民间艺人，我没有别的想法……我从小就接受这个，我从8岁就干，这个泰山皮影这块在我心目当中是非常重要，我连命不要了我也保这个。
>
> 我主要想的就是把从师傅那里学来的这个东西，我怎么完全把它系统地整理出来，给下一代留点东西。
>
> 没有共产党、没有国家的好政策，就没有我们这些民间艺人的今天……国家的政策好，我们自己也要努力，不能完全依靠政府、躺着向政府要钱要政策。（范正安）

刘学斌是专业的民间民俗保护与传承工作者、民俗博物馆馆长，并通过商业化——民俗工艺品研发和民俗旅游开发等手段来维持其民俗博物馆的生存和运营。在多年从事民间民俗文化保护与传承的实践中，尝尽了酸甜苦辣，深切体会到了"民俗不养家"而能"败家"的苦滋味，因此表达了与范正安完全相同的愿景。

> 政府应该是保护这些文化的主要承担者，没有政府的保护，任何一种文化都必然会灭亡，特别是我们很多的传统民俗、非物质文化遗产。你缺少了政府的政策和保护，你很多的非物质文化遗产是随着咱们工业文明的不断发展，工业文明就代替了，它必然地、不合时宜地自然而然就消失了。这些民间手艺人，他的市场越来越少，特别是过去我们所讲的非物质文化遗产啊，文化业态啊，像是一些民间的曲艺、相声、摔跤、唱戏等等的民间艺术，剪纸还有面塑等等，说完就完啊。（刘学斌）

从学者表达的具体愿望来看，无论是对于民俗，还是对于民俗学，长久地存在、传承与在现代社会环境中的继续发展，是所有受访学者的共同愿景。但由于身份的不同，学者、官员和民俗职业人的具体诉求也有所不同。

（二）传承与发展方式

传承与发展方式或发展途径，是一个实践领域的话题，访谈过程中交流的内容层次也基本集中在技术实践层面，实践性强。

民俗类别极其丰富，特点各异，特别是技艺类的民间艺术与一般的生活民俗有着根本性的不同，其传承与发展的方式也显现出本质的差异性。

从学术概念上讲，"传承"与"发展"是两个概念，在访谈中也明显感觉到二者之间的联系与不同。

基于访谈口述资料，能够归纳出传承的方式有：代际传承（编码次数 13 次）、学术传承（编码次数 7 次）、文化传承（编码次数 4 次）和活态传承（编码次数 8 次）四种传承方式（见图 3.1）。而发展方式则主要集中在两个方面：即转型与差异化。虽然严格意义上讲，访谈中呈现出的这三种传承方式与科学意义上、按照同一标准划分总结的四种方式（政府供养、教育传承、生态化传承、生产性传承)[1] 在表达上有所

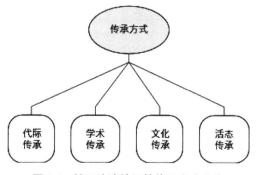

图 3.1　基于访谈结果的传承方式分类

---

[1]　王德刚、田芸：《旅游化生存——论非物质文化遗产的现代生存模式》，《北京第二外国语学院学报》（旅游版）2010 年第 1 期。

差异，但同样是有其实践价值的。

1. 传承方式

（1）代际传承

在受访者中，代际传承——师徒传承被非物质文化产传承人群体提到的比例最高，"非遗传承人"通过血缘或拜师的方式将自己的技艺传承给下一代人。选择亲人作为手艺传承人有多方面的因素：其一，后继有人。中国传统文化重视和强调手艺要后继有人，往往同姓人的传承更容易被大众认可，并多被赋予"真传"的概念。其二，深入接触和学习的机会更多。如范正安所表达的观点，"传内不传外"不是保守，而是很少有外人能够真正地为了技艺而消磨这么长的时间，尤其是在当代。"如果说你真的想成为我这个传人，实实在在说你没有个十年八年的时间你还真不行。"（范正安）十年八年的时间对于每一位当代的年轻人来说是很漫长的磨炼时间，基于经济上的压力，"非遗传承人"往往很难留住外人。这个观点同时得到了民俗文化经营者和民俗学者的认同。其三，易于管理。自己家人一起学艺，从幼儿就开始，每日跟随"非遗传承人"，这种潜移默化的作用显而易见。家族学艺人长大后，再根据各自的技艺特长承担不同的角色。得到真传的是少数，最多一二人，其余的学艺人就分配不同的角色和岗位。在这个群体中，"非遗传承人"的领导力和威信一直都存在，并围绕着"非遗传承人"进行市场化操作和管理，将声誉、技艺和市场收入一起打造，代表某一门技艺的传承和发展。这种类似于家族管理式的"非遗传承人"民俗资源的管理也不失为一种行之有效的办法。以范正安为例，全家亲戚在范正安的核心领导下，参与"非遗"技艺的传播与发展：范正安是技艺表演的主要人物，同时承担联系政府的角色，女儿女婿负责市场推广，孙子是他最得意的传人，外甥闺女是第二位主要的传承人。一方面，"非遗传承人"采用传统的技艺舞台和现代的咖啡馆联合开发形式，迎合当代市场的需求进行市场化产品设计和更新，获得持续的经济收入。另一方面，"非遗传承人"与政府紧密合作，当政府需要"非遗传承人"作为民俗文化的代表出席各种文化交流活动时，"非遗传承人"积极参与，从而获得良好的社会影响和声誉形象。这些具体的活动事项都可以从社交媒体中（比如微博、微信）、"非遗传承人"的公众账号中等获得最新的咨询，内容非常规范和及时。

拜师的方式是被大多数"非遗传承人"采用的一种方式，虽然其实际的真传效果并没有家族内部代际传承的方式那么好，但却是目前民俗文化领域最有效的一种代际传承方式。如何晓铮所述：

> 很多人有这个疑问，问我说我不是专业学这个的，我没有这个基础，行不行？我说行，但是你交学费是另说的，我得先面试，怎么面试？咱聊聊天，通过这个聊天呢，我得知道你对这个艺术的领悟，对这个学习传统、民俗文化的价值取向，还有你对艺术的追求有没有持久性，我很讲究这个。所以说没人说生下来就什么就会，关键人品你也得掌握，这是一。然后你持久性很重要，他也很尊重你，但是干干走了，他又撂挑子弄别的了，那是人家的选择，但对我是个损失，我的精力都投入进去了，你又找一个干……我有这样一个感觉。现在就是选这样的，他们说行不行，我说也可能行。我的感受是什么呢？对这个手艺，对我这种面塑，我认为它是一种艺术范畴，不光只是手艺。因为什么？这个面塑从构思啊，制作啊，都是一个人做出来的，而且它每个都不同，不千篇一律，所以有这个像按西方的雕塑一样，它不重样。就像是国画，没有千篇一律的，每一幅都不一样。我们这个面塑就这样。（何晓铮）

拜师学艺首先需要面试或者前期的了解，师傅需要通过面试判断学艺人的人品、领悟力、持续性等各项基本的品性。然后是交一定的费用作为拜师费，这个费用既包括学艺工具和材料的消费，也包括技艺学习过程中的指导、点拨等各项相关内容的费用。最后是学艺的时间，也就是师傅所说的持续性。通过面试之后，就是师傅的传道授业阶段，"非遗传承人"在意的是学艺人对技艺的持续钻研,只有通过长期的持续性的学习之后,才能获得真正的技艺提升,再实现技艺的创新。如果学艺人中途停止技艺学习,对双方都是一个损失。所以,在"非遗传承人"的技艺传承过程中很讲究尊师重业这一点,说白了,一旦拜师了,就必须所有的事听从师傅的安排。而一旦出师了,则可以完全独立,再实现技艺的创新和发展。代际传承的过程实际上在各个行业是相同的,都强调人品、领悟力、持续性和创新性。

师徒传承既适用于民间技艺类、民间艺术类等民俗的传承和发展,也适用于民俗学的学术圈子。

可能是受民俗技艺代际传承这种传统方式的影响,学术领域的传承与民俗的传承方式有着基本类似的特征。民俗学研究领域的代际——师徒传承,也比其他学科领域的师徒传承更具传统性。这一点在钟敬文先生和他的学生身上体现得非常明显。在多位受访者口中,钟先生都是一位特别注重和善于培养"弟子"的导师,很看重师承传统,并试图建构一种具有传统意义的师承关系。从上世纪70年代末80年代初民俗学科恢复初始、北京师范大学举办民间文学、民俗学培训班开始,钟先生就有意从此开始建立起一种特殊的纽带关系,通过各种途径"刻意"强调,只要是参加过培训班、听过他讲课的人,都算是"钟门弟子"。

> 民俗学(民间文化)高级研讨班,1996年,为期一个月,钟老从国外请了很多专家上课,自己也上了三个半天的课。设班主任,最后结业的时候,他授意陈子艾对班里所有的学员讲,凡是来上过民间文化研讨班的,都是钟老的弟子。你看!大家还很激动!不是他的博士,也不是他的硕士,就上了一个半月的培训班,还发了个证书,以后就可以自称为是钟老的弟子,我拿回来在山东艺术学院还很当个事呢!他的女儿钟宜过后也在不同的场合这样说过。
>
> (张士闪)

虽然没有经过传统的拜师仪式，但钟先生都一视同仁，应该说这是钟先生的特别用心。一方面能够建立起一个相对稳定的学术团队体系，另一方面也的确有利于人才队伍的培育和成长。很多受访者也特别强调了这一点：钟先生在培养人才、建立学术队伍这方面非常用心，也很会培育，并着力建立一种稳固的师徒关系；很多人也得益于钟先生的培养。

> 我们做教学、做研究的，首要的责任是培养人才。在这一点上，钟先生做得很好，钟先生做一个项目，培养一批人。钟先生编《民俗学概论》《民间文学概论》的时候，开始把民俗学的范围扩大，面宽起来了。原来，医学啊，手工啊，是不包括在里面的。我写过年节等内容。钟先生说，你不能写这，你要写中国的农耕文化。柯杨写过原始社会的行商、坐商。
>
> 钟先生最高明的地方，是每干一件事情，就培养一批人。这是钟先生最伟大的地方，培养了一大批民俗学队伍，很了不起。现在哪位学者也没有这个境界啦！这谁都比不了。
>
> 钟先生分配任务，通过分配任务来培养人。通过这个来培养人，你哪个地方不行，就叫你写啥！这个学风啊，不简单啊！一下子就把人带起来了。（张振犁）

当然，在民俗和民俗学领域，以师承关系为主体的代际传承方式之所以盛行，也有一些学科自身的原因。刘宗迪教授表示：

> 一般来说，因为民俗学专业没有本科教育，很多搞民俗学的人都是"半路出家"，进入时年龄一般都比较大，都是在工作中寻找兴趣才找到这个领域，可称之为"带艺拜师"。这跟其他大部分学科还是不一样的。（刘宗迪）

当笔者询问受访者"请介绍一下您的个人成长经历，您的这些思想/技艺是怎样形成的（师承？接受别的学者的观点？自我逐渐形成？或其他）"时，基本上学者们都有着相同的"带艺拜师"经历，从文学、历史学、社会学、哲学等各个学科"跨界"转到民俗学的研究领域，基本上都经历过"带艺拜师"的过程。这的确成为民俗学界的一大特色。

师承关系往往也是学术门派生成的基础，或者很容易被其他学者自然而然地以师承关系为依据归类到某一学术门派之下，在这一点上，与民间艺术流派、武术门派等"江湖门派"几乎如出一辙。访谈中时而会听到"费孝通门派""钟敬文门派"等词汇从受访者口中不经意地冒了出来。

在这里，"学术门派"是个中性词，没有贬义的意思。由师徒传承延伸到学术传承，并形成相对稳定的学术团队及以该团队为载体的学术观点和理论体系，实际上是一种自然而然的学术发展逻辑，本身有其合理性和现实性，也有利于学术团队的相对稳定和学术研究的持续、深度发展。而且，这种师徒传承所形成的学术体系与另一种传承发展方式——学术传承有着非常密切的关联和一致性。

（2）生活传承

代际传承与生活传承，既是两种不同的传承方式，也是针对着不同的民俗类型。代际传承主要体现在民间技艺领域，是民俗文化当中具有一定艺术属性的类型；而生活中传承的民俗，主要是生活、生产领域作为生活方式、生产方式的民俗。

生活传承实际上是民俗最重要的传承方式。刘铁梁教授有句经典名言："民俗最重要的传承方式就是生活不中断"。刘锡诚先生也认为"民间的文化传承是来自老百姓的生活传承"。这一观点被很多受访者认同。

今天的国际上更加意识到，文化是由不同的渠道来传承的。文字书写体系是一个，口耳相传的体系是一个。这两个体系，就像两个轮子，共同支撑和承载着人类文化的发展，缺一不可。就拿文学来说，我们讲到南北朝时期的民歌，少数民族的口传文学等等，从屈原到龚自珍，一路下来，群星灿烂，散文家、小说家、诗人、戏剧、文学等会讲这些东西，但民间文学很少。但是，国际知识体系开始认识到，其实还有一大堆的东西，民间的、口传的，如三套集成所收集的等等！联合国教科文组织称之为"人类口头传承与非物质文化遗产"，主要就是指的由老百姓创造和传承的文化。所以，有时我们要认识它，就要把它放到这个背景中去考察。（朝戈金）

事实上的确如此，文化传承除了传统的文字书写外，口耳传承也是非常重要的一个渠道。而口耳传承的主体则是老百姓，从这个角度看，文化传承主要是老百姓在日常生活和生产过程中的传承。在做民俗实地调研的时候，往往可以看到村里人做庙会或红白事的时候，每一个步骤、每一个人的入场顺序、每一个声调和每一次喇叭出声的时间等等，都是非常讲究的，而且极具地方色彩。这些传统不是村里人根据文字记载和文字记录的程序演练出来的，而是一代人一代人口耳传承下来的，村里人从小就耳濡目染这些传统内容，等到需要的时候，再经过本村老人的指点马上就轻车熟路。这就是民俗的文化传承。包括一些"非遗"类民间技艺，如黎族特有的非物质文化遗产——黎锦，海南省那些住在大山深处的黎族妇女基本都不识字，更谈不上艺术训练，但她们编制黎锦时对艺术图案的构图完全是凭记忆用经纬线的颜色拼成的，她们没有受过任何的艺术训练，就是由奶奶、妈妈手把手教出来的，看着长辈们操作学来的。众多的生活民俗、生产民俗就是这样通过生活和生产过程代代相传的。

（3）学术传承

学术传承是被提炼出来的一个新的民俗传承方式，通过民俗与民俗学研究进行民俗的传承与发展。赵世瑜教授认为从老一辈民俗学家开始，民俗学实际上就是"传承学"。

学术传承虽然在民俗和民俗学两个领域都有体现，但主要的应该还是在学术研究领域。民俗学的学术传承最明显的特点是同门传承，即学生引用、延伸导师的观点、理论并予以发展。如果围绕导师形成的学术同门能够很团结，并将导师的观点和理论很好地传承与发展，就有可能形成很有"江湖"地位的学术门派，并推动某一研究领域的持久、深度发展，甚至形成独立的学术体系。

> 现在很活跃的那个方李莉，她的学生们非常团结，都去传承和发展她的思想，那是费孝通一派的，能够把老师们的东西传承下来。（刘锡诚）

而刘锡诚先生讲述的一个故事则反映了在民俗学领域学术传承之所以重要的根源：之所以民俗学术传承非常重要，那是因为民俗学的学术积累是一个艰辛的过程。

> 搞这个民间的东西搞一辈子没有留下名，连出一本书都出不了也是很常见的。贵州有一个老同志搞民间民俗研究，那个艰苦无法描述。新上来的一个年轻人叫他带着爬山什么的，背着材料的他说我已经不行了，我也出名不了，我这些资料就送给你吧。我听了以后觉得很辛酸，一辈子啊，大量地掌握地方县里的材料，这都是我们所做不到的，但是最后就一堆烂纸，我送给你吧。就是这样。（刘锡诚）

民俗学研究所基于的艰辛的学术积累过程同样也被刘铁梁教授所证实，他给笔者提及自己的治学经历有一个非常关键的经历，就是参加中日联合民俗调查，这项民俗调查历经整整15年，从1990年到2005年，在中国的江南区域做持续的农村民俗调查。他这样说道：

> 中国的民俗学者，很多人不太愿意下去调查，也受经费条件的

限制，迫使他们很少下去。1990 年我开始跟着福田亚细男教授一起在江南做调查，开始在江西，后来主要在浙江，连续调查，主要是农村的民俗调查。这个调查使我对农村的生活有了新的认识。在整个调查过程中，有一个"抢救"的主导思想，日本国内的城镇化比我们先走一步，速度非常快，他们的农村民俗事象迅速减少，调查的困难越来越加大，来到中国之后，发现中国农村还那么有活力，而且特别有意思，所以从这里可以看到，民俗的价值何在。这个调查持续了 15 年时间，很艰苦、很费时费力。（刘铁梁）

幸运的是刘铁梁教授将学术积累转化成了学术成果，并很快通过带学生等方式将自己的学术成果和学术思想进行了传承和发展。为什么刘铁梁教授有这样的幸运？应该说"师出名门"、而且经过个人努自己很快也成为"名门"、能够得到承前启后的学术同门的拥戴肯定是重要的原因之一。对此，师出同门的张振犁教授也一再表示："我就是在钟先生那里受益匪浅，学到了很多，得到了很多。"

　　别人也这么认为。有人一次对我说，你受钟先生指导取得了很大成绩啊！我开始没在意，后来人家专门追上来跟我说，你在钟先生那里真的是取得了很大成绩，进步很大。对呀！我在钟先生那里，真的是学到了很多东西。（张振犁）

而刘锡诚先生的故事中所提及的那位贵州的民俗学者，他所做的学术积累是否被有效地转换和传承则不得而知。从这个角度看，学术传承也的确是民俗、民俗学传承与发展的重要方式之一，毕竟将民俗作为学术对象来看待，民俗学在进行研究和学术传承的同时，也能够用更多的理论和实践验证来支持和发展民俗，对民俗本身产生客观的传承效果。

2. 发展方式

现代社会的民俗发展方式主要有两种，即转型发展和差异化发展。

（1）转型发展

转型发展既适用于民俗文化经营者群体，也适用于民俗学者群体和民俗公共事业群体。转型发展是为了民俗更好地适应当代环境——城市化、工业化、现代化和全球化的发展，这是一种积极的价值取向。本研究立足于"当下"，本身就是探讨新的环境下民俗和民俗学的发展路径。作为"非遗传承人"的范正安给出了他本人的转型经历证明符合市场需求的民俗文化产品转型是有利于民俗的传承和发展的。他在泰山脚下开辟了两个皮影戏剧场，一个是传统的老茶馆式皮影剧场，一个是极具时尚性的皮影咖啡馆。

> 我现在一是想走新路，我以皮影为元素结合现代的生活方式把它融入进去，当然这是不是算个成绩我不敢说，但是我干了，而且现在证明效果还不错，现在年轻人到这里来喝个咖啡，看个皮影，挺高兴。（范正安）

作为学者的田兆元教授基于民俗学研究转型提出了"民俗实践"的概念，从书斋里的学问向积极响应国家战略、服务国家战略转型，为民俗学的发展"蹚出"一条新的路径，即通过民俗实践将民俗与国家战略进行结合，发挥民俗的佐证作用，从微观的民俗具体实践的研究到国家宏观事务的支持和维护，将民俗实践提高到了一个较高的有积极意义的地位。

> 现在我的一个学生在研究南海渔业民俗，研究我爷爷的爷爷，过去在哪里打鱼，在黄岩岛，在哪个礁上停靠，在哪里取淡水，他们的庙建在哪个岛上，我们世世代代在这里生息，用这样的叙事来证明南海自古就是我们的渔场。这就是民俗学研究参与国家安全战略的重要途径，虽然不一定起到决定性作用，但肯定是佐证。所以，民俗学在维护国家主权中发挥作用，民俗学在行动。所以，在

我们学校里，民俗学的地位很高，因为民俗学能够参与国家战略。另外一个，一位老师在做青海三江源的研究，定位在中华民族水资源安全研究，用民俗学的方法和视角，活佛怎样要求的，传统的禁忌等，大家都要遵守，栽树、种草等习俗，即水资源安全的民俗解决方案。这都是从微观切入，解决了一个很宏观的问题。（田兆元）

转型发展给民俗人带来了很多积极的影响：个人价值的实现和被社会认可的价值。刘学斌表达自己对当前转型发展的认可时直接表示自己很满足当前的状态，因为将民俗文化进行合适的产品转型和联合发展，他被社会尊称为工艺大师，受人尊重，有很高的社会荣誉和社会地位。因为积极收藏和保护民间文物，他高兴于自己被人称为"社会的孝子"。

与"转型"密切联系的概念是"转向"，都代表着学术范畴里的变化。之所以要研究"当下"，是因为与"以往"有了很大的不同。但很多学者和学术领域并没有很快地跟上时代的变化。所以当前民俗学研究的"转型"和"转向"非常有必要，特别是在关注和研究内容上向日常生活转向，这在一定程度上反映了民俗学发展方向调整的趋势。

上世纪80年代的文化热，很希望民俗学能够发声。但是民俗学就没有发出声音来！你怎样从民俗学的角度，来看待今天的这一些，是吧！当时社会上发生的许多问题，实际上是许多传统的东西又泛滥起来了，但民俗学为什么没有借此发展起来。

所以，这次如果没这个转型，那民俗学界真是太落伍啦，落后于时代啦！从这个时候开始，我们所看到的研究对象，跟你看到的美国文化、欧洲文化等等，都是平等的。作为公民文化，大家都是平等的关系，是互相学习交流的关系。

高丙中、吕薇、户晓辉等人倡导的日常生活文化研究，影响持续了好多年，使整个民俗学研究的走向，从传统走到了现代，从事象转到生活的状态。

所以，现在的研究动态，这实际上也是研究立场的调整。(吴效群)

在访谈过程中，河南大学的吴效群教授用很长的时间和篇幅，谈到了民俗学研究向日常生活的"转向"，认为这代表了中国民俗学研究适应当代、走向全球化，站在一个平台上与世界民俗学者平视交流的一种趋势。这实际上也是民俗转型发展在更高层次上升华的体现。

(2) 差异化发展

差异化发展是民俗学者和民俗人共同的追求。

对于民俗学研究来说，"差异化"发展虽有难度，但无论是从学术还是个人的角度来说都是必需的，而且也是正在进行的。当然，民俗学研究强调师承，正如从传承方式中提炼出来的学术传承，差异化发展是民俗学界非常讲究的一种传统。

在当代中国，社会需求和社会反应的多样性，也在支持着差异的存在与发展，而非完全走向趋同，或者说社会本身就在创造着相对的个性化发展空间。

差异化发展，既有有意识的选择，也有无意识的自然分工。正像民俗本身的特色——"十里不同风，百里不同俗"。对此，赵世瑜教授指出：

这里头其实是一个很复杂的问题，我们没有真正去发现，我们不同的人群，我们做的很多东西，本身有差异，我们也都关注差异。我们强调多元性，因为过去太讲统一性了，太讲规律了。(赵世瑜)

当然，所谓的分工，有时是因学术传承的途径造成的，如师承关系所形成的研究领域或学科特色；而有时更多的是民俗学科在某个单位(高校或科研院所)的发展环境和条件——民俗学科设立和发展所依托的母体学科的特色使然。

> 民俗学在中国各个高校里的情况很不一样，有的跟文学放在一起，有的跟人类学放在一起，还有的跟社会学放在一起，等等，好多种类型，这就自然造成了学科发展的不同特色，形成了差异化发展的格局。（田兆元）

相比民俗学者群体，差异化发展在"民俗文化经营者"群体中被广泛利用。笔者惊叹于刘学斌提出的"民俗经纪人"的想法，通过经纪人这种专业机构，将民俗人和民俗技艺进行包装，提升民俗的附加值并构建民俗与政府、学校或其他渠道之间合作发展的关系。也就是说让"民俗经纪人"包装民俗人，将不同的民俗人包装成不同的特色，再用民俗人来包装民俗产品，对同样的民俗、采取不同的包装、形成不同的特色，来提高民俗文化的市场价值。而范正安则一直在通过创新手段，进行着民俗文化产品的差异化发展，即用差异化的手段将泰山皮影提供给不同的消费人群——用传统的老茶馆方式提供给中老年人和传统文化爱好者，用创新的皮影咖啡提供给年轻、时尚的消费人群，都收到了很好的效果。

3."提线人"的作用

既然民俗属于社会文化和意识形态范畴，那么它就不可能摆脱政治、政策、经济、社会发展环境等的"外力"影响，而完全任由自身的能动作用自由发展。这是民俗学不同于其他学科的重要特点之一。

刘魁立教授曾提到"提线人"作用的观点，表明不同的利益相关群体对民俗与民俗学的传承与发展发挥着不同的作用：学者们是通过"知识生产"在进行传承和发展；而有的人虽然不进行直接的知识生产，但作为政府的代表和政策的制定者，却能够从政府干预和政策导向上对民俗和民俗学的传承、发展产生能动作用，甚至是决定性的影响。

有的人的功业，在于他作为领导人，作为组织、作为机构的代表，通过制定政策和调动政府力量的干预、制定规划、顶层设计等等，来影响民俗和民俗学的发展。……他们是在这个层面上影响民俗和民俗学发展的，当然具体可能不是直接体现在他们身上，而是那些具体办事的人。就像木偶戏表演，在前台表演的是木偶，但实际上后面的"提线人"才是最重要的。所以，虽然表面上他们不研究民俗和民俗学，但他们却能够影响民俗的存在方式和生存、发展的条件，也同样能够影响民俗学研究的发展过程和发展方向。

很明显，他们对民俗和民俗学发展的影响跟学者是不一样的，但是影响力和实际效应却可能更大。这一点必须关注。（刘魁立）

所以，在一定的制度框架下，无论是师徒传承、学术传承、文化传承，还是转向发展、差异化发展，民俗和民俗学虽然有其自身的发展规律和发展轨迹，但却不可能完全按照自身的能动作用去自由发展，有时，"外力"的作用会很大，甚至会直接影响民俗和民俗学的发展走向，中国民俗学从产生开始至今的这一个世纪的发展历程，特别是学科被取消、被恢复的历史，都充分地说明了这一点。

（三）共同体

本研究在研究命题设计时已经把"民俗价值观共同体"作为研究的对象。与研究设计不谋而合的是，在访谈过程中，"共同体"也成为很多学者高度认同的概念。"共同体"既包括学术共同体，也包括所有关注民俗事业的其他群体，他们一起组成"民俗价值观共同体"。

在"共同体"内部，大家通过合作与交流将民俗和民俗学研究进行传承、发展。"共同体"概念的提出，一方面是笔者最初在构思研究命题时的对象定位，把中国民俗学者作为一个学术共同体——"价值观共同体"来进行研究，来探讨并明确民俗与民俗学的当代价值和意义。另一方面，在分析完访谈数据之后发现，"共同体"这一概念在访谈过程中也时时被受访者们提及并进一步得到强化，经常是在谈及交流与合作、传承与发展、提高社会影响、发挥社会作用时即刻涌现出来，这与笔者最初的设想是相得益彰的。

刘宗迪教授明确表达，在民俗学研究的学术领域中，以导师为核心的学术圈子往往是一个自然形成的特殊学术群体，在这个群体中大家之间的交流是经常的，也会在不断的交流中获得思想的迸发。这就在大的学术共同体中又形成了一个小的甚至是更加稳固的共同体，也就是民俗学领域特有的"圈子文化"。

而作为政府机关代表的李松主任，在谈及民俗学界、与民俗相关的政府机关、民间实践等之间的相互交流与合作时，认为有效的政府干预以及评估体系的建立对于民俗的传承与发展有着积极的作用。在这个合作与交流的过程中，一个稳定的"价值观共同体"或"学术共同体"的建构与维护显得尤其重要。

> 在紊乱的观点表达过程中，需要一种有着稳定的价值观的学术共同体，在这里能够共同发出声音，它有力量。现在每做一件事，学界老有两种声音，最后让政府觉得反正我怎么做你都反对，永远有一半说好，一半说坏，这证明你们学界并没什么结论。所以这一点我觉得，我们现在学术的评价体系，和当下的社会风气，学术共同体的建构也非常重要。（李松）

作为主管民族和民俗文化保护事业的政府工作官员，李松希望"民俗价值观共同体"是一个超越身份、职业和个人成见的和谐群体，来共同推动民俗和民俗学事业的发展。

> 当下有很多东西，很多现象，如果学界一直处在批评政府的状态中，实际上是很难创造、设计出新东西的。（李松）

这与笔者的研究设计愿景是完全吻合的。笔者在研究设计阶段，对"民俗价值观共同体"的存在还只能是一种假设。但在访谈阶段，学者们对"共同体"的高度认可充分验证了"民俗价值观共同体"的客观存在。同样，与笔者的愿景不谋而合的是，"民俗价值观共同体"既不是单纯的民俗学界的"学者"或"学术"共同体，也不是单纯的"民俗人"共同体，而是一个包含学者、官员、民俗人等不同身份的以民俗研究、保护、传承等为职业，有着共同追求的多元群体，他们因共同的事业追求和价值观取向而形成一个相对稳定的群体。而他们对民俗和民俗学价值的认识与定位，也就代表了"中国当代民俗学者"的民俗价值观。

二、乡土根基与行为规范

民俗是置于深厚的乡土根基之中的；同时，又作为人类日常生活的规则和民间法律，在约束和规范着人类每一位个体的行为。即民俗根植于乡土、民间，又作用于乡土、民间，于是形成主题2："乡土根基与行为规范"。

主题2的编码次数有78次，其中由乡土根基（编码次数15）、民间规则（编码次数39）和行为规范（编码次数24）3个部分组成，来源于15个被访谈者的文本，占据总编码的9.87%。图3.2形象地显示在主题2中3个节点之间被编码次数多少的分配图：矩阵面积越大说明被编码的次数越多。

显然，民间规则所占据的面积是最大的，民间信仰、民间法律和民间智慧3个方面共同构成民间规则这个节点。

访谈过程中，学者们一致认同民俗作为民间规则对于人类个体行为的约束、规范作用。而这种作为人类个体行为规范的民间规则、民间法律，也包含了民间信仰、民间智慧等对人类个体日常行为的作用力。民

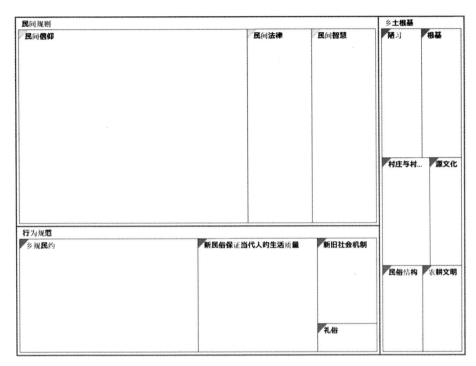

图 3.2　主题 2 节点之间对比图

间智慧、民间信仰和民间法律实际上都属于民间风俗、道德与规则范畴，它们对人类个体的生活行为有着强大的作用力，左右着老百姓的日常生活秩序。这其中的社会价值不言而喻：传统的道德标准价值、被生活证实的民间智慧价值、神奇的民间信仰的威慑价值、地缘关系的凝聚价值以及民间法律强大的规范价值等，都在对人类个体的行为规范和日常生活发挥着重要的作用。这正是民俗的价值所在。

（一）乡土根基与民间信仰

　　民俗、民间信仰都源之于乡土，但在民俗文化体系中，民间信仰是个"特类"，具有特殊性。在特殊的年代，民间信仰被定性为"封建迷信"，在学术领域也几乎成为"禁地"，即使是在当代，也只有民俗学把民间信仰作为自己的研究范畴，并且认为民间信仰作为人类文化体系的重要组成部分，对人类文明的发展和社会秩序的建构有着非常重要的作用。

自"五四"以后，上世纪的 20、30 年代，钟敬文先生以及他的团队就开始研究《山海经》里的民俗、民间信仰和民间文化（刘锡诚）；刘魁立教授也认为："民俗本身还是一种信仰，是生产力，能够对生产和社会发展产生作用。"这个观点被大多数学者认同。李松主任将民间信仰与民俗研究联合起来，提出民俗学可以通过民间信仰的一些行为去解释民间的价值取向：

> 民间信仰难道就那么没有价值吗？我们把西方的科学社会主义、科学共产主义引进中国的时候，全中国的知识分子已经定义了，只要人下跪在那里磕头，就是落后的。可能无一例外，没有一个学者说这是好的，都把民间信仰看得跟裹小脚一样愚昧，基本上把它等同于巫术。从近现代"五四"时期就这样，不断矮化中国的乡土生活，这不是一天两天的事情，已经有上百年的工夫。但凡有点知识、能把眼睛往外看的人，都不会说民间信仰好。
>
> 但从民俗学的角度看大众生活，似乎又离不开它，它又是那么的坚强。对中国社会来说，你没有理由中断它。我去井冈山党校学习，毛泽东做调查是非常细的，而且水平很高。那个时候的统计就有一个指标，进夜校的人多了，去烧香的人就少了。这就是革命的成果，是让人对立的，可以说读书识字和烧香磕头是二元对立的。实际上在中国烧香有多种多样的烧法，民俗学是不是可以解释这个事？这其实可以作为国家重大课题研究，能把这事解释清楚，我觉得怎么着都不为过。（李松）

对此，一直自称自己进入民俗学领域是经历了从"拆庙"到"护庙"再到"建庙"过程的刘德龙教授，从另一个角度谈到了自己对此的认识：

　　我就感觉，对民俗特别是对民间信仰不能一棍子打死，应该一分为二、一分为三甚至一分为多。民俗、民间信仰当中有好东西，不要一棍子全部打死。

　　千百年来，大家都按照它来生活，它肯定有它存在的道理，有它的科学性，有它的正能量、正面价值，把它们一棍子打死是不应该的。（刘德龙）

对上述观点，乌丙安教授也给予了积极呼应。他认为：民俗学者的信仰应该是科学信仰，"要比无神论者多一只眼睛"去看世界，去看待和分析民间信仰、民间行为并总结出其规律。

　　你一走近一个古村落，你就会发现，这个村是有很高远的愿景的，文房四宝都规划好了的。村庄的建设者希望自己村庄里的后人会有出息，能够出人头地，才会这样设计。

　　新宾满族自治县，努尔哈赤祖先、他爷爷的皇陵，追认的，皇太极的曾祖父的那个陵，背后是祁运山，所谓祁运就是清入关行大运，紫气东来，一共12座山峰。现在对应上啦，清朝12个皇帝。也就到这就终了啦，越是到后来光绪、宣统，那山峰就很矮啦。山前有一条河，从东南向西北流，方向是反的，风水是反的。这里有一个守陵的村庄，现在国家要把这个村子保留下来，现在东北也就是这个村子还有历史，原因在哪里？古人早就把这个自然用好了。我去了一看，这个地方好，为什么这个民族能够以少胜多！再往前走，就是他们跟明朝打仗的地方，两万人以少胜多，打败十万人。因为他们背后背着那么多鼓励他的东西。这样一块宝地，以至于清军入关之后，顺治、太后、多尔衮等一再下令要重兵驻住这里，进京的那么多精兵，又返回家乡守着。这是满族的民俗，而且，他们进京之后做了两件事，一是回访保护自家的祖陵，二是把明代的祖陵也保护下来，十三陵全保下来了。所以清朝建国的时候，南方多少仁人志士都来辅佐，因为尊重民俗，没有"非前代"；"9·11"
死了那么多人，大家都感到痛心，这跟美国是帝国主义是两回事，
要爱护生命。这才是现代意识。人同此心，心同此理。民俗的大规
矩是一样的，是不分你我的。（乌丙安）

民间信仰，在民间有着特殊地位，对人的日常生活从心里到行为都
有着特殊的约束力和震慑力。刘锡诚先生列举叶涛研究泰山的民间信仰
和天津的李世瑜研究妙峰山王三奶奶，虽然在学术上属于"小门类"，
但无论是对于民俗学，还是对于社会秩序的建构，甚至对于人类知识体
系的完善都有着重要意义。所以，我们民俗学者要树立一种"民俗信
仰观"。

如果我们现在的民俗学者还在那里持着封建迷信的看法，就不
是一个真正的民俗学者。民俗学者的信仰，应该是科学信仰。我们
应该是彻底的唯物论者，但不是彻底的无神论者。我的这个观点很
清楚。无神论者是自己作为主体，根本不承认上帝。世界是物质
的，拿出很多证据证明，这是无神论的；但是民俗学者，要比无神
论者多一只眼睛，就是彻底的唯物论者。（乌丙安）

（二）乡土根基与民间智慧

民俗是劳动人民在生活中创造的，无论是作为生活习俗、生产习
俗，还是作为约束人的行为的民间规则，抑或是人们日常行为的规矩、
礼节、仪式等等，都是在长期的生活积累中创造的智慧。这些智慧体现
在生活、生产的各个领域。

访谈中，听到很多与民间智慧相关的故事，而且在我们日常生活
中，仍然有很多、很"民间"的事象依然在传承着、延续着、使用着。

我小时候，我们邻居有一位"中医"，实际上不是医生，他就

治疗一种病，食道癌。他的办法就是"过葫芦"。过去民间认为癌症就是烂疮，他就用一个金属油葫芦，点上火，他就吹这个火，把食道癌烧成结痂，他就能治好一些人的病。这就是民间智慧！就是民俗！之所以能够成为"俗"，长期流行、流传起来，就是因为它有价值。（吴效群）

俗并神奇着，这就是民间智慧。民间智慧小到生活点滴、如感冒喝红糖姜水或柠檬蜂蜜水，大到新兴生活方式背后所反映的民俗文化的发展，无一不反映着社会价值观的传承与变迁。李松主任在讨论民俗研究与民间智慧之间的关系时有着非常独到的见解：

我十七岁当工人的时候，我就知道有互助会，有人也说叫老鼠会。一个月放几块钱，谁家有急事了，大家一商量，他就先支了。现在管这叫非法集资。总之，传统智慧能让人凝聚，这是抵抗现代社会人与人之间不断疏离，社会越来越坚硬的重要手段。在民俗学的研究中，会发现大量的民间智慧。这种智慧作用于社会，可能会转型，可能会变成另外的方式。在农村可能体现在用水制度上，到了城里可能就变成拼车制度，但是它的功能是一样的。民俗学家如果有这个视角，是非常有实际意义的。但这种研究需要更细致地观察社会生活，才会有好的办法引领这个社会。我们的确没有办法想象，一个家庭生产力条件那么弱，当要娶媳妇的时候，必须盖房。对城里人来说，现在是另外一套算计。毕业的两个博士生待在北京，算爹妈的账，根本没账可算。但是在农村，就是我每天多搭点辛苦。从地头回来了，今天脱十块砖，明天脱十块砖，不断地攒着。今天多个檩，明天多个梁，攒了五年材料。甭管房前种了五棵树，但是一旦要盖房的时候，全村一块来动手，对于家庭来说盖房的整个压力是小的。而这种共享的成果比现代社会要高得多，这种传统的背后是什么，就是分担和共享，制度设计实际上有很多可贵的地方。民俗学我们学问把这个研究出来了，我们才能和村民解释解释人民公社错在哪里，土地联产承包制错在哪里。这两者在我看来走的是两端，都有问题。人民公社极端的大锅饭，极端平均主义，联产承包又是极端自由主义，这俩都不行。（李松）

这个故事，看似只是叙述了农村生活中的几个现象，但却集中反映了存在于民间的许多生活中积累的智慧，既有价值又神奇：一是互助会。这是一种建立在民间信任基础之上的集资行为，是用于解决燃眉之急的集体储备。二是村里的用水制度和城里拼车制度。这是民间智慧的发展，用于资源的共享与分担。三是农村娶媳妇盖房。全村人一起帮忙，仍然是民间智慧的团结作用。这些民间智慧都是基于民间习俗、民间规则而约定俗成的，并且长期在人们的日常生活中发挥作用，并产生着强大的凝聚作用。大家共同遵守，共同维系，共同使用。

民间智慧在乡村生活中存在于几乎所有的领域，也往往成为国家法律之外的另一种处理问题的重要方式。

大事化小，小事化了。这是中国人的智慧。有些事情，已经发生了，如果以牙还牙、以血还血，那就没完没了啦。大事化小，小事化了，就是一种最智慧的解决办法。在许多情况下，人只有超越过去，才能够走向未来。（吴效群）

（三）乡土根基与行为规范

民俗源自乡土、源自生活，同时又作用于人的日常生活，成为人们日常生活中共同遵守的行为规范。

访谈中，学者们会从不同的角度谈到几个关键概念：民间规则、民间法律等，实际上都是指的规范人的行为。

无论是"民间规则"还是"民间法律"，实际上都是作为能够"养成""约束"人的"行为规范"。这些行为规范，一般由乡规民约、礼俗、仪式、社会机制等组成。其中，"礼俗"对人们日常生活的影响最为广泛。礼俗是指"礼仪习俗，包括婚丧、祭祀、交往等各种场合的礼节。传统的礼俗内容有冠礼、生辰、婚姻、祭拜、座次、丧葬等"①。无论社会如何发展，礼俗仍然会一直保留下来、延续下去，即便是时过境迁，但各种礼俗礼节的传承、延续是从来不间断地进行着的。这一点可以从乌丙安教授的故事中得到验证：

> 我们这样的大家族，家败了，人亡了，但礼俗没变，都传下来了。直到今天，我们家的传统依然在，大家族的传统就是家败家俗不败。比如一个小事，见到外人，或要跟长辈说话，手马上会把领口的扣子先系上。山东人也是这样。在东北，你去一个家庭，老户，一进门，看到小孩，衣服虽然破，但洗得干干净净，小孩见了你，马上系领口的扣子，一看就知道是山东人。你一问：山东地（注：山东方言）？小孩说：我爷爷会说，我不会！我问你系扣子干什么？他说：家长要这样做，要是没扣好，爷爷看见就会骂！这就是民俗，走到哪带到哪；家里再穷，礼俗没变（乌丙安）。

而乡规民约是最能体现民俗的民间规则、民间法律地位的传统价值的民俗类型。朝戈金教授将自己经历过的乡规民约分享给笔者听，他说：

> 我小时候生活在古镇上，社会秩序基本都是村民自治，冬天敲更，每家每户轮流，我也敲过。半夜两点出来在大街上敲着铁桶，喊着：寒冬腊月，火头小心；寒冬腊月，火头小心。没有什么乡政府、乡干部啊！都是自治嘛。（朝戈金）

① 礼俗：百度百科，https://baike.baidu.com/item/%E7%A4%BC%E4%BF%97。

　　既然来自于生活，又长期作用于生活。许多生活习俗、民间规则已经浸入到人们的生活和行为中，并且成为人们生活中的一种默契。

　　有些民俗具有地方性，本乡本土的人才能够理解，外人很难理解，哪怕是一个不起眼的动作，一个眼神，外人没怎么在意，本地人一看就明白，就知道是什么意思，就知道是怎么来的。(叶春生)

　　正是因为民俗有这种作为民间规则、民间法律的对人的行为约束力量，朝戈金教授进一步认为：民俗对乡村社会有一种"自我调控能力"：

　　有许多事不用政府管是完全可以的，乡规民约、家规家教等，都能够在社会管理中发挥不同的作用。过去的乡绅可以用乡规民约把乡村管理得很好，社会很稳定。马克思文选第45卷《人类学笔记》中谈到过这个问题，人类社会几十万年，而人类阶级斗争只有几千年，更多的时间里就是依靠社会习惯把社会秩序调整好的。所以，民俗这种自我调控的力量，在社会治理中能够起到很大的作用。(朝戈金)

　　"民俗就是民间法律，这是人类社会发展的规律"(叶春生)。访谈中，对于民俗的民间规则、民间法律价值，叶涛教授、叶春生教授等学者都表示高度认同。

　　民俗就是民间法律，是民间的借以维系人际关系、借以作为生活范式的参考的民间法律，大家都要遵守。虽然没有写成文字，没有形成一种规章，但是大家都按照它来做，按照它来生活、按照它来生产。(叶涛)

　　从社会现实来看，民间规则、民间法律的确在很多方面能够制约、引导人类的认识和价值观。以近期席卷网络舆论的"江歌刘鑫案"为例，之所以该案会从最初的"江歌被害案"变成"江歌刘鑫案"，这其中民间道德和民间法律产生了强大的作用：对沉默的存在者刘鑫，汹涌的民意在此刻喷发："杀人是一种恶，人性沦丧、践踏他人的善是另一种恶。庭审临近，相比刑罚，刘鑫的一系列作为引发更多的道德拷问。"① 对受害者江歌的母亲，同胞温暖的支持在此刻支撑着她。这就是民间规则、民间法律的价值所在。用叶春生教授的观点来看：

> 从社会生活来说，民俗就是社会的民间法规。生活为什么要这样过，而不是那样过，这是历史上人们的生活过程中慢慢形成的，形成习俗、习惯了，大家都要按照这种范式来过，不这样过、不这么做，就会被社会排斥甚至受到民间自发的惩罚。有些老百姓甚至不知道为什么要这样做，只知道它是祖祖辈辈传下来的，就必须按照这种范式来做。（叶春生）

事实也的确如此，大部分老百姓并不会去研读法律文件，但是在日常生活中他们都是守法的，知道什么事能做、什么事不能做。这实际上是民间民俗和民间法律所发挥的作用，是祖祖辈辈传下来的习惯在规范着老百姓的个人行为。在老百姓的个人认知和知识体系发展过程中，还会有道德的力量去规范人们的行为，然后才会有国家或地方具有强制作用的法律条文条例去要求老百姓；与此同时，强制性的法律条文也会根据社会发展的需求进行更新，以适应时代的道德要求和人类认识的发展，这其实是"约定俗成"和"法律条文"之间的相互作用。

基于多年的生活经验，笔者本人也常常听到有关民间法律的很多故事，尤其在中国乡村地区，很多事务村里可以按照祖辈传下来的处理方式直接解决，根本不需要走国家法律程序，当然，处理事务的人必须是

---

① 　http://www.chinanews.com/sh/2017/11-15/8377427.shtml.

在村里有着很高地位和很高声望的人，他的处理结果也往往是遵循民间习俗和民间法律的。按照民间法律来处理事务的方法在以群体利益为主的乡村社会中非常有作用，而且一直被采用。

这些观点表明：乡村社会通过乡规民约、礼俗等具有规则意义的民俗来实现自治，进而对整个社会治理产生作用。包括近期人民日报等中央和地方媒体也发表文章，开始重新重视乡贤文化在推动乡村治理过程中的积极作用，说明国家层面也是认同乡规民约等民俗文化在乡村治理中的积极作用和价值的。

三、民俗实践与民俗学科发展相辅相成

民俗本身来源于人类的生活和生产实践，是人类生活和生产中的创造。正因为如此，民俗学科的发展同样也离不开民俗实践。在访谈中，学者们普遍认为，民俗实践与民俗学科的发展是相辅相成的。而受访者口述资料中反映的重要节点，主要是两个方面，即"民俗学科建设与社会关系"和"民俗学科发展与理论创新"。

（一）民俗学科建设与社会关系

民俗学的学科建设与发展是与民俗本身的特点密切相关的，也因此而有别于其他社会科学和人文学科。学科建设是面向历史，还是面向现实，对学科的生存和发展会有非常大的影响。因此，"民俗学科建设与社会的关系"看似一个离学术很远的话题，或者说有点像是个"伪命题"，但却绝对是关系到民俗学科发展的重要问题。比如我们是否能够从经济、旅游、传媒、公共关系等社会的各个方面，来对民俗学科的建设和发展进行新的思考、新的探索？在这点上朝戈金教授谈到的基于学科能力来建构社会关系，促进民俗学科发展的观点很值得关注：

　　在当前社会发展各式各样的情况下，学科的敏感性、前瞻性眼光，是要基于学科的能力去回答那些与民俗学科密切相关的问题。比如今天的灾后重建问题，原来的社区啊、组织方式啊、传统的文化体系啊等等，都打乱了，那么，关于传统文化的重建，或重新带入，能有什么办法？国际上难民潮这么厉害，欧洲国家成百上千的难民涌入，有的民俗学家就会想，这些难民的文化，与他们寄居地的文化之间的冲突该怎样去解决？他们在信仰上，宗教的啊，政治态度上是社会民主党的啊，可能在性取向上是同性恋啊，等等，他们原有的文化与新文化之间该怎么协调关系？可能就有些人想回答这类的问题。这些都是紧迫的问题，是政府急需得到答案的问题。（朝戈金）

　　基于学科能力来建构社会关系，实际上也是一种基于学术研究和学科发展的民俗实践，即这种社会关系建构本身就是一种积极的民俗实践。

　　对此，叶涛教授还专门引用了美国、日本公共民俗学发展对整个民俗学科建设发挥的推动作用来进行论证，认为民俗学科的发展在现代社会是离不开社会关系建构的，这与朝戈金教授的观点基本一致，而且更加印证了朝戈金教授曾经表达过的一个重要观点："一个学科的生命力，其实是取决于这个学科解决现实问题的能力"（朝戈金）。

　　的确，解决社会现实问题的能力、参与社会的能力，是决定学科地位、影响学科建设和发展的必要条件。而通过关注公共民俗、参与公共民俗事务来建构民俗学科的社会关系，本身就是一种指向性十分明确的民俗实践。

　　在美国，公共民俗学这一块发展得很好，在社会上很有影响，就把民俗学的地位提高上去了。公共民俗学这一块实际上领域很宽广，这个领域的学者实际上在社会的影响力很大，实际上就是一些民俗专家不是民俗学家，这是我们给区别的，但是美国这一块做得很好，一些电视节目主持人、媒体评论人等都是公共民俗学者。日本这一块实际上也走过这个路子，美国还有一个特点，就是人类学和民俗学是分不清的。自己说自己是民俗学家。

日本这一块也是比较厉害的，公共民俗学这一块，都是培养出来的民俗学家，民俗学者、受了系统民俗学教育的学者，一直深入到了比如说在美国、日本的各大公共博物馆，一直到村里的村史馆里，一不小心碰到的可能就是一位民俗学博士、硕士，我前不久到冲绳去，幸亏这一批人都着去调查，都说了都是学民俗的，这一块我觉得可能看看他们的理论，尤其美国在公共民俗学方面。（叶涛）

公共民俗学发达最大的益处就是能够扩大民俗学科的社会影响，提高民俗学科的社会地位，建构以公共民俗学为核心的社会关系，也因此把民俗学这一个"小圈子里"的"书斋里的学问"变成社会共知的"显学"。当然，最关键的还是民俗学能够解决多少社会现实问题、解决这些问题的能力有多大！

这一观点实际上也是民俗价值观的折射。

（二）民俗学科的发展与理论创新

关于民俗学科的理论创新，这是民俗价值观共同体共同关心的大问题，共同体的态度和行动也是积极的，如叶涛教授谈到的国家社会科学重大招标课题的确定，就是为民俗学科基础理论的建构与创新发展提供了一个非常好的平台。

今年咱们国家社科的重大招标课题是我设计的，民俗学的学科建设与理论创新研究，重大课题。因为当时我们的想法是咱们现在在重大课题里面一直没有明确本体的东西，乱七八糟的偶尔有一家，但是民俗学学科本体的是没有。我们的目的是在重大课题项目

里面有民俗学的东西，尤其是民俗学基础理论的东西。（叶涛）

叶涛还一再强调，国家社科基金重大招标课题的设计，虽然是自己提出和完成的，但自己却并不参加投标，而是要为民俗学科的创新发展搭建一个高层次的平台，给其他的学术团队创造机会，因为，这个机会无论落到哪个团队，都是对民俗学科发展的贡献。这一点，从笔者在访谈过程中偶然获得的相关信息中也得到了验证。当时南方一所高校的受访学者在笔者访谈期间正在进行课题申报书的论证，题目正是叶涛设计的那个社科重大招标题目。

同时，在民俗学研究过程中，民俗实践和民俗学理论创新一直在民俗学领域持续进行着，许多学者也一直通过各种民俗实践途径在进行着民俗学理论的创新实践。

田兆元教授专门介绍了他们是如何进行民俗学科理论的研究和创新实践的：

> 民俗是要走向政府、走向国家、走向社区和企业的，这应该成为一种学术风气。当然有些老师认为这不是学术。但实际上这就是重要的学术练兵，重要的民俗实践。我们搞的校园文化活动，只是一种示范，告诉大家应该怎样做。校园里的清明祭祀，是在国家祭祀和家庭祭祀之间的中观层面的机构活动，建立校园传统和校园仪式。这里是蕴含着巨大的学科创新、理论创新的，是一种学术建构。（田兆元）

从这些观点中可以梳理出对民俗学科发展和理论创新的基本认识：民俗实践与民俗学科的发展是相辅相成的，或者说民俗实践与民俗学科理论创新是并行发展的，没有积极的民俗实践，也就很难有真正意义上的民俗学科理论创新。无论是田兆元教授开展的与校园民俗实践相结合的理论创新，还是叶涛教授提到的公共民俗学对社会公共事务的参与实践与民俗学科的理论创新，指向都是一致的，即：民俗实践与民俗学科的发展和民俗学科的理论创新是相辅相成的。

基于此，刘锡诚先生、朝戈金教授还从批评的角度对民俗实践与民俗学科的理论创新提出希望：

> 民俗学看起来很热闹，但在理论上、在学术上并没有形成什么像样的理论，也就是说，中国的民俗学的理论建构一直比较弱，基本上没有什么理论创新。
>
> 前人的没传承下来；后人又没有什么理论创新。这是一个很大的问题，也是民俗学地位一直不太高的根本原因。（刘锡诚）

朝戈金教授分析了当前民俗学理论研究存在的问题和不足：一是一些人热衷于"在那里做理论的推演和推导，好像说了一些理性的话，实际上对学科的自立和推动学科的发展未必有很大的用处"；二是研究"过于碎片化"，只关注和研究一些具体的民俗事象，但总结不出规律性的认识，甚至很多所谓的研究其实是些"鸡零狗碎"的东西，对建构学科理论没有任何作用（朝戈金）。

朝戈金教授认为，从民俗学科理论创新和学科发展的角度出发，我们必须积极参与社会实践，对于当前社会发展中的问题，用我们民俗学者的民俗学理论和民俗实践，去回应社会热点，并能够"基于民俗学科的认识论、知识论、技术路线、操作体系等，去回答那些问题"，即"基于学科的能力去回答那些与民俗学科密切相关的问题"（朝戈金），甚至给出问题的解决方案，并以此来发展和建构民俗学理论。民俗学就是要"在很复杂的社会网络运行中自立起来"（朝戈金）。

四、圈子文化

"圈子文化"是民俗和民俗学领域特有的一种现象。用来形容民俗与民俗学研究领域，亦即民俗价值观共同体内所特有的关系与文化。对于这种特有的关系和文化，用"圈子"来描述只是为了更形象地说明这种关系网络的特征，"圈子"这个概念在这里不存在任何感情色彩和褒贬含义，是一个中性词。而且，从访谈资料中笔者也深切感受到，民俗学界的"圈子"的的确确是客观存在的，而且表现得比较突出，这也成为民俗学领域不同于其他学术领域的一大特色。

从访谈资料的整理中，可以概括出民俗学界的"圈子文化"主要显现出以下几个方面的特点：

一是有核心领袖人物作为圈子的灵魂；

二是圈子内部有着的强大凝聚力；

三是圈子不大但内涵丰富；

四是圈子内部存在着集体忧虑。

（一）圈子的灵魂

要形成圈子，核心或灵魂人物的存在是必然条件。所有的学者访谈对象都会提到一位学术前辈，那便是民俗学界泰斗钟敬文先生。钟先生是我国现代民俗学科的主要奠基者和建设者之一，从学科建设到人才队伍的培养都作出了巨大贡献。如果说在中国民俗学发源的"五四"时期，是有一批的学者参与了民俗学科的初创的话，那么在上世纪 70 年代末 80 年代初中国民俗学科的恢复过程和之后的发展过程，起关键性作用的就只有钟先生了。钟先生通过开设全国性的民间文学、民俗学培训班的方式，为中国民俗学的发展培养了一大批基础性人才；会聚全国各个高校和地方的民俗学者，从编著教材开始，一起建设恢复后的民俗学科。并将所有参与培训班学习的学员都视为自己的学生。而且，从北师大最早设立了民间文学硕士点和博士点之后，更是培养了一批又一批的学界领军人物，这些领军人物也很快成长起来并带徒传艺，衍生出一代又一代的"钟门弟子"，因此也就有了"天下钟门"一说。在访谈过程中，笔者越来越强烈地感受到民俗学界的一个特色——"天下学者，多出钟门，不是徒子，便是徒孙"。这在其他学科是基本未见的。

这其实反映的就是民俗学界核心人物的作用。

图 3.3 是以访谈资料为基础，专门针对钟先生进行的文本分析，用图示的形式集中显示民俗学界对钟先生的评价。

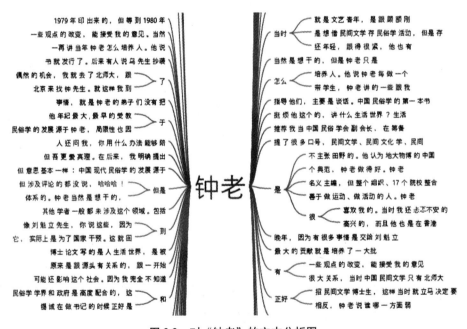

图3.3 对"钟老"的文本分析图

由于篇幅原因，该图只是截取了一小部分。这个图反映的是所有受访学者对钟先生的尊敬和感恩之情。而且也是因为钟先生，民俗学科得以在全国范围内迅速形成和发展。

上述文本分析图反映了钟先生对民俗学科发展和对民俗学者培养所做的贡献。而钟先生的学生们目前基本上都是我国民俗与相关学科各个单位和领域的领军人物，遍布全国。

钟先生的博士生叶涛教授的话证实了钟老在民俗学科建设中所发挥的作用：

> 这个学科的起源就是现在民俗学的起源是从钟老那里开始的。虽然"五四"的时候就开始了，但是那个时候学科并没建立起来，当时也没有这个专业、也没有这个学科。现在的民俗学点大概在全国有 60 多个硕士点，博士点加民间文学、民俗学，我大概统计的是 7 个还是 8 个，应该不算少。（叶涛）

年逾九十的张振犁前辈，是钟先生早期的、也是目前健在的年龄最大的学生。笔者访谈他老人家的时候实际上已经无法与之直接交流了，要靠老人家的学生、目前也是民俗学界知名学者的吴效群教授从中"翻译"和传递，老人家也无法沿着你的访谈逻辑来回答问题，基本是你说你的、他说他的。但老人家念念不忘、反复提及的就是钟先生在学问上的传帮带、在人才队伍建设上的付出和贡献。老人家非常肯定地表示：

> 钟老每做一个项目就培养一批人，这是他最高明的地方。就是每干一件事就培养一批人，所以培养了一大批的民俗学队伍。
>
> 钟老最伟大的地方，就是培养了一大批民俗学队伍，很了不起。现在哪位学者也没有这个境界啦！这谁都比不了。（张振犁）

也有学者提到，钟先生一直是站在民俗学科发展、民俗学薪火传承的角度上谋划学科发展的。特别是在上世纪 70 年代末 80 年代初民俗学恢复、重建的过程中：

> 钟老为了保持民俗学的薪火相传，他一直跟政治保持着密切的关系。

　　他的视野是在国际上发出中国的声音，提出建立中国的民俗学派，我们要走出描红的过去的岁月。他那个时候是跟国家政治结合在一起，为了提升民俗学的地位这样一个目的。

　　钟老是倾向于跟国家政治保持协调，而且特别想把队伍做大，所以他很重视培养人才。这就很能解释你所说的现象，就是民俗学界的人，不是钟老的徒子就是钟老的徒孙！我是亲身感受到钟老想把队伍做大、广泛吸纳人才的急迫性。（张士闪）

　　访谈过程中，被受访者提及的还有一位学界灵魂人物——费孝通先生。与对钟先生评价和缅怀多集中在学科建设、培养后人不同的是，对费老的评价则多集中在学术思想的传承上。在这一点上，刘锡诚先生专门强调："费孝通一派的""那个方李莉"，"她的学生们非常团结，都去传承和发展她的思想，那是费孝通一派的，能够把老师们的东西传承下来"（刘锡诚）。

（二）圈子的凝聚力

　　"圈子"实际上就是一个共同体，这其中必然有着共同的利益，包括学科发展、社会机会、个人前程等等。也正因为如此，民俗学圈子的内部有着很强的凝聚力。

　　民俗学界的圈子文化，受访学者们并不愿意刻意去表述和评论，甚至会有意回避，多是在谈话中不经意流露出来，这更表明了这个圈子的客观存在和其潜在的凝聚力、影响力。

　　圈子有大有小，或者说是大圈子里套着小圈子。如果说以某一核心灵魂人物或师承关系形成的是一个小圈子，那么"中国民俗学会"就是一个大圈子。

　　"中国民俗学会"这个大圈子，在民俗学界还是很被看重的，这表现在学者们对这个民间学术组织的积极参与和靠拢上。

　　中国民俗学会（China Folklore Society）是一个"大圈子"，自1983

年 5 月 21 日成立至今已有 35 年的历史，该学会由全国民俗学工作者自
愿结成，是群众性的和非营利性的民俗学专业学术团体，现有在册会员
1695 人。[①] 可以说，学会基本上涵盖了中国民俗学界的所有领域和节点，
学界入会比例远远高于一些大学科如工商管理、经济学等，其凝聚力可
想而知。

所以，圈子文化，可能是民俗学界的一大特色，抑或是一种传统。

民俗学圈子有个高度一致的愿景，即希望民俗事业越来越好、民俗
学科越办越大。这和最初钟老的初心是高度吻合的。

（三）圈子的特征

民俗学的圈子不大，但内容丰富；圈子里的水很深，但清澈见底。

民俗学圈子里有什么事？在做什么事？

这主要表现在两个方面：

一是体现在学术研究的组织上。民俗学界的很多研究项目或长期坚
持的体系性研究，是在相对固定的圈子里进行的，"三套集成"是在一
个圈子里完成的，那是因为在那个年代有一个为了共同利益而形成的超
越个人倾见的"圈子"。就像李松主任所说的那样，是因为有"钟老、
马学良、贾芝、刘魁立、乌丙安等一代学人"等一批大学者共同参与形
成的强大的学术团队，所以才能够作出"中国文化史上是一个里程碑式
的贡献"，但现在这样的学术圈子再也形不成了，这也影响到了当前正
在进行的"非遗"保护工程的质量，所以有个别"非遗"的普查简直就
是"瞎糊弄"（李松）。但在现实的学术研究体系中，在圈子中进行分工
协作从钟先生时期就开始了，并起到了很好的示范作用。张振犁教授回
忆说：

> 钟先生编《民俗学概论》《民间文学概论》的时候，把我们这

---

① 中国民俗学网，http://www.chinesefolklore.org.cn/web/index.php？ChannelID=11。

些人都集中起来，进行分工。我写过年节等内容，钟先生说，你不能写这，你要写中国的农耕文化。柯杨写过原始社会的行商、坐商。

钟先生最高明的地方，就是每干一件事情，就培养一批人，通过分配任务来培养人。（张振犁）

就是因为这样，"圈子文化"逐渐在民俗学界形成一种传统，也成为一种学术研究的组织方式。在当今的民俗学研究领域，"华南学派"正在成为一个区域性的学术圈子；而山东大学持续举办"礼俗互动"的学术活动也有向着圈子方向发展的趋势。

二是体现在民俗学圈子的交流方式上。圈子内的成员在学术研究和学术行动上往往是互相默契的，即使是有不同的学术观点或在研究方向上撞车，要么保持沉默或回避，要么也会先通过私下沟通的方式来表达自己的不满或意见；同时也会有成员因为相互欣赏而互相帮助和支持。这种"圈子文化"在老一代的学者身上表现得很突出。陈勤建教授是钟先生北师大民俗学培训班"黄埔一期"学员，传统"圈子文化"的特质在其身上表现得淋漓尽致。

我原来是要些一本《民俗学原理》的。我写《文艺民俗学》的开始也就是写学理问题，从探讨民俗学的基础理论开始。我曾经设想写两本书，都没有完成。

一本是《中国现代民俗学批判》。开了头，没继续下去。这个题目太艰难了，老先生们都还在，我怎么去"批判"呢？中青年的都在工作，他们如果不理解我的话，会认为我是什么人啊！

另一本是想写一本《民俗学原理》。但是看到乌丙安先生写过一本后，我又不想动笔了。因为，我俩的观点肯定不一样，这怎么写啊！

确实这两本书一直是我的心痛。当时都已经有了提纲，但琢磨之后觉得没法写下去了。第一本要写到很多人；第二本呢，乌先生算是我的老师，我绕不开这个弯子。我对外国人的观点可以说三道四，都没关系，但对待老师们的观点我不能说三道四的！学术上无法回避，情感上不能逾越。（陈勤建）

同时，民俗学界这个圈子也真的是水很深，但却也清澈见底。稍微熟悉一点这个圈子的人，就会对圈子内部的学术分野和体系纷争一眼见底。

但访谈过程中让笔者感受最深刻的是，无论是学术分野或个人倾见有多大，但对圈子的发展愿景却是高度一致的。在这一点上，笔者有着深刻的体会。在访谈开始后的前期阶段，笔者曾非常担心想要访谈的学者是否会因为"圈子内"与"圈子外"的关系而拒绝访谈，但是当笔者联系到各位堪称学界山头的大学者们时，当初所有的顾虑都烟消云散了。几乎所有联系到的受访者都十分热情地接受了访谈，也几乎都一再表示要酒席款待笔者。临别时，也都一再表示，让笔者给多年没见面的导师带去问候！

当然，学者们最关心和支持的还是笔者研究的命题。

你做的这种理论研究很好，非常有必要，我听了之后也很兴奋。任何学科的理论研究、基础研究都很重要，可以说是"立学"之本，是民俗学科的支撑。目前来看，民俗学的理论很空，空空的脑袋里这个东西、那个东西塞来塞去的，一直没有成体系的东西。所以你的这个研究很有必要，做好了是对民俗学科发展的一大贡献。无论是对民俗学研究当下的发展，还是对民俗学科本身的建设，都很有意义。（陈勤建）

陈勤建教授身上实际上代表了民俗学界大多数人的品质和价值取向。这种价值取向显而易见地体现了民俗学圈子作为一个整体的学术共同体的共同价值追求：为民俗学科争气，让民俗学科发展越来越好，让民俗学科更好地参与社会、服务社会，同时也有更高的社会地位。

（四）圈子的忧虑

与一些所谓热门学科如工商管理、经济学、国学等的意气风发不同，民俗学圈子则存在着一种十分明显的"集体忧虑"，即对民俗学现状和发展前景感到担忧。这也是"圈子文化"的一个显著特点。

到目前，现实和数据都提出了一个问题：民俗与民俗学是否面临着被边缘化的倾向或者存在着生存危机？刘锡诚先生这样表示："民俗学目前还影响不了其他学科，只能受其他学科的影响。一个学科如果不能够影响别的学科、推动别的学科的发展，那么，它的地位就不可能很高，也不能成为较高级别的学科"（刘锡诚）。叶涛教授也表示："民俗学危机是现实存在的"，而且中国的民俗学实际上一直也"没有地位"，在中国民间文学的人文学科中没有地位，放到社会学的社会科学中也没有地位（叶涛）。这一观点也得到吴效群教授的呼应：

> 最根本的原因是，我们所面对的是对于共同知识的研究，面太宽了，内容太复杂了。每一个领域的学者也只能面对你本领域的问题。正是由于民俗学的研究对象太过于无边无际，所以谁都能当"民俗学家"。但是，这样的研究，我们对于人类知识体系的发展或者再生产到底有多少贡献，这样低的门槛，我们又能够有多少贡献？
>
> 在整个学科体系当中，如果你不能参与到知识再生产的共同体之中的话，你就不可能有什么地位。这是民俗学的一个很大的悲哀。（吴效群）

学科危机的存在代表了一大批民俗学人的认识。

但也有学者认为民俗学是一门很独立的学科，它有自己的学科领域、学科层级、学科体系、学科方法、学科对象、学科理论、学科特色等学科建设和发展的内容，只是民俗学科是一门与社会和民间紧密联系的学科，它源于民间，发展于民间，但高于民间的意识形态，是科学与意识相结合所产生的学科。之所以民俗学科的社会地位和学术地位不高，主要是因为民俗学者的作用没有发挥出来。

高丙中教授认为：民俗学的影响作用是广泛的，对国家来说有着较强大的利用价值，所以它不可能被边缘化。

> 从近代社会以来，中国社会在这样一个剧烈的变化之中，有许多的知识分子在这一过程中发挥了很大的作用。但是民俗学的学科太小、太边缘，人微言轻，因此，恰恰是民俗学者在其中没有发挥什么作用。但是，民俗学的理论和方法则影响了一大批人，特别是那些能够参与社会发展的知识分子。（高丙中）

高丙中教授还表达了另外一种观点，民俗学人的社会地位和作用还没有发挥出来或者还没有发挥好，但并不代表民俗学科的地位低下，或者说民俗学科没什么作用。

> 民俗学研究队伍的人数少，文章传播范围也没有那么大，但是他们代表了科学认识民俗的一种方法。在社会发展过程中，人们会借助民俗学的思想方法来认识和研究民俗，即并非是只有民俗学者在使用民俗学的方法进行研究，很多非民俗学领域里的人、在工作过程中，会使用民俗学的思想和方法，来对待民俗，这才是最关键的。比如，文化领域把什么界定为民俗，肯定是使用了民俗学的理论和方法，界定什么是将要被抛弃的对象、告别的对象，你不界定就不知道什么是应该告别的。这些工作不一定是搞民俗学的人在做。搞整个的文化或"非遗"的社会工程，就民俗学那么几个人肯定是根不过来的，民俗学者只是很少的一部分人而已。但是民俗学

的思想方法在整个过程中起了关键性作用。（高丙中）

所以，民俗学界虽然存在着集体忧虑，但并不代表着民俗学科社会地位低下和民俗学科的边缘化。

总之，作为民俗学领域特有的一种现象，"圈子文化"对民俗学研究、民俗学发展的很多方面和领域都在发生影响。而民俗学圈子的形成，与民俗和民俗学界特别看重师徒传承的学术发展途径和学术团队建设的传统有着密切的关系。这在前述内容中已经讨论过。

五、"非遗"与民俗

在当代社会，谈民俗和民俗学，肯定绕不开"非遗"。

在一定程度上，民俗学被重视、民俗学者们从学术研究的"冷板凳"上走到社会实践的前台，是得益于当前国际和国内"非遗热"的兴起和"非遗"保护工程的实施。这是多数学者们公认的一个事实。所以这个主题被描述为"'非遗'与民俗"，而不是"民俗与'非遗'"，这种描述方式寓意着是当前的"非遗"保护工程使民俗的"内价值"和"外价值"得到了更好的显现，使民俗学和民俗学者在这样一个特定的历史发展阶段被社会重视，而不是要去探讨民俗与"非遗"的关系。

该主题由"非遗"与民俗的现状和"非遗"与民俗的发展两个方面组成。基于我国悠久的文明发展历史，我们有着丰富的"非遗"类型和众多德才兼备的"非遗"传承人，在秉承本真理念与生存发展的基础上，"非遗"与民俗相互交汇，共同发展。民俗是"非遗"的基础和来源，因为有民俗，使得"非遗"有传承的主体，即民间、百姓；因为有民俗，才使得"非遗"有传承的内容，即民间文化基础。反过来，"非遗"是民俗文化的重要组成部分，与"非遗"保护、传承相关的文化工程也为民俗的保护和发展提供了一个很好的世界平台，"非遗"将特色民俗带到了世界的大舞台上，在表现我国民间文化和历史的同时，扩大了中华文化在国际上的知名度和影响力。因此，无论是从"非遗"本身还是从民俗文化的发展，无论是民俗学理论研究的进步还是从民俗文化发展的实践探索，"非遗"的保护和传承，都是与民俗学的发展、民俗学的作用以及民俗学者的社会地位和社会作用密切相关的。

（一）"非遗"与民俗的现状

客观看待我国"非遗"和民俗的现状时，既要看待"非遗"和民俗文化本身的状况，又要客观审视它们生存和发展的空间。

李松主任对中国"非遗"与民俗现状的观察有着深刻的认识：

> 我的观察是，这些遗产地，或者是遗产存在的区域或者是社区，遗产只要精彩，经济一定很落后，交通一定不发达，差不多一半是扶贫对象，有好多都是少数民族，可以说文化和经济有时候是不对称的。就"非遗"而言，它的目的更多的是要保护多样性，由多样性来定义传统的价值，定义不同生活方式的价值，这在顶层设计上是没有错的。中国许多地区，在历史上发展就不平衡，多元一体的难处就在这里。这种不平衡导致我们必须要把文化研究与社会发展并列着考虑，有时候这不是仅仅依靠学术就能够解决的。如果社会发展是平的，我们当然可以不用那么着急，可以慢慢进行观察。但是现在许多农村，都已经穷成那个样子了，而且正在不断地凋零，可以说基本的生活条件都已经不具备了，它是快要崩溃的。所有的文化都失去了基础，所以我们一定要考虑发展的问题。（李松）

事实上，中国的传统民俗与"非遗"的确面临着文化与经济发展的不平衡、不匹配、不对称问题。从上述受访者所叙述的事实来看，如果社区居民或村民连基本的衣食需求都满足不了的话，何谈文化保护？而从民俗与民俗学的角度来看，价值共同体应该做什么、怎么做？这正是需要我们给予回答的问题。

综合受访者们的观点，民俗价值观共同体应该在民俗和"非遗"保护、传承中担当桥梁的角色：

——将国家政策落实到那些传统民俗和"非遗"社区、村落中去，帮助地方、社区和个体的民俗、"非遗"传承人利用好国家政策，谋求传统民俗文化、"非遗"能够在新的发展环境下得以很好地传承与发展；

——将新的经济形态介绍、嫁接到那些传统民俗和"非遗"社区、村落中去，帮助社区、村落和"非遗"传承人们，用新的经济模式来奠定传统民俗文化和"非遗"的生存和发展的基础；

——将有益于传统社区、村落等传统民俗文化、"非遗"载体和空间保护与发展，有益于传统民俗和"非遗"传承与发展的科学、理论、方法、路径、技术等，提供给政府决策部门，向政府提出相关意见和建议，即用民俗学的理论和方法影响国家政策的制定和实施。

访谈过程中，三位民俗职业人——何晓铮、范正安、刘学斌，对这一话题非常敏感，他们既希望国家积极干预传统文化的发展，有好政策能够支持、扶持民俗和"非遗"的保护与传承，又希望学术领域能够在理论、方法上给予他们更好的指导。

实际上，民俗价值观共同体的责任，就是要直接去行动，去实践，用自己掌握的理论武器、技术方法去影响国家政策，并将国家的政策、措施、模式、方法等具化为一个个实实在在的行动。

对此，作为政府官员的李松主任态度十分明确：

> 民俗学家就是要通过政府、通过学术影响力参与社会实践。
>
> 我非常认同民俗学的一个学术价值，就是在这个领域中除了文本研究、田野历史文献、民间文学方向以外，我宁可希望它更多地做一些时政研究。比如说长期观察某一个村落，看它改变了什么，甚至提出"关于某件事这样做是不是更好一些"的建议。（李松）

而作为学者的朝戈金教授同样也十分赞同这一观点，认为：

> 民俗学者应该有使命感。
>
> 民俗学科的走向，与社会发展需要息息相关，不仅要关切，还应该思索，还应该去指导。（朝戈金）

所以，从这个角度讲，如何使传统民俗、"非遗"走出目前的窘境，正是我们民俗学者的责任。

（二）"非遗"与民俗的发展

在高度城市化、工业化、现代化和全球化的当下，"非遗"和民俗文化的发展已经无法真正保持自然演进的发展逻辑了，"外力"的"干预"成为无法躲避、不可缺少甚至是决定性动因。这种外部动因，即能够发挥正向作用，也能够发挥反向作用。很显然，民俗学者是其中关系最密切，也最能够发挥正能量的外部力量。

这种在外力推动下发生的"非遗"和民俗文化的发展，当然是基于保护前提地创新发展，即在保持"非遗"和民俗文化"本真"特征的基础上的创新发展。如高丙中教授所述：

> 但是，到了非物质文化遗产保护工作开始以后，这个情况发生了很大的变化。实际上自"五四"以来，这些民间文化，这些传统的东西，历来都是被改造过之后才成为好的东西，不改造就不可能成为好的东西。但是非物质文化遗产保护工作的原则是不一样的，他们认为这些东西，不用改造，它们都是好的，都需要保护。而且要尽量保护它们原来的样子。非物质文化遗产保护的理念就是这样子的。（高丙中）

但是，现实却很残酷，许多事情的现实与期望恰恰相反。在当今社会，完全没有发生变化或完全没有被改变的传统民俗文化、"非遗"已经很难见到了，甚至根本就不存在。试图让传统民俗文化、"非遗"不受外力干预、"原真性"地存在与传承下去，也几乎不可能实现。因为它们太淳朴了，或者说是太落后了，最关键的是它们的存在和生存环境变了，在这种新环境下它们已经不可能实现它原有的市场价值、经济价值和社会价值了，即它们没有生存基础了。连生存的基础都没有了，还何谈发展？而且更为可悲的是，它们一旦被确定为"非遗"，其变化或"被改变"的速度反而更快了。

如果说保护就要弄个原生态，不许改变，如果出于这样的理念，显然是要起坏作用。而且，我们保护"非遗"本来的目的是要其在现代社会中能够很好地传承。但它们一旦被确认为"非遗"以后，反而加快了它们的变异。（刘宗迪）

这反倒成了传统民俗文化和"非遗"保护的悖论，不主动保护还好，主动保护反而起到了反作用！由此便引出了一个非常重要的话题，到底如何保护、传承民俗文化和"非遗"？

保护最好的办法就是再创造。传统文化的保护不是把它们固定下来不让动，不让变化。实际上文化的生命本身就是发展，发展才有生命。时代变了，文化也必然跟着变，不变就要被淘汰，就要被扫进历史的垃圾堆。时代变化了，文化也必须紧跟时代潮流进行再创造。所以，传统民间文化如何与现代生产方式相结合，是保护传统文化需要探讨的一个非常重要的课题。而现在我们做得远远不够。实际上日本的动漫文化非常值得我们去学习。

而且，保护也不能画地为牢，就是说中国传统文化的保护也不一定非要用中国的元素去再创造，而不能掺杂进去外来文化，这是狭隘的思想。中国传统文化发展过程中从来就不是封闭的，它跟很多外来文化进行过融合。如中国人也过西方的圣诞节、情人节等，过"洋节"已经成为我们中国人很重要的生活，过"洋节"已经成为城市新民俗的重要组成部分。但这些"洋节"与中国文化结合后也发生了变化，即被"中国化"了。如中国人过圣诞节，已经变成了购物节，而西方人过圣诞节要去教堂，要去拜上帝，要祈祷。但中国人过圣诞节就是去购物。（刘宗迪）

笔者非常赞同刘宗迪教授"文化的生命本身就是发展，发展才有生命"的观点。对"非遗"与民俗就应该采用与现代生活方式、生产方式相结合的再创造方法来进行创新发展。文化的根本是来自于民间和民间生活的，但文化的内容、形式和生产方式是可以吸收其他文化的内容、形式来进行再创造的，从而出现新的文化类别和文化形式。只要在保证"非遗"和民俗结构没有被彻底改变的前提下，"非遗"和民俗进行跨区域、跨国界、跨文化类型的创新发展是值得提倡的。就像好莱坞本来是美国文化的代表，但却用中国的花木兰和熊猫创造了系列电影产品，文化是我们的，但是赚钱的是他们。为什么？因为人家进行了再创作。这与高丙中教授的观点是一致的：

> 而从地方上来看，他们要搞一些地方的特色文化啊，包括什么文化节啊，地方表演活动啊，等等，在这些时候，那些跟地方戏曲啊、民歌啊等有点结合的东西，往往会被重新拿出来，让它们进入正统的地方文化体系。但这一过程中，是经过了再创造的，并不是这些文化原来的东西。因此，通过这样的改造和"被正统"的过程，它们被"保护"和利用起来了，并且得到了承认。（高丙中）

总体来说，民俗学者通过能动地作用于社会，用民俗学的理论和方法，去参与社会实践，去影响国家和政府的政策导向，去"干预"社区、村落的保护与发展，去帮助传统民俗文化、"非遗"适应现代社会环境并谋求新的创新发展，以此来发挥民俗学和民俗学者的社会价值。对此，受访学者们是普遍持认同态度的。

六、能动地解释、服务和作用于社会生活

"能动地解释、服务和作用于社会生活"，这个主题实际上是对钟敬文先生早期提出的民俗与民俗学价值论的发展。

钟先生曾经提到民俗学的作用就是"解释和改造社会生活"。但在近些年的社会发展过程中，民俗学对民俗的"改造"功能在理论上正逐渐趋向弱化，而更多的是服务于政府、政策导向下的特定社会事务，如"非遗"保护工程、乡村记忆工程、古村落保护工程等，许多民俗学者因此由学术研究的"冷板凳"上走上了政府搭建的舞台上，甚至成为舞台上的"主角"，主持着众多的政府委托事项。另外，民俗学的"作用社会生活"的功能则随着社会的发展被逐渐强化，这是适应了当代社会对文化产品需求急剧增长的趋势。

该主题实际上也是民俗学本体论的核心命题之一，是关系到民俗学发展的根本问题。对此，朝戈金教授认为，民俗学者应该首先厘清这个问题才能够谈今后的发展：

你首先要认清自己，就便于你去回答各种各样的问题。国际上这些年民俗学科的发展，比如美国民俗学界，每年的专题报告，都会涉及现实问题，比如：战争、和平、可持续发展，等等，这些大问题。而不是那些民俗学者应该怎么样啊！怎么样做田野啊！不是这样一些小的技术问题，学科内部的操演性的问题，不是的！二是要跳出学科来看学科，来发展学科，这样一个气度和境界。民俗学在当代该干什么啊？能干什么呀？要回答这个问题。(朝戈金)

只有回答好这些问题，民俗学才能够解决好自身发展的基本问题。因此，该主题实际上包含了三个关键词，即：解释，服务，作用（见图3.4）。

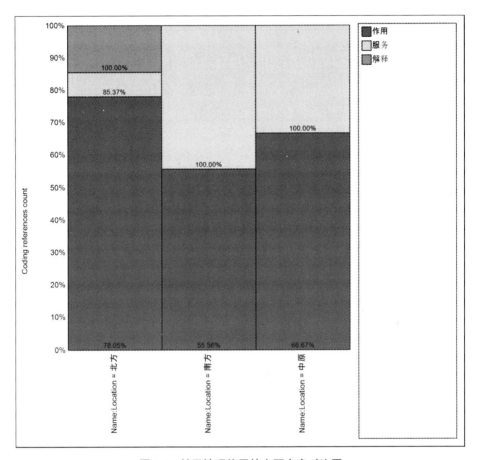

图 3.4 基于地理位置的主题内容对比图

（一）民俗学作用于社会

在对学者们的访谈过程中能够强烈地感受到：人们在谈到民俗与民俗学的"作用"时，远多于其"解释"和"服务"功能，这实际上反映了当代社会对民俗学的需求，即更需要民俗与民俗学去作用于人类的生活和社会的发展。

正如叶春生教授所说：

　　民俗学研究的成果，不仅来自于社会，还可以返回到社会中去，去指导人们的生活，改变人们的生活，提升人们的生活。（叶春生）

而对于民俗与民俗学去作用于社会发展和社会生活的观点，大部分学者都认为这本身不是问题，答案是肯定的。而且在当下的时代，这种作用更多地集中在国家、民族和意识形态层面。

　　民俗、民间文化的意义和作用越来越大。民间文化的价值主要表现在几个方面，首先是民间文化最根本的价值，即民间文化对于一个民族保持民族特色的重要价值。在全球化时代，随着各民族交往日益增多，一个民族的文化特色、面目等日益模糊。在网络社会中，中国和外国的差别不大，旅游也是如此。越是全球化时代，各民族之间的界限越单薄，各民族越需要凸显自己的民族性格，这样才能强化民族认同。我觉得，越乡土、越草根的民间传统（民间文化、民俗），它的价值才越体现出来。
　　只有建立民俗与民族国家的关系，才能够体现它的根本价值。（刘宗迪）

朝戈金教授认为："民俗学在当代社会能够发挥什么作用，这是一个涉及人类的知识论、认识论等更大、更高层面的问题。"民俗学是对整个人类文化的发展有直接意义的。

　　有几个基本的东西我们需要讨论。一个是，人类未来的发展，取决于对过去知识的关注、梳理和总结，今后的道路要以前鉴为基础。在这个前鉴中，民俗学在更好地认识和总结老百姓的知识和智慧、知识体系方面，它有独特的作用。这是它的生命力和重要作用所在。第二，是在这个学科不算很长的发展历史上……今后的发展，特别是在当代国际社会的大语境中，经济全球化啊，文化的统合效应啊，文化标准化啊，主流文化特别是那些暂居主导地位的强势文化，极大地冲击和吞噬世界文化的多样性，那些亚文化、少数族群文化、传统文化等，都会收受到冲击。在这样的大背景下，民俗学应该有使命感。这就像西方工业化时期，赫尔德、格林兄弟等跳出来，去收集和保护民间故事、歌谣等一样，你有这样一股大的浪潮起来，才能引起社会的关注，整个社会的热情就被激活了。(朝戈金)

很显然，朝戈金教授所说的"作用于社会"，是对整个社会的作用，是在宏观层面上去作用于社会的发展方向，甚至对社会的发展方向进行能动地调整、纠偏。这才是民俗学的"大境界"，面对的是国际社会的"大语境"，是"文化的统合效应""文化标准化"等文化发展、变迁的"大趋势"。

当然，民俗学对于社会的这种能动作用，不会是仅存在于宏观领域，而肯定是在宏观、中观和微观三个层面都能够发挥能动作用。

(二) 民俗学的服务功能

"服务"同样是个大概念：服务国家、服务政府、服务社会、服务企业等等。但比较有趣的是：在关于服务社会的价值方面，学者们几乎都一致性地指向了针对市场主体的有偿化服务。

田兆元教授说道："任何一门学科都要为社会的发展服务，要融入国家和社会发展的大格局中去，才会有价值。"而且他在谈及民俗与民俗学的服务功能时，特别讲到了他的学生将民俗与市场相结合的例子，他阐述的民俗学者的服务意识和职业意识给笔者留下了深刻的印象。

我们一个学生搞了一个拍摄茉莉花茶的项目，很好，人家搞生产的很需要，很欢迎；还有墓志铭，社会需求也很大，现在十个墓碑九个没有墓志铭，一般人也不知道怎样写。民国的时候一个老妇人可能会有上千字、几千字的墓志铭，生平啊，叙事啊，生命的价值吗！还有墓帘，都是诗意的。这个我们搞民俗学的懂，全上海一年死亡十万到十五万人之间，这是多大的市场啊！

但是做民俗学研究的人往往没有这种服务意识、职业意识。有的时候我们还经常指责别人搞这些东西没有文化，那我们为什么不去搞啊！你说婚礼没有文化，你为什么不搞婚庆公司？婚礼是严肃的仪式，我们为什么不搞呢。每年有十万对结婚的，多大的市场啊！就是万分之一，一百对，在大学里由我们来给你搞，那也了不得。那这样的人才谁去培养？民俗学不去培养谁去培养？（田兆元）

吴效群教授同样也提到对于当前的民俗学研究生的培养，也更应该从社会科学的方向来进行培养，即能够针对某个社会问题给出解决方案。而更进一步的是，民俗学研究应该在更高层次上服务国家战略，无论是前文提到的南海渔业民俗和庙宇调查、"三套集成"的调研编撰、服务国家的"非遗"保护工程和乡村记忆工程，甚至服务于国家意识形态体系的建构、塑造民族精神、强化民族认同等等，都应该是民俗学社会服务价值的重要体现。

（三）民俗学的解释功能

民俗学的"解释"功能，学者们是一致赞同的。

朝戈金教授、叶涛教授等都有大篇幅的谈话涉及民俗学的"解释"功能。

高丙中教授在谈到顾颉刚早期对庙会的研究时，认为当时就是要通过研究去解释各种社会事项的：

一个方面，在庙会里，那么多的人集聚在一起，很热闹，很兴奋，顾颉刚也很惊异，感觉很刺激、很激动，民间竟然有这么有号召力的东西，他把它看作一个积极的力量来看待。但是，那庙会过几天就没有了，人们又恢复了平常的生活。令人激动的、有号召力的那种积极的力量就那么一会儿。他觉得要解释怎么才能够使这种力量长久存在下去。（高丙中）

而叶涛教授对民俗学的解释功能，更是认为应该是民俗学的主要功能甚至是唯一功能，并进而对民俗学的价值做了完全不同的定义。即认为"改造"并不是民俗学的责任和任务，民俗学只是要去"解释"民俗。

民俗学的价值，解释和改造社会现实生活，我不知道如果钟老到今天他会怎么看这个问题，所以我觉得这个要放到当时的背景来看他的观点，可能如果今天让我来看民俗学的价值的时候，这个解释功能可能是更强的，改造功能如果作为学科理论来讲，我可能会把它忘掉，甚至我认为作为一个学科问题的话这个问题可以不提，这是另一回事。我是说从纯粹的学术角度来说，从学理建设上，通过解释社会生活然后提炼出民俗的规律，然后来预测这种文化现象是什么样的，我大概说这是民俗学的价值。至于改造，改造是不是民俗学者的事情呢？

钟老他把民俗分为上中下，说起来与这个观点是一致的。

他们在这个背景下改造社会，改造传统文化，改造底层，甚至精英改造下层的愚昧，我想这个不只是民俗学，整个人文学科一个基本理念，所以钟老说这个也是完全能够理解的。

那么今天如果把改造再作为一个学科的支撑的话，可能我觉得这大概就是一个问题了，因为你对这个东西的认识，已经把民俗放到被改造的对象来看待，这就很成问题了，所以你首先得理解，就是解释非常重要，我觉得恰恰民俗学的解释功能这是学科的本位的中心，解释不好你怎么改造去，咱就说改造的话，你不是解释好

了，留给政治家去改造吧，对民俗的解释还没弄清楚，还想改造，这个学科没有这么大本事，他承担不了这个责任。(叶涛)

在这一点上，朝戈金教授虽然也认同民俗学的"解释"功能，但对于"改造"和能动地作用于社会，则认为同样应该是民俗学的价值所在：

> 一个学科的生命力，其实是取决于这个学科解决现实问题的能力。你能够回答、回应社会什么问题，你能解决社会什么问题。(朝戈金)

而对于民俗学的"解释"功能，刘铁梁教授则从他所提出的"内价值"和"外价值"理论中给出了自己的看法。他认为，民俗学的"解释"功能实际上就是民俗的"外价值"。"内价值"是民俗"本身存在的价值"，而"外价值"则是经民俗学研究所发现或发掘出来的、能够"被开发、被利用的"价值。

> 比如，我们通过研究，我们可以树立一种全民的文化多样性的文化自信心。作为一个民族国家来说，对我们自己的文化有一种多样性的认识，有对文化丰富性的了解，对文化特殊性的了解也有利于对我们自己历史特殊性的认识，然后对于我们今天建立我们的社会制度、合乎自己社会发展的制度等，都是非常有意义的研究。应该说，这个价值也是伟大的，经过学术研究，是可以产生一种特殊的认知价值的，然后全民共享，而不是只有当地、社区的人自己使用。也就是说，并不是只对当地人自己有"内价值"，可以再变成"外价值"。而且，"外价值"也是必须要有的。(刘铁梁)

七、凝聚认同到国魂

"凝聚认同到国魂"这一主题，实际上是一个历史性的话题，从民俗学产生时开始，民俗学就与地域文化、民族和民族文化、国家意识形态等相联系。而且越是在民族矛盾加剧或国家危机的特殊历史阶段，民俗和民俗学的民族色彩、国家意识就越强烈。

（一）软控力

朝戈金教授和叶春生教授不约而同地提出了民俗是"软控力"的观点。

朝戈金教授说道：

民俗对于国家治理来讲，国家法律规章政策是硬管理，而民俗是软控力。国家政府使用法律规章制度等来进行硬性的管理。而民俗是通过乡规民约等对民间具有约束力的东西来进行约束。现在我们国家非常缺乏这种通过软控力所进行的管理，所以现在国家、政府很累！什么事都自己管，管那么多事情。有许多事不用政府管是完全可以的，乡规民约、家规家教等，都能够在社会管理中发挥不同的作用。过去的乡绅可以用乡规民约把乡村管理得很好，社会很稳定。马克思文选第45卷《人类学笔记》中谈到过这个问题，人类社会几十万年，而人类阶级斗争只有几千年，更多的时间里就是看的社会习惯把社会秩序调整好的。所以，民俗这种自我调控的力量在社会治理中能够起到很大的作用。现在国家、政府想得太多、管得太多、自以为是太多，所以累得疲惫不堪！如果政府能够关注一下民间良好的家规、良好的乡规、良好的行规，能够解决很多问题。过去的行规在这个行业里很起作用，它能够自我调整好，现在

政府什么都管，也什么都管不好！所以这个方面用好了，国家治理、国家发展会多好啊。（朝戈金）

而叶春生教授从社会约束的角度谈道：

> 从社会生活来说，民俗就是社会的民间法规。生活为什么要这样过，而不是那样过，这是历史上人们的生活过程中慢慢形成的，形成习俗、习惯了，大家都要按照这种范式来过，不这样过、不这么做，就会被社会排斥甚至受到民间自发的惩罚。有些老百姓甚至不知道为什么要这样做，只知道它是祖祖辈辈传下来的，就必须按照这种范式来做。（叶春生）

所以，软控力的提法，实际上说明民俗具有社会约束功能的属性特征。同地、同族人分享和使用着口传心授的传统和习惯，形成民俗文化共同体，建构统一的社会文化和行为秩序，这对于一个地方、一个民族甚至一个国家保持其独有特色有着重要的价值。

（二）认同

"认同"是指民俗文化共同体通过族群认同和身份认同将群体利益最大化，同时也因为地方和族群内部对民俗的"认同"，而使民俗成为内外识别的标志和形成共同体的核心文化基础。

> 民俗文化，现在也被看作是国家、民族的软实力；民俗文化的认同也能够形成地区或民族的凝聚力。所以，民俗文化，实际上也是维系区域或民族文化认同的、具有凝聚效应的核心文化，以民俗文化为核心，能够形成一个地区或民族的文化共同体。（叶春生）

高丙中教授从民族精神的角度谈道：

　　我们能够去找出那些能够作为民族认同核心内容的民间、民俗文化，我们的未来就在这里。我们有共同的文化，我们有共同的未来。这代表了我们的民族精神，是被深信不疑的东西。因为共同的文化，我们是一起的。这些民俗的东西跟我们一起有未来。这些民间文化、民歌有未来，就是我们这个民族有未来。（高丙中）

　　高丙中教授所表达的是通过民俗学研究，会获得一种能够驱动凝聚、团结的民族精神，从而形成地域认同、民族认同。而刘宗迪教授在谈到民族精神时则表示："越是在全球化时代，各民族之间的界限越单薄，各民族越需要凸显自己的民族性格，这样才能强化民族认同"（刘宗迪）。对此，高丙中教授总结道：

　　民俗学在这里面，让我们的传统得以延续，让我们的整体能够形成认同。只有民俗学才能够发挥这样的作用。所以，民俗最大的价值就在于，它是民族认同、地域认同和国家认同的文化基础。这才是民俗最大、最高的价值。
　　因而，民俗学最大的价值就是去发现、研究、解释这些能够形成民族认同、国家认同的民俗文化。（高丙中）

　　关于身份认同，实际上它是民族认同的具体化，通过不同的民俗民风来反映不同的身份。比如中国南方和北方有着截然不同的风俗习惯，因此南方人、北方人的身份认同也存在差异。刘宗迪教授表示：

　　与以往不同的是，过去是讲阶级政治，而现在是讲身份政治，即身份认同，各种各样的身份认同。通过宗教、文化，当然也通过习俗，来形成身份认同。（刘宗迪）

　　认同是为了群体利益最大化。李松主任说道："乡土社会它所有智慧的节点就是群体利益的最大化，从家庭利益最大化，到家族利益最大化"。这一点在以集体主义为主的国家来看的确是正确的。以传统节日变成法定假日为例，因为有相同背景的文化认同、民族认同，所以才会有相同的传统节日的需求和共同的节日价值观，才会有将传统节日列为公共假日的诉求。用高丙中教授的话说：这是一件了不起的事情。

> 从传统节日到法定假日。这么重要的事情都能够办得成功，这是不得了的。假如是在"文革"时期，祭祖要放公假，这简直是天大的荒唐，是做梦啊！是要被弄成批斗对象的！但是今天民俗学办到了！在当下，把传统节日变成公共假期，民俗学能够把这么大的事办成，真是很了不起。（高丙中）

（三）国魂

"民俗孕育国魂"这个主题的形成，直接源自于本研究的一位受访者，是民俗学界的资深学者。但这一论断在访谈中得到了很多学者的呼应。

> 2009 年初，我在《人民政协报》有个演讲，后来在《人民政协报》给发表了出来的一篇文章，一整版，题目是《民俗孕育国魂》，就是从思想、文化层面来看待这个问题的。里面有几个关键性的观点，包括这样几个方面：民俗是一种生活相，一种传承性的生活的样子；没有文字或人规定我们这么做，但我们会不自觉地进行这样一种生活方式；民俗与人俱来，与族相连，从它诞生的那天起，就烙上了群体性共识的印记；民俗孕育了国魂，国魂就在民俗之中，等等。（陈勤建）

"民俗孕育国魂"这一观点实际上也进一步说明了民俗的本质是一

种意识形态，是能够上升为民族和国家意识形态的，或者说是民族认同和国家意识形态形成的文化基础。对此，陈勤建教授更加明确地提出了自己的观点：

> 民俗是属于意识形态领域的学问。上升到意识形态层面，就不单纯是生活领域的学问了。这样就把民俗在民族、国家大文化体系中的地位提高了。(陈勤建)

正因为这种意识形态的属性，使得民俗与国家、与民族的关系更加紧密。这一点也可以通过赵世瑜教授所讲述的一个故事来证明：最乡土的生活是如何通过民俗和国家层面上的东西发生了直接的联系。

> 关于这点，我想从寺庙说起。这个寺庙，其他另外有个佛寺，还有一个什么庙，在你们原来村子里面，礼仪的格局是什么关系？老百姓现在可能慢慢越来越淡忘了，就是原来的仪式怎么做，它起什么作用。特别是现在生计模式改变了，可能靠农业越来越活不了人了，那现在只能是种玉米。本来养不活人，至少是不能发财致富，那么在形势之下，那些信仰体系，就是跟你原来老百姓生老病死相关的那些体系的关系是什么？他们不考虑，他们只是带进去新的东西，而且是传统资源的利用。
>
> 我觉得这（传统文化资源的利用）是远远是不够的，也就是说原来你进去有一个村落，你的那个本来自己所有，文化的根本脉络哪里去了。那个东西，我们通过学术研究，是可以帮你找出来的。所以包括他们还说，用新的样式给你设计一个祭祖的东西，所以那个就和我们的想法非常一致了。因为通过研究，我们知道，比如说一个祠堂也好，一个什么拜祖先的地方，那是有礼制规定的，那不是说你想怎么干就怎么干。是吧？老百姓认可你的东西，通过认可你的东西，使他最乡土的生活和国家层面上的东西直接发生了联

系。这就是说中国老百姓不是和国家截然对立或者是二元相分的一个状态。这也正是中国得以变成一个文化统一体的深层问题意识。哪怕是在最乡土的地方，你也可以找到，在某一个侧面是和国家保持一致的。还有别的侧面。（赵世瑜）

高丙中教授也认为，民俗文化中的很多内容，不仅能够形成地方或地域文化认同基础，甚至能够上升为整个民族和国家意识形态的文化基础，成为形成"国魂"的文化基础。

像炎帝啊，黄帝啊，妈祖啊，还有关公啊，等等，这些民俗的东西，慢慢地成为自己的文化血脉，成为中国人、也包括那些华侨啊等在海外的华人们，一个共同的文化源头，形成了维系整个汉文化圈的文化统一和文化认同，并在意识形态层面上……逐步上升为一个民族甚至是一个国家的文化认同的基础。（高丙中）

八、与政治政策的矛盾统一

得到"与政治政策的矛盾统一"这个主题并不意外，民俗学无论在西方还是在中国，从一开始就与政治结盟，这已经成为民俗学的一种共性——有时附属于政治、被政治利用，有时相对游离于政治之外，但藕断丝连。只是在不同的历史阶段，具体的表现形式会有所差异。

（一）对"民俗与政治结盟"的高度认同

从对访谈文本的分析结果看，"民俗与政治结盟"这一观点得到了受访者们的高度认同。从张士闪教授支持政府的"文化干预"、知识分子要主动对社会发挥作用、要"知""行"兼顾，到朝戈金教授的我们学者要"替国家、替社会、替人类文明发展、替人类知识的积累和进步"作出应有的贡献，等等，都既表达了民俗学者对国家、对社会、对人类文明进步的责任感，也同时显示了民俗学研究要与国家政治、政策和意识形态保持一定吻合度的意愿。

在中国，从"五四"时期中国民俗学的发源期开始，民俗学就直接表现出了其政治价值，并一直与国家政治、民族意识保持着密切关系，甚至民俗学的产生本身即直接源于民族精神和民族独立的需要。正如刘宗迪教授所阐述的：

> 民俗学刚产生的时候，如18世纪德国浪漫主义思潮，以及中国"五四"时期，民族精神的缺失和民族国家的确立，都同启蒙主义分不开。在那时的学者看来，这门学科的政治意义更重要。他们去民间搜集民俗、民歌，是为了建立民族国家，是为对民众进行启蒙服务的。民俗学学科从出发点上，具有崇高的政治理念和追求。（刘宗迪）

实际上，无论是早期的欧洲殖民地、中国一百年前的歌谣运动，还是当前国家提出的精准扶贫、乡村记忆、乡村振兴和倡导的文艺服务大众的政策导向，乃至于乡贤文化和文化软实力建设、讲好中国故事等等，都给民俗和民俗学的价值观附上了浓重的政治色彩，民俗一直都在反映国际、国内政治政策的发展动向和趋势。反映在与当前国家政治经济和文化发展大趋势的互映上，民俗学研究"现在也开始涉足到经济、社会、信仰体系啊等等"（刘宗迪）。

而在高丙中教授看来，民俗学与政治结盟是一种必然的选择，也是民俗学发挥其社会价值的重要途径。民俗学就是要通过与政治的结盟，来共同构建民族认同、国家认同的文化体系。

> 实际上，形成民族认同的基础有好多，政治的是一个方面，但政治的力量对于民间影响往往不够，就需要从民间寻找那些广泛流

传的、有社会群众基础的东西，来作为形成民族认同的文化基础，这个时候，民俗、民间文化的作用就不可替代了。

先是民族认同，再后来是建立国家和国家认同，这是一种必然的逻辑。

所以，民俗最大的价值就在于，它是民族认同、地域认同和国家认同的文化基础。这才是民俗最大、最高的价值。

因而，民俗学最大的价值就是去发现、研究、解释这些能够形成民族认同、国家认同的民俗文化。（高丙中）

李松主任作为中央政府的民俗工作者代表，更认为民俗学和民俗学者要与政府联手来从事民俗学研究和民俗实践。他提出的"政通人和"观点极具积极意义：

我觉得未来更好一点的话，可能是一种互动，是一个互相汲取营养，互相尊重的过程。双方互动越良性，就越和谐。所以在礼俗互动的讨论中，我认为这种互动进入良性的时候，是和谐的，叫政通人和。（李松）

刘铁梁教授一直主张民俗学要替老百姓说话，要关注、研究、服务于老百姓的生活。所以，他是从"官"与"民"的关系上来看待"民俗与政治结盟"的。他认为：

民俗学本身不是要追求与政治的关系。

但你要说民俗学跟政治有没有关系，这要看什么样的政治，如果是真的把人民摆在自己要服务的这个地位上的政治，那民俗学就应该跟这个政治密切相关的。

你要能为老百姓服务好……去发挥他们的创造力，我们也宁愿跟政治家为伍。（刘铁梁）

应该说，刘铁梁教授的认识，代表了绝大多数民俗学者的观点。即民俗学和民俗学者并不是去刻意地追求与政治、政策的结盟，更不是去刻意地攀附政治，但肯定会保持着与政治、政策的互动关系——在共同利益、共同追求上保持合作，良性互动，谋求各自的发展和双方共同利益的最大化；但利益、诉求出现较大的异质性时，"那么民俗学最好远离这个政治"（刘铁梁）。

（二）民俗的"无意识"与"有意识"

朝戈金教授提出，我们要从历史唯物主义出发，来认识和研究民俗，并且提出了民俗的"无意识"与"有意识"的论断。

> 从历史唯物主义的角度来入手的，形成了自己的想法，民俗的内涵要扩大，不局限于一般理解的风俗习惯的层次。民俗跟生活有关；民俗不仅是无意识的，还是有意识的。（朝戈金）

"无意识"指的是人们日常生活、生产中自然形成、创造的民俗文化。

而"有意识"则是指由人来建构的民俗文化体系，如生活中的礼仪规范、禁忌、乡规民约、家规家教、族规等，也包括现代意义上的"移风易俗"等。这种认识实际上既是"民俗文化属于意识形态范畴"的学理基础，也是民俗学者与政治结盟"干预""改造"民俗生活，或者名曰"服务老百姓的日常生活"的理论依据。

用高丙中教授的话来说：

> 过去，我们总是觉得老百姓的传统生活习惯这么不对，那么不对。但是你现在来看，老百姓就是生活得很好、很美啊！都是有保护和传承价值的。而且这样的看法在社会上已经稳定下来啦。因此，作为我们的服务对象，老百姓的日常生活，可能还不完全是所

谓的科学或者经济意义上去讲的，这就是我们民俗学存在和发展的必要性的。老百姓生活的幸福感，不完全是由科技和经济决定的，这里边有很多"俗文化"的东西，就是我们所讲的日常生活文化。不同学科在老百姓生活和社会发展中起的作用是不一样的，各有不同的领域，民俗学就是要从民俗的角度为老百姓的日常生活服务，这也就是钟老所讲的，去"改变"社会生活。（高丙中）

对此，刘宗迪教授也认为，作为生活中的文化，许多民俗就是在"无意识"中创造和生成的。

> 我们可以把老百姓生活的方方面面都作为民俗来看待，民众的衣食住行、婚丧嫁娶、生老病死、过年过节等，都是为民俗。可以说民俗是漫无边际、浩如烟海的，甚至是没有边界的。这其中有很多是在日常生活中无意识创造、自然形成的。（刘宗迪）

同时，刘宗迪教授还以古代葬礼习俗的例子论证了民俗的"有意识"，即人们要用"正统"礼仪来改造地方习俗，便会"有意识"地去对习俗进行"干预"和引导。

> 古往今来都有移风易俗，要用正统礼仪来改变地方习俗，要通过对"俗"的治理，来巩固礼制。《礼记》中的记载，当时的人特别重视葬礼，当时的葬礼就是源于儒家的礼仪制度的。（刘宗迪）

在另外的情况下，一些很地方性的民俗——"小传统"往往能够通过"有意识"的行动，使其上升为"大传统"，成为影响更大的族群，甚至整个国家的"正统"文化。

> "小传统"与"大传统"之间的确有区别，"小传统"可能只是

在某个地方、局部传播的，只有当地民众遵循、使用的习俗。但任何"小传统"都可以被改造、被提升、被利用，成为整个中华民族的"大传统"。而且，关键也不在于这个"小传统"本身，它最初多么地方性，关键在于中间对它的提升、改造，这才是最重要的。假如一个地方传统、文化恰巧被地方政权所看重，它就会轻而易举地转化为"大传统"，中国历史上许多的文化变革，都是由地方开始，并上升为全国性的。例如寒食节，自东汉时到魏晋，原本只在太原地方，冬至前后要禁火一个月，这跟人的健康需要是背道而驰的，所以曹操下令要禁止过寒食节，也就是说寒食节本来是要被禁止的一个陋俗，但为什么后来又成为一个风靡全国的节日了呢，就是因为南北朝时期，从北魏到北朝，一直延续到唐朝，李世民家族就是从关陇一带起家的，掌权之后就恢复了家乡的节日。所以本来是要取缔的，但因为李氏政权的原因而成为全国性节日。这是一个典型的案例，说明地方性的"小传统"与国家性的"大传统"在本质上没有什么区别，"小传统"一旦被国家政权提升或利用，就会变成"大传统"。（刘宗迪）

从民俗的这种"有意识"的特征看，在许多情况下，民俗已经不是一般意义上的与政治结盟，而是直接成为政治的一部分。而在这个时候，无论是民俗学，还是民俗学者，都会与政治结成紧密型的联盟。

（三）民俗学者的独立性

民俗学与政治结盟，并不意味着民俗学者完全依附于政府和政治。

在与政治、政策互动的过程中保持相对的独立性，特别是保持学者独立思考、独立话语和批判的权利，这更是民俗学者们的一种境界、一种立场。

所以特别值得欣慰的是：民俗学者们在对待民俗的政治价值时是非常清醒的，他们参与政治事务和政府活动，是因为要为民众出声，为老百姓谋利益。

> 如果这个政治只是政治家阴谋诡计的政治，是压迫老百姓的政治，那么民俗学最好远离这个政治。所以，我不是一般意义上要把民俗学与政治脱离关系，或要保持距离，我是说民俗学本身不是要追求与政治的关系，但是他一定是有他的一种初衷，或者不改初心的东西。那就是说，我们不要忘掉、更不能远离老百姓的创造和生活——这就是我们的初衷啊！你认为老百姓有创造力，你就能够为老百姓服务得更好，你帮助他发挥他的创造力，而不是压抑他的创造力，你给他平等竞争、生活和受教育的条件，发挥他们的创造力，这就是为他服务，不是简单的扶贫、简单的帮助、简单地给他们什么东西。关键是要知道老百姓的创造力在很多情况下是被压制的，我们要去改变这种局面，这要靠政治家去作为，那么我们也宁愿跟政治家为伍，一道去进行改革。（刘铁梁）

对来自政学两方面的访谈资料的分析也可看出，民俗学与政治的结盟可以表现在不同的层面，既可以在民族认同和国家意识形态领域，也可以在老百姓的日常生活层面，亦即钟敬文先生所讲的上层文化和下层文化。在下层文化——老百姓日常生活领域，政府服务于百姓、服务于社会；而民俗学同样要服务社会、服务百姓生活。在这一点上，民俗学与政府的政治诉求更是完全一致的。

民俗学与政治结盟服务于老百姓的日常生活，也最能够体现民俗学的社会价值。在这一点上，民俗学者们旗帜鲜明地表达了与政府联手"干预"社会生活的意愿：

> 比如，现在一些经济落后地区的婚俗，结婚的礼金，已经到了令人难以承受的地步了，如果不加以干预的话，那就不堪重负啦，这个谁知道会发展到什么地步啊！比如像菏泽那边，什么"万紫千

红一片绿", 几斤几两的, 加起来多少钱啊! 实际上朝着买卖婚姻的方向发展了。所以, 我认为是应该有干预的。(张士闪)

但是从社会制度和社会管理体制来看, 民俗学者们提出的对社会生活进行"干预", 无论是从哪个途径切入, 民俗学和民俗学者们却都不可能直接去作用于社会生活, 而必须是通过政府的力量和行政渠道来实现, 即必须通过与政府结盟、与政治合作来进行。

当然, 对社会生活的必要干预, 并不等于彻底地去改造民俗。当代情景下的政府干预, 是从积极引导民俗发展的角度出发进行的, 这一点也被很多学者和从业人员所认可。

从访谈对象以及访谈对象的年龄分布角度来看 (见图3.5和图3.6), 50多岁和70多岁的被访谈者更多提及"民俗与政治结盟"的必要性, 在这两个年龄组中, 却以"非遗"传承人 (fyr) 提及的比例最高, 达到44.09%, 其次才是学者群 (xz) (21.82%), 政府 (zf) (15.51%) 和馆长 (gz) (11.14%)。回头再追踪数据时, 可以很明确地解释"非遗"传承人在这个概念主题上的高比例原因: 所有"非遗"传承人认为其自

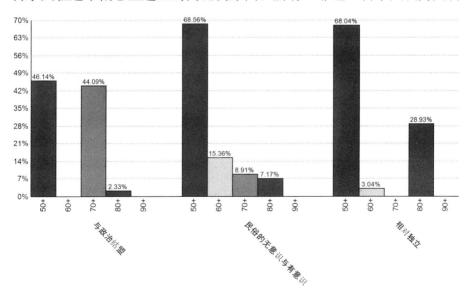

图3.5　不同年龄组关于民俗与政治政策主题的分布图

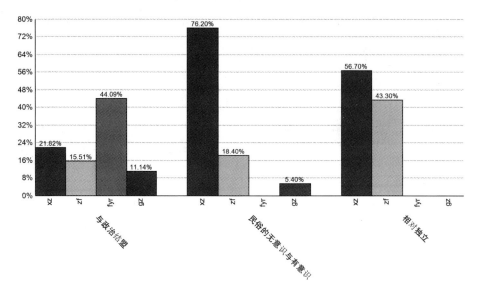

图3.6　不同受访者关于民俗与政治政策主题的分布图

身身份的提升得益于国家的支持和帮助，如果没有国家干预他们所从事的"非遗"事业，他们根本不可能从几乎无法生存走向了有较高社会地位和较高水平的收入，更不可能从"小院"走向世界。因此，"非遗"传承人在访谈中往往都会表达对国家和政府支持的感谢。

九、民俗与市场结合

"民俗与市场结合"。这是一个让笔者略感意外的访谈结果。

在民俗学界，学者们能够主动认同民俗和民俗学的价值要与市场发生联系。这一访谈结果让笔者感到意外，但事实的确如此，在受访者中，中国著名的民俗学者群开始关注民俗的市场价值，甚至有一部分学者已经积极投入到民俗文化的商业化开发过程中去，从一个侧面证明了民俗学界的现代意识的确在发生变化（见表3.1）。

表 3.1　基于不同访谈者关于民俗与市场主题的分布

	民俗商业化（%）	创新开发发展（%）
学者	82.04	91.87
馆长	17.96	1.68
"非遗"传承人	0.00	3.75
政府	0.00	2.70

（一）民俗商业化

在城市化、工业化、现代化和全球化背景下，特别是在整个社会经济诉求越来越占据主流地位、发展越来越成为"硬道理"的当下，民俗的资源化、商业化便成为一种不可阻挡的趋势。在这种潮流的影响下，原本很清高的民俗学者们的思想意识也在发生变化，开始认可在一定情况下民俗的资源化、商业化趋势。

赵世瑜教授给笔者讲述了一个关于民俗与市场相互利用的真实案例：

> 说看华南的社会，昨天他们有一个世界宗教所的，福建泉州地区的，他那个村子也很穷。后来就是他自己到家乡，回去怎么做？发现他那个家乡，挨着水边，福建嘛，有一个妈祖庙。后来他就通过一些方法，从台湾的一个妈祖庙分香，分了一支过来。然后他们那个村子每年庙里边的香火钱，收入只有三万块，是远远不能够恢复这个。结果自从拉过来以后，经过这些年的发展。首先这在政府层面的意义是符合统战的，从台湾拉过来。第二，妈祖又是福建很多人信仰，很多妈祖庙之间也很多的相互联系，所以妈祖庙每年的收入变成了 70 万（元）。这样的话，一下子就不得了。（赵世瑜）

从这个例子可以看出，民俗的资源化、商业化创新利用，并以此推动民俗文化发展的趋势，不失为一种很有现实意义的方向，这个观点和刘宗迪教授不谋而合：

> 民俗也好，民间文学也好，在当代必须适度地商业化，才能够推广并获取它的价值。（刘宗迪）

在这一点上，朝戈金教授也认为，民俗适当地被市场开发利用是一个有现实意义，并值得很好地去探索的方向。开发利用本身也是一种保护、传承民俗文化的有效途径。而且，他还建议我们民俗学者要直接参与民俗的资源化、商业化利用过程，使民俗在被利用的过程中能够得到更好的保护和传承：

> 参与是有益的，可以把民俗资源保护、利用得更好更科学，如果你放弃这个领域，完全交给一些企业和地方政府，完全把民俗作为一种赚钱的资源，搞完全功利化的利用就更完了，由我们来做起码能够树立起保护的理念。（朝戈金）

民俗的资源化利用、商业化开发，不仅得到民俗学者们在认识上的赞同，也有部分学者直接付诸了行动上，甚至有将民俗商业化开发直接纳入教学和研究范畴的。田兆元教授在他所在的华东师大不仅在博士、硕士培养的课程体系中专门开设了民俗文化开发利用的课程，还专门指导学生们开展民俗文化的开发利用实践。

> 我们着力于加强对学生的实践能力培养，去年我们的学生拿到了七个影视拍摄的片子，这应该是未来民俗学应用的一个方向。作为一个新的记录的方式、传播的方式，社会也是需要的。
> 现代从事民俗学研究的人，要有市场意识、服务意识、职业意识。（田兆元）

　　实际上，资源化利用和市场化开发，是很多类型的传统文化在现代社会生存、发展的一种必然途径。这一方面基于很多民俗文化原本就是民间艺人谋生的手段，其本身是具有使用价值、实用价值和商业价值的；另一方面是商业化途径本身也成为民俗文化重要的现代生存方式和传播方式之一。所以，刘宗迪教授认为，民俗：上可成为民族意识、国家意识的重要内容，下能转化为老百姓的消费品。

　　　　在我看来，民俗具有两个价值，一个是民族主义的，一个是消费主义的，在当代这两个价值是相互交织的。一方面，民族主义的民俗，把民俗看作民族存在的本体和根本；而现代消费主义的民俗，把民俗作为一种对象，实际上将民俗对象化了。
　　　　这两个方面在当代社会是相互利用的关系。比如一个商品，体现了中华民俗的特色，我们把它和民族主义、爱国主义挂钩，于是它就能激发人的消费热情、购买欲望。这在《舌尖上的中国》纪录片中体现得很明显，吃是人的生理欲望，它和民族文化的关系并不大。《舌尖上的中国》将吃与民族、乡土、故乡等捆得很近。这个片子将"吃"和"中国"的观念紧紧裹在一起。一方面，人们利用民族主义的观念来促进消费，另一方面，民族主义在当代也利用市场化、消费主义进行推广。
　　　　所以，一个是民俗作为民族主义可以利用的象征，即可以促进民族认同，激发民族意识。二是民俗作为一种消费品，可以被市场化。（刘宗迪）

（二）创新发展

　　民俗在现代社会要不要创新发展？民俗创新的路径是什么？这是两个互为呼应的话题，也是民俗商业化过程必然会遇到的现实问题。
　　民俗职业人通过坚守传统和文化创新获得社会地位，通过参与市场经营获得市场地位；通过开展民俗技艺的教学、培训来发挥文化传承效益，并获得持续的经济收入和事业发展，通过市场推广获得更多的商业机会以保证其传统手工艺有足够的经济支持。这似乎成为多数民俗职业人特别是"非遗"传承人们的一种普遍的生存和发展逻辑。

刘学斌馆长在民俗文化市场上摸爬滚打，从最初的学技艺到最先的下海，再到后来民俗产业的形成，他很深刻地感受到民俗必须与当代市场结合，必须客观地评价其商业化发展路径和经济意义，必须走民俗的创新发展之路，才能够真正地让民俗上接主流、下接地气。

实际上，在这一点上，作为国家级非物质文化遗产传承人的范正安先生，一方面在执着地传承着泰山皮影传统的表演和展示方式，另一方面又积极地去探索时尚性的皮影展示方式——"咖啡皮影"以吸引年轻人，本身就是民俗职业人在市场化实践中探索传统民俗创新发展模式的典型例证。

> 我们也在摸着石头过河，现在也是正在探索怎样去创新这个事，但是到底是能不能行啊？我觉得行不行只有通过干你才能证明这个事。
>
> 根据我自己现在走过来这个路子，是要主动去适应现代的社会，现在我这里干的，在普照寺下面这个剧场，以这个泰山皮影为基本的元素，搞了一个传统文化的咖啡厅，现代的生活方式把咱们这个传统文化融了进去，让人们既享受了现在的生活的乐趣，又受到了我们传统文化的感染和熏陶。（范正安）

从民俗与市场相互作用的社会实践来看：有民间故事被商业化开发，获得年轻人的追捧；有传统饮食被商业化开发，获得各层人群的热爱；有院校里的学生群体在大学校园创新开发民间活动，获得学生的心灵感触与教职工的怀旧情怀；有民间手工艺被推向市场，被家庭市场、文艺青年市场等钟爱；等等。正如刘学斌馆长所述：

民俗最初是有手艺，但是一开始初级阶段是要吃饭，养家糊口，再到另一个层次，我们还开始追求效果、品质，第三个就是品牌的提升。（刘学斌）

它不关乎知识与视野，它关乎真正的经济意义和市场价值。（田兆元）

这是真实的体会。作为高等院校民俗学者的田兆元教授在其所在的高校坚持对学生进行民俗实践特别是市场开发应用能力的培养。在他们的着力培养下，他们的学生很注重对市场的关注和参与，用所学到的民俗学知识与市场需求相结合，既可以获得更好的市场机会，也可以将自己的学术热爱和市场结合，这种现象其实正是反映了民俗本身的现代价值，而且这种现代价值被真正地利用起来了。大学生群体作为现代文化知识的主要载体，他们将民俗与市场结合，能够真正地理解和诠释、挖掘和开发民俗的价值，通过市场化手段将民俗文化在年轻人群体中进行广泛传播和创新发展。

另一方面，除传统民俗在现代社会的创新发展之外，民俗本身也在不断创新。这是因为民俗是来源于老百姓的日常生活实践和生活中的创造，社会在不断发展，老百姓也在不断地去创新新的生活方式。

在城市，特别是一些退休的老人，或者是绝大部分退休老人，他们已经成了城市人口中一个相当大的群体，这个群体有一个特点，就是靠自己先把日子过好，争取提高生存质量、生命质量，自己聚会。然后他们成立诗画社、舞蹈队。然后一起唱歌或者唱戏，或者一起抖空竹，或者去干别的什么。这种现象非常普遍，历史上城市中从来没有过的，乡下也没有过的……这恰好说明了民俗原有的格局和今天的反差，民俗在今天的生活中在发生变化。证明了有一条东西是不变的，就是说人要想办法和别人结群，并且形成一定特有的新的生活模式。也就是俗话说，根据现有的情况，学会怎么过日子。

民俗呢，它始终要给自己创造一个有利于一个个体生命在群体当中、社会当中，能够相互依赖、相互合作的方式，然后共同来过好日子，一起去创造新的生活方式。（刘铁梁）

十、与民众的日常生活密切相关

"与民众的日常生活密切相关"。

民俗源于生活，发展于生活；民俗学研究也是基于日常生活展开的。因此，该主题的提炼非常符合民俗本体论的基本逻辑。

（一）民俗与老百姓生活中的创造

受访学者们对于这个主题有着极高的重视度。

老百姓的生活过程本身就是民俗的创造过程，而且这种创造是在社会的发展过程中不间断地进行，这种创造"既有无意识的，还是有意识的"（朝戈金）。而对于任何一个具体的人来讲，你一生下来变落入"俗"中，也从此开始去创造"俗"。

人类一诞生就落入到的人类社会的"俗"的根基中，它是所有文化根基的根基，文化的老根！同时也在生活中继续创造民俗，我们每一个人的日常生活都是这样：在民俗中生活，在生活中创造民俗。（乌丙安）

正因为人是在生活中"有意识"和"无意识"地创造民俗、使用民俗，所以，民俗实际上无论历史和现代，或者说既是历史的，也是现代的；也无论城市和乡村，虽然民俗起源于农耕社会，与乡村文明的联系更密切，但就民俗本身而言，乡村和城市都是民俗的沃土。

刘铁梁教授一直是把老百姓是生活的创造者、民俗的创造者作为自己学术研究的认识基础的。从前段他对城市老年群体对"新生活""新民俗"的创造，到其著名的论断——"文明最根本的传承方式，就是过日子不中断"，都是在一再地表达民俗与老百姓生活的关系，都是在证明老百姓是民俗的真正创造者。

> 所有过日子的文化都叫民俗文化，其中节日、种地，怎么消费、怎么穿衣服、怎么交易等，这些都是民俗，全都是过日子。
>
> 节日，不是日常急需的东西，而是另外的、额外的一种追求，非常规的东西，可是它这里刚好是体现了当地人对生活深刻的理解和解释，而且是集体公认的一种解释。比如春节除旧、迎新，除旧、迎新的思想不是在全世界其他地方没有，但是在我们中国，这种除旧迎新的思想给人的感觉就是一种特别的、要重新安排生活、重新走向新的生活的一个阶段，特有的创造的欲望和期待，人们情感非常浓烈地体现在春节各种象征性的活动中，拜年也好，赶集买年货也好，贴春联也好，放鞭炮也还，一切都共同地反映了全社会除旧迎新的共同愿望和期待。
>
> 社会如果没有这样的价值观，它就不可能发展，就会不团结，走向分散。所以这种作为仪式性地春节的各种行为，它体现的那种精神，它体现的价值……是在生活不可缺少的、精神方面的一种价值，这种精神价值，是社会共有的价值，同时他也是解决的生活中很多现实问题的一种习俗。（刘铁梁）

所以，民俗实际上就是老百姓日常生活中创造的文化，是老百姓生活智慧的反映和升华。

民俗源于老百姓的日常生活和老百姓生活中创造，实际上在当前的民俗学界已经形成了高度一致的共识，是一个已经成为"定论"性的判断。

当然，现实中也存在着这样一种现象，在民俗学界，有些人口口声声尊重老百姓和老百姓生活中的创造，但实际上只是把老百姓当作是研究的对象。对此，刘铁梁教授一针见血地指出：

> 有些同行他骨子里未必把老百姓的生活和老百姓本身看得那么重要，他们还是关心那个文本，他关心那个文本，他会说他很重视民间文化，很重视老百姓的创造，可是如果说他们不知道老百姓怎样过日子，老百姓过日子本身就值得你去特别关心，而且不是同情性的关心、赞美性的关心，而是要把他们当成老师、要去学习他们。很多民俗学者缺少这种态度。他们不觉得老百姓是自己的老师，而是觉得老百姓只是我的研究对象。
>
> 某种意义上说，民俗学者倒是更容易犯毛病，即更不容易尊重老百姓，这是完全可能的。这是我发现的一个问题，你把他作为研究的对象，你可以随便地替他们说话的时候，你未必能够把他们作为是能够创造、值得学习的群体，其实你还是把他们看作是等而下之的，替他们说话并不是你在尊重他。所以这里的悖论就是：一方面我们好像把老百姓放在眼里了，眼光向下了，可另一方面，我又把他作为只有经我的研究和提升，他的文化价值才能被揭示，而不是说他的价值本然的就存在。（刘铁梁）

（二）关注百姓日常生活

民俗来源于老百姓生活中的创造，虽然当前在民俗学界已经形成共识，但在访谈中，从学者们的谈话中，也能够感受到民俗学研究的这种"转向"过程：从原来不太重视或忽略日常生活研究，到认可日常生活对民俗学研究转向的意义，也经历了一个认识发展、提升的过程。

因此，该话题实际上也是近年来民俗学研究"转向"的一个表现。

> 现在国内国外的民俗学出现了一种新趋势，这种新趋势不见得

是所有民俗学者的共识。但是呢，确实被认为是一种紧贴现实的观念，或者一种新的理解。那就是认为没有什么过去和现在的区别，没有城市和乡村的区别，老百姓的现实生活本身就是民俗。（刘铁梁）

吴效群教授还用一个故事给笔者讲述了他本人在这个观点上转变：

关于民俗的日常生活研究，日本的教授一讲，我发现还是有道理的。好多问题一下子都解决了。日本跟中国的情况是一样的，也是历史悠久，他们现代的生活也是跟传统、跟过去的生活越来越远，他说关注的对日常生活的研究是什么呢？看生活的惯习，生老病死等，在今天是怎么处理的，我们的文化可能发生变化了，但你的生活习惯是变不了的。一些东西，会在结构上发生变化，比如说有些东西表现在今天驾车的习惯上，过去可能是干别的事表现出来的，就是说这个结构还在那。这有结构变化了，那才能叫文化的现代化。否则看到的都是表面的。他举一个例子，很好，前五六年一个日本的家庭出去玩，三口之家，自驾车，带着小孩。小孩挺调皮，在车上老是不停地拿东西，还去扎别人的车。他爸爸警告他，不管用。最后父亲非常愤怒，警告几次不管用后，就把他赶下去了。本来是想吓唬一下他，一会儿就回来，但是十分钟以后回来找他却找不到了。小孩跑到森林里去了。因为小孩以为大人真不要他了，在森林里有自卫队训练的营房，有粮食，有水，有床。小孩自己在那里待了十天。他爸爸找不到他之后，马上就报了警，这一下不得了，全日本的舆论和民众都关注了这件事，甚至世界上也引起关注。一些电视媒体围着他家去拍，社会舆论也站在一个道德制高点上来谴责这位父亲，说他犯了遗弃罪，要求法律对其进行严惩。舆论实际上是站在一个道德制高点去说话，这很有意思，他父亲也很自责。在这件事上，大家看到的是一个非常现代的日本。都谴责，都认为做父亲的做得不对，太野蛮，犯了遗弃罪，等等。舆论一边倒了。小孩被找回来之后，皆大欢喜。事情过去之后，几位民俗学家觉得有问题，就开始研究，进行了抽样调查，结果很有意思。日本人百分之八十以上的人，在成长过程中，都有过被威胁、被吓唬的经历。这个结论，一下子在极具现代化的日本给拉开了一个口子，让人们看到了在日本社会的外表和内里，很多现象之间的反差。像父子关系，虽然已经是21世纪了，但处理问题的方式依然只传统的。这就是日常生活研究。这说明了一个什么问题呢，这种日常生活是与过去紧密勾连在一起的。（吴效群）

这个故事实际上是再一次证明了民俗学界已经存在的民俗观，即老百姓的生活就是民俗，民俗来源于老百姓生活中的创造。

民俗在民间老百姓当中，我们说民俗就是民众生活本身。我们可以把老百姓生活的方方面面都作为民俗来看待，民众的衣食住行、婚丧嫁娶、生老病死、过年过节等，都可以成为民俗。（刘宗迪）

对日常生活与民俗的认识，是受访者们"非常有话说"的一个领域。一方面这一观点的确已经成为民俗学界当前的一种"集体意识"，另一方面，近几年在国内掀起的日常生活研究热潮也使该话题更被人关注。

最有代表性的是近年来作为民俗学研究向日常生活转向领军者的高丙中教授的说法，他认为，关注百姓日常生活与以往不同的是，更加关注"当代"百姓现实的日常生活，这是民俗学研究从历史走向现代的重要标志：

我读博士的时候，更多的也都是把民俗作为历史的遗留物。这些东西都快完蛋了，或者本来就完蛋了。我们把它们作为对社会史、历史研究的资料，把它们作为社会遗留物来看待，把它们整理出来。

从民俗学的角度来看，界定什么是民俗的东西，往往会考虑其与现代性的关系，一般都是表现为这些东西都是要被淘汰的，没有希望的，不会有未来的。所以《歌谣》周刊发刊词里讲的，要从歌谣里去发现未来的民族的"诗"。实际上这两者之间是矛盾的。实际上，近代以来，学界和社会上界定什么是民俗，实际就是要界定我们要抛弃什么东西，民俗就是非现代的、非都市的、非工业化的，要被现代社会淘汰的对象。所以，在那个年代，老一辈们实际上也没有从那些歌谣里找到民族未来的诗，也就没有找到民族的精神。

日常生活就是生活的一个基本状态。在这里面，可以有自在的，也可以有自觉的。我们在日常生活中看待民俗之民的话，既有自在的作为理所当然的东西，也有反思、调整、选择、再造等等。这些东西也是日常生活现象。所以，用日常生活来作为民俗学的研究对象，可能是一个更合适、更好的概念。

日常生活，作为对象和目的概念，我们研究它，对于社会的发展是有积极作用的。这也就是类似民俗学早期，民俗就是个对象。我们现在把日常生活作为对象。在现阶段，民俗学研究对象的重点或重要方向也需要进行调整。（高丙中）

十一、无形的使命感

"无形的使命感"，这是一个必然的主题。

无论是在民俗业界还是在民俗学研究领域，对社会的忧患意识、对传统文化现代境遇的担忧、对民俗和民俗学命运的关注等等，都有一份源自责任担当的使命感。

（一）民俗文化的危机

对"使命感"的叙述首先是从民俗文化的危机开始的。因为有危机，而使这种使命感更加强烈。

在当前城市化、工业化、现代化和全球化背景下，乡村和传统被边缘化，进而引起乡村文化、传统文化的迅速瓦解；有很多村落人去村空，成为"空壳村"，甚至变成废墟了；还有的旧村被拆掉，变成"新农村"了。在这种情况下，"民俗文化与其他的传统文化一样，面临着非常大的危机"（刘宗迪）。

当笔者问到受访者关于民俗或民俗学的生存环境时，赵世瑜教授如是说：

> 关于民俗文化当前生存的环境是怎么样的？这个问题其实讨论得也挺多的。大家也都明白，当前世界是一个变化非常剧烈的世界。所以如果从一个墨守成规的或者是这样一个角度去讲，当然生存环境是非常恶劣的。

> 尽管现在"非遗"保护国策或者具体手段，可能在某些方面、某种程度上，有助于改善这样一种恶劣的状况。但是从本质上来讲，由于乡村在没落，在大量的空心化的过程，然后人口向城市集聚，已经在西方受到强烈反思的这样一个城市化进程。但是在中国还未有成器，这样一个状态对于我们以乡土社会为土壤的这种民俗文化生存是危机重重。但是呢，这个现在看起来是不以人的意志为转移的。所以，大家也都明白，应该正视这一点。我觉得问题不是生存环境怎么样的问题，因为这个问题，大家的共识基本上是一样的，那就是一直在恶化，这没有很大的差异。（赵世瑜）

在这一点上，作为政府工作人员的李松主任则即表达了与学者相同的忧患意识，也从另一个侧面阐述了既辩证又无奈的解释，认为这是"文化要照顾物质文明发展"的必然结果：

> 现在人与自然的关系，人与人之间的关系，实际上没有前进，有的地方甚至出现倒退。文化要照顾物质文明的发展，必然就会有很大的损失。（李松）

包括民俗文化在内的文化，要"照顾物质文化"的发展。现实中的确如此，在社会发展过程中，当以物质为依托的技术力量成为推动社会发展的主要动力的时候，文化必然被弱化。在当今世界国际和地区间的政治、军事和经济竞争中，技术逐渐成为起主导作用的力量，如此对应的则是文化的地位逐渐被弱化。在这样的大背景下，民俗文化生存环境恶化，进而引发民俗文化的衰退就成为必然。即：民俗文化成为现代物质文明发展的牺牲品。这种所谓的社会发展逻辑极具普遍性、全球性。

这种观点代表了相当一部分学者的共识。

（二）民俗共同体的使命感

因为有危机，民俗学者们的使命感就会更加被强调，被强化。

对于使命感，民俗学者的使命意识自然有其自身的特征——大家关心的首先是民俗学科的使命。

在民俗学者们看来，民俗学科的使命是具有浪漫主义色彩的。

> 中国民俗学自诞生之日起，就具有这样的使命感：要解释和改造中国社会。晚清之后，中国社会在各方面都比西方落后。他们觉得中国文化到了穷途末路，需要为中国文化找新的出路。只有在民间，只有在底层还保存着中华民族的希望，他们的文化没有被腐朽的、没落的贵族文化所玷污。这种观点实际上带点浪漫主义色彩。（刘宗迪）

正是因为这个学科的使命感，才有了民俗共同体的使命感。正如朝戈金教授谈到民俗学者时的态度，认为民俗学者应该打开"小圈子"的大门，积极融入到现实中，用民俗实践去提高民俗学的价值：

第一是大家是不是有意识，有很强的使命感。是不是我在一个学校，把书本上的知识传授好了，能养家糊口了，就很好了！是不是这样！或者说，还有人想登高一呼，这个学科的走向，与社会发展需要息息相关，不仅关切，还应该思索，还应该指导、呼吁这个学科的某些人，代表这个学科，去跟别的学科做平等对话。去影响别的学科。我们影响了没有？

应该说，这个学科内学者的自我认识不能说不重要。但更重要的是，要把民俗学放到一堆学科中比较，民俗学扮演了什么角色？它的认识论、方法论、知识体系等，对别的学科有没有借鉴意义！有没有影响到别的学科？还是你只是关起门来自说自话。

如果从这样一个角度来看，人类学这些年倒是有发展得比较好的地方。它的很多成果是影响了其他学科的；文学，文学批评在社科领域，是大大影响了许多学科的发展的。

好！那么民俗学，你做了这么多事情，你到底影响了多少别的学科，你的什么成果、影响到人家哪些领域了？别人从你这里学到了什么？别人得到了什么启发？

知识作为一个庞大的体系，它是需要共同努力的。数学的发达、物理学的发达、实验科学的发达，是能够支撑这些学科互相影响、共同进步的。假如有几个地方是短板，其他几个地方走得很远，是不可能的。

人文科学其实也一样，我们要关注社会的组织方式，我们的精神，思想体系啊，信仰体系啊，知识啊，等等，这些东西，都是需要各个学科共同进步的。我们从历史学、从文学，甚至是从语言学等等，都能够获得很多认识上的启迪，让我们推进学科进步。在这个庞大的、众声喧哗的大合唱中，我们民俗学的声音一直很低，一直很小，不被别的学科关注和重视，这本身就是很大的悲哀！你自己关起门来说得多热闹都没用！别人不把你当回事，社会知识体系中、社会运作体系中不把你当回事，那你就是没地位，这很现实，很残酷。（朝戈金）

基于不同的民俗共同体本研究将使命感分为部分：一是当代民俗学者的使命感；二是民俗从业者的使命感。这两个节点和主题之间的关系以及节点编码的信息可以见图 3.7。

图 3.7 就民俗共同体的使命基于母节点（即主题）"无形的使命感"下民俗共同体的使命感分为子节点"当代学者的使命感"和"从业人员的使命感"。

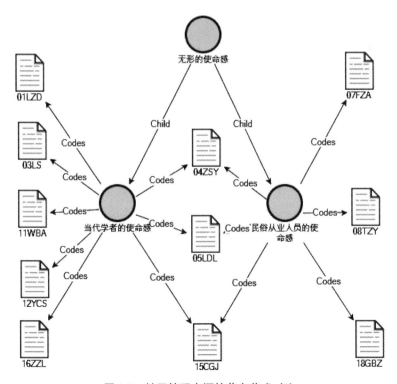

图 3.7　基于编码来源的节点范式对比

这其中，张士闪（04ZSY）、刘德龙（05LDL）和朝戈金（15CGJ）（图中）文本来源共同谈及了两个子节点的看法；与3个文本数据来源（图右）的从业人员使命感相比，关于学者的使命感则又源自于另外5个文本来源（图左）。也就是说，相比从业人员的使命感，被访谈者认为学者肩负着更加重要的民俗使命感。正如赵世瑜教授的看法，感呈现出了母子节点图：

我们实际上不需要再去抱怨什么地位啊，学科级别啊！关键是去行动：

民俗学的生存环境问题不要再去讨论，也不要去抱怨。关键是，我现在唯一抱怨的是，我们知道该怎么做，为什么不这么做。我们明明有解决之道，不见得这个解决之道是放之四海而皆准的，但是至少对某些地方可能是适用的。（赵世瑜）

李松主任从政府工作人员的角度，给学者的使命感提出了诚恳的建议：

我觉得还是在共同点上用劲。其实不管国家政治怎么样，它也都关注大众生活。民俗学始终关注大众生活，始终向下负责，这是没有问题的。给政府提建议，不说假话，保证大众生活的真实表达与真实反映。毕竟学术作为第三方，能够反映真实的声音，坚持这个就可以了，但是不是不和政府合作，而是要真。坚持真实的真，坚持对老百姓负责。这和政府顶层设计的共同点实际上是相通的，所以没什么可纠结的。大家常说保持一定的距离，保持公共知识分子的身份，其实我觉得在学术研究上别太跟风，别太赶时髦。"非遗"时髦大家都赶时髦，大数据时髦大家都做大数据。做文献研究前面冠一个大数据的头，后面冠一个精准文化服务，都是跟着国家政策来变自己的学术方向，这就未免太庸俗了。（李松）

"危机"和"使命感"是两个紧密相连的沉重话题。但在危机面前学者们共同表达出的忧患意识和责任担当，也正成为民俗学科未来发展的希望。"危机"和"使命感"的结果不是无休止的抱怨，而是实际转化为对民俗学科的发展路径、民俗和民俗学价值作用于社会的途径与方法、民俗学和民俗学者参与国家和社会事务的路径与渠道等的探讨和实践。

实际上，前面探讨的"民俗学与政治结盟""解释和服务社会""改造"等等主题，都是从不同角度对"使命"和"使命感"的诠释，对民俗和民俗学科向更高一级的科学地位发展路径的探索。

十二、民俗对个体认知和意识形态的影响

"民俗对个体认知和意识形态的影响"。这一主题包括两个概念节点，即：

——民俗与个体认知；

——民俗与意识形态。

（一）民俗与个体认知

民俗是来源于"人"的日常生活，又作用于"人"的日常生活。人一出生就"落入'俗'中"（乌丙安），因此，"人"是离不开"俗"的，人的一生必然与民俗有着非常密切的关系，或者说完全就是在"俗"所营造的环境中存在。

同样，从另一角度讲，民俗与民俗学的形成对人类的影响也同样是深刻的，并且更多的是通过隐性方式去影响人类以及个体，比如对个体意识和意念的影响、对个体精神的影响、对个体知识体系和思想的影响等等，这些都构成了一个区域内或一个族群内特定的民俗心理，并由此形成了具有区域特色的民俗结构。

所以，叶春生教授认为"民俗涉及人类生活的所有领域，你信与不信它都作用于你身上"。而乌丙安教授认为：民俗学是"人类的共同课"。并且认为"因俗而生"是人类的基本属性之一，并因此而区别于其他动物：

> 一个是民俗的特质，它是与人、与人类统一在一起的，民俗有人类的基因在里边，并因此区别于其他的动物。我们平时说文化基因，这是需要研究出来的，现在基因科学已经能够研究并找到"情"的基因，在人的大脑里跟其他动物不同的那一部分，那我们至少可以说，性的民俗、情的民俗是与生俱来的。这就是自认而然的"俗"，与生俱来的"俗"，区别于其他灵长类动物的"俗"，这是人的基本属性。（乌丙安）

朝戈金教授将民俗与人类之间的关系形象地形容为水分子，认为民俗的整体与人类是共存的：

> 这的确是一种现象。但也要考虑到正是在这种环境中，新的民俗也在萌芽，也在产生，所以我不要眼光老是向后看，眼光也要看到当下，看到未来。社会是发展的，民俗也要发展，不是静止的、一成不变的，它不可能停留在一个历史片段上，它可能会终止，因为整个社会环境发生变化了。但是，民俗与人生是相关的，人的生活是存在的，是发展的，所以，这个民俗没了，那个民俗又产生了，即民俗的整体将与人类共存的。这是我一贯的认识。我曾经用一个水分子 H_2O 表示，只要有人类的群体，就会有人的民俗，两者互为因子，互相影响，互相制约，犹如水——H_2O 中氢氧结构在物理变化中的稳定性。所以，只要有人、有人的生活，就会有民俗。（朝戈金）

　　既然民俗与人类共存，人一出生即"落入'俗'中"，那么，民俗对人类个体的影响——包括人格的塑造、素质的养成、行为的规范等等，都必然是十分显著的。而且，这种影响是潜移默化的、不知不觉的、无处不在的。

　　　　民俗就是这样，不管你信与不信，它都作用在你身上，他都在发挥作用。所以，民俗作为民间法规，是无所不在的，就像一只无形的手，你看不见它，但它时时刻刻都在发挥作用。有一些我们知道或能感觉到，有些我们不知道或感觉不到，但它都在发挥着作用。（叶春生）

　　正是由于民俗这种无处不在而又潜移默化的影响，所以它就会在人类个体的成长过程中，起到塑造人格、规范行为等一系列作用。乌丙安教授特别强调，"民俗能够完善人格"，并且提出民俗学者应该像心理学者那样，"首先检验自己的民俗性格、民俗品德和民俗的深度，树立自己的民俗价值观"。

　　乌丙安教授的这一观点，与本研究的宗旨是不谋而合的。

　　笔者在访谈过程中，也深刻体会到了民俗学人的民俗品德与性格：传统、执着、热情、善良。民俗学人不仅将民俗文化和精神传承下来，而且将中华民族优秀的民俗传统完全内化于心、外化于行动（笔者访谈乌丙安教授时，乌教授已 87 岁高龄，但每一次联系，都得到非常及时、热情的回复，而且一再告诉我距离自己家最近的酒店的名字、地址，还两次纠正。约定拜访的时间是上午 9 点整，适逢下起中雨，我特意提前 15 分钟来到乌丙安教授居住的小区门口，不想老先生已经提前到门口迎接，还拿了一把大号的雨伞，说是怕我没带伞被雨淋着，感动得我当时无以言表）。

　　由此可见，民俗对于人类个体，在完善人格、规范行为方面的确能够产生非常重要的甚至是决定性的影响。

另一方面，近年来随着全球"非遗"保护工程的开展，"非遗"保护和价值评价的理念也在影响着民俗价值观的发展。

"非遗"保护的宗旨是保护人类文化的多样性，而其基本理念是人类文化的平等，没有高低、大小、伟大与渺小之分。在这一理念下，所有人类的文化都是平等的。这种理念对民俗价值观也产生了一定影响。对此，朝戈金教授专门举例论证：

> 古希腊有文化，古罗马有文化，爱斯基摩人也有文化，他们狗拉雪橇、捕捉海豹啊，你说他们之间相比，哪个伟大，哪个价值更大，这不能比较！那些所谓伟大的文化早就衰落啦，而爱斯基摩人的简单传统，千百年来一直传承至今，维持了种群的生存和发展，而且能够在极端恶劣的环境下生存，那你说爱斯基摩人的文明不如古罗马文明伟大吗？能这么说吗。(朝戈金)

由文化的平等到文化主体——民族或族群的平等，再到文化载体——人的平等，形成了人类认识发展的基本逻辑。因此，民俗文化也让人类个体认识和体会到平等的思想。

> 社会发展到一定阶段之后，特别是进入后现代社会之后，一个最大的特点就是人类的平等。现在我们已经不能说谁是先进的，谁是落后的，过去的二分法，现代不合适啦。民族平等已经成为时代的精神。(吴效群)

的确如此，不能简单地用二分法去判断民俗，每一个国家有着自己的民俗文化，每一个地区也有独特的民俗和民风，因此，每一类民俗都有价值，每一类民俗的载体——人都是平等的——而且是不需要比较的平等。就如刘铁梁教授提到日本民俗学者福田教授的观点：

当然福田教授还有自己另外的一个想法，就是任何一个民族都有自己的民俗，每个社会都有自己的民俗，相互之间不需要去比较，而且他甚至怀疑，一旦比较的话，就有以哪一个为本位的问题，弄不好就会犯民族主义，比较者往往会站在自己民族的本位上来进行比较，或者以自己的标准去比较别人的文化，就会出现文化中心主义问题。所以他不轻易赞同去进行比较，但是他认为每一个社会、每一个民族都有自己的文化，当然这些文化之间是可以相互影响的。所以他认为民俗学没必要就固定在自己的一个国家里去研究。（刘铁梁）

（二）民俗与意识形态

"民俗与意识形态"，或者说"民俗与意识形态的关系"，是民俗学研究的大命题。当然，这也是"民俗对人类个体认知的影响"必然引申出的话题：由个体影响必然会进一步上升、转化成对群体的影响。

刘宗迪教授非常强调民俗对于意识形态的作用和影响，认为民俗"只有建立与民族国家的关系，才能够体现它的根本价值"：

> 民俗具有两个价值，一个是民族主义的，一个是消费主义的。
>
> 民俗的价值体现在两方面，一个是民俗作为民族主义可以利用的象征，即可以促进民族认同，激发民族意识。二是民俗作为一种消费品，可以被市场化。
>
> 民族主义的民俗，把民俗看作民族存在的本体和根本。（刘宗迪）

刘宗迪教授专门回顾了中外民俗学的发展历程，并从其中梳理出民俗的意识形态意义，并建议：当代民俗学者，要去积极"建构当代社会文化，即把民族精神凝练出来，去形成现代的社会主流文化"：

民俗学刚产生的时候，如18世纪德国浪漫主义思潮，以及中国"五四"时期，民族精神的缺失和民族国家的确立，都同启蒙主义分不开。在那时的学者看来，这门学科的政治意义更重要。他们去民间搜集民俗、民歌，是为了建立民族国家，是为对民众进行启蒙服务的。民俗学学科从出发点上，具有崇高的政治理念和追求。到了今天，随着民俗的被商品化、被消费主义化，这门学科本身也就跟市场结合得非常紧了。我觉得当代民俗学者，主要还不是为了发现民族的精神之根，但这的确是需要我们民俗学者去研究、去发现的，也就是说民俗学实际是带有意识形态意义的。（刘宗迪）

叶春生教授也认为，民俗文化是形成民族和国家文化共同体的基础：

民俗文化，现在也被看作是国家、民族的软实力；民俗文化的认同也能够形成地区或民族的凝聚力。所以，民俗文化，实际上也是维系区域或民族文化认同的、具有凝聚效应的核心文化，以民俗文化为核心，能够形成一个地区或民族的文化共同体。（叶春生）

与刘宗迪教授、叶春生教授的观点不谋而合，朝戈金教授的"两个轮子"理论，也对这一命题进行了间接回答。

朝戈金教授认为："人类文明的发展靠的是两个轮子，一个是文字的轮子，一个是口耳相传的轮子"。而"口耳相传"的人类文明内容指的就是民俗。而"人类文明"在此则可以直接替换成"意识形态"，即民俗就是意识形态的重要组成部分。

也有学者从更宏大的知识体系来定义民俗的意识形态价值。乌丙安教授认为：民俗学者在认识人类未知世界方面，"要比无神论者多一只眼睛"。

　　如果我们现在的民俗学者还在那里持着封建迷信的看法，就不是一个真正的民俗学者。民俗学者的信仰，应该是科学信仰。我们应该是彻底的唯物论者，但不是彻底的无神论者。我的这个观点很清楚。无神论者是自己作为主体，根本不承认上帝。世界是物质的，拿出很多证据证明，这是无神论的；但是民俗学者，要比无神论者多一只眼睛，就是彻底的唯物论者。

　　这个世界打开国门，你看到的不是无神论的世界，而是一个信仰的星球。信仰本身是客观存在！我们说的"唯物"是这个，而不是"无神"。所以，在马克思去世百年后，我们应该承认，大约在两千年后，人类依然存在着信仰。这个存在，我们唯物论者是相信的。（乌丙安）

　　对这种观点，叶春生教授给予积极呼应。叶教授是民俗学界唯一长期从事"神秘文化"研究的学者，并且亲自通过民俗实践来进行"体验式"研究，如"穿令""阴阳间"等。

　　叶教授认为，"'文革'期间，把这些东西都当成封建迷信、牛鬼蛇神打掉了。现在开放了，思想解放了，我们应该深化这方面的研究，对民间信仰、民间神秘文化，要加强研究，要深入地去解释"，即要用我们民俗学的理论和方法来对这些现代科学还无法解释的现象，用另外"多出来的一只眼睛"去研究。"如果对神秘文化研究获得突破性进展，将是我们当代人对人类文明进步的重大贡献。"（叶春生）

十三、完整的人类文明知识图谱

　　"完整的人类文明知识图谱"，是访谈中得到的一个让人觉得豁然开朗的一个主题。在口述资料的分析、整理过程中，又发现，学者们是从不同的角度来探讨这一主题的。包括人类文化的源头与民俗结构、口耳传承、民间文字、对神秘文化的探索和包容等等。

（一）文化源头与民俗结构

有几位学者提到了"源文化""根文化""文化源头"等相近的概念，并从这个角度来阐述民俗结构的复杂性和民俗内容的多样性。

民俗文化源于人类的生活过程和生活中的创造，日常生活是民俗文化生成和发展的基础，并进而衍生出其他的文化类型和文化内容。无论是人类的每一位个体，还是一个族群或是人类整体，其文化、知识体系的建构，都是从生活文化——民俗文化开始的，即先有了民俗文化才有了其他的文化类型和文化内容，所以也就使民俗具有了人类文化之源——即"源文化"的性质。

民俗作为人类文化的源头，刘德龙教授进行了专门的梳理：

> 一切文化都是从民俗起源的。最早，人类从动物界进化到人类之后，最首要的：首先，要寻找食品。开始是打猎、采集；打猎之后，是饲养小崽；采集之后是种植；还有下河、下海，捕捞。取得这些食物的过程中，若干的禁忌、若干的规矩，即若干个民俗——生产民俗就产生了。

> 取得食物以后，怎样分配食品？年轻人打猎回来，不能只是自己吃吧？还有老年人呢，还有老婆孩子呢！分配食品的过程中，规矩、道德等民俗事象就更多啦！这些东西约定俗成，就成为生活民俗。

> 然后，是享用食物。不能拿过来就吃吧？他要祭天、祭地、祭山神、祭水神、祭河神等，民间信仰方面的习俗出来了。

> 而且，人们得到食物后，很高兴，要庆祝，要载歌载舞，这样，文化方面的习俗也出来了。

> 所以：

> 如果说文化是一条大河，那么民俗就是这天大河的源头；

如果说文化是一棵大树，那么民俗就是这棵大树之根；

如果说文化是大地上丰收的庄稼，那么民俗就是生长这些庄稼的土壤。（刘德龙）

另一方面，刘宗迪教授从民俗作为民族精神"生命之源"的角度，从意识形态层面阐述了民俗作为民族、国家精神源头的价值。

早期的学者去民间是为了发现真正的民俗传统所在，这就是为什么顾颉刚他们那一代人，要重新为中华民族寻找生命之源。因为他们觉得古典文化、古典文学已经不行了，因此需要为中华文化、中华民族寻找新的生命之源，所以他们去民间寻找。（刘宗迪）

这样就形成了一种"日常生活→民俗文化→其他文化类型"的社会文化发展脉络。而在这一社会文化发展的逻辑关系中，人是一切文化的创造者和传承者。

从民俗文化的产生与发展历程来看，"人类一诞生就落入到的人类社会的'俗'"的根基中（乌丙安）。所以，无论是个人，还是整个人类，知识体系的建构都是从民俗开始的。

而人的日常生活是由多种要素组成的，在不同的地域和历史发展时期，这些要素还会有变化，这就会直接影响民俗文化的生成与发展历程。

所以，在不同的人群、不同地域的日常生活中，人们所创造的民俗、接受的民俗和与之相对应的民俗价值观也是不同的。这就产生了民俗结构问题。

生活不同，即乡土根基不同，民俗文化的种类就不同，民俗的结构也会不同。这个观点出现在多位受访者的口述资料中，有12位受访学者谈到了关于结构或民俗结构的观点，其中吴效群教授、叶涛教授都曾多次强调民俗结构是民俗价值研究中必须引起重视的关键性要素：在吴效群教授的访谈数据中，结构或民俗结构被编码的次数有 6 次，叶涛教授的被编码了 3 次。

同时，从访谈资料的分析中还发现：民俗结构作为民俗内部要素与要素之间关系的反映，可以分为显性的民俗结构和隐性的民俗结构两个方面。

显性的民俗结构具体表现为民俗事务，比如传统节日的民俗民风、红白喜事的操办等；隐性的民俗结构则表现为民俗观念、民俗心理和民俗文化的内容，比如当代人对中国神秘文化或者神话故事的理性认识和追崇，不再像之前的盲目反对封建迷信和所谓的"破四旧"等行为，不再会彻底地去否认神秘文化或灵异文化，等等。这种观念的变迁和对神秘文化的态度即反映了当代民俗结构在新的意识形态环境下被重构的事实。

同时，民俗结构也具有历史性和时代性，显现出一种"历时态"特征。

如果我们把它与社会主流文化相比较的话，就会发现，它的确是落后的。所以，解放以后，我们国家会搞那么多的运动，搞社会主义教育，破"四旧"，就是把那些我们认为是民俗或者民间习俗的东西，看作是"四旧"，是对它们进行否定的。那个时候有一个基本的理念，就是"扬弃"，因为这些民俗里面有落后的东西，有文化糟粕，所以，我们要用我们的价值标准来进行筛选，去进行"扬弃"。(高丙中)

将民俗认定为"四旧"和封建迷信自然有其历史局限性和意识形态局限性，但随着社会的发展，民俗文化自身也会发生蜕变和"扬弃"，特别是在民俗和民俗学界，往往会通过自发的能动作用进行民俗文化的创新发展。

从上述的分析看，无论是在哪个阶段，都支持了民俗是"完整的人

类文明知识图谱"这一主题。即使是那些要被"扬弃"的内容，也同样
是民俗学研究的对象，是人类知识谱系中"民俗文化"的内容。

而从社会发展、进步的角度看，民俗和民俗学还会比其他学科更
早地去关注那些在日常生活的前端创造出来的"新生活方式"和"新
民俗"。

在新旧社会机制的相互交错的过程中，新民俗通过取代旧民俗，能
够保证当代人的生活质量。叶春生教授认为：

> 民俗学研究，也可以倡导新民俗，创造新民俗，来改变人们的
> 生活习惯，使我们的生活更科学，更有质量。(叶春生)

在这个转变过程中，旧民俗改造成新民俗，是基于社会科学发展的
要求：

> 首先是社会的科学发展，人们有着更多的文化需求，我们古代
> 主要靠自然物质。现在文化更多丰富了，现在传统手工艺渐渐淡出
> 了大家的视野，追求的也不一样，到了00后来讲，传统手工艺越
> 来越有距离了。因为他的生活环境，追求的不一样了。咱就说手机
> 是现代的新民俗，人的习惯就是民俗，这是最通俗的一句话。(刘
> 学斌)

朝戈金教授对上述观点进行了进一步的解释和说明：

> 现代行业的发展，《第三次浪潮》的作者已经说过，电子产品
> 与手工业产品在现代社会中是并行不悖的，这个话是对的。民俗也
> 是这样的，在现代化过程中，民俗的发展与现代化也是并行不悖
> 的。如我们现在使用手机，这里又引发和出现了许多新的民俗现
> 象，比如拜年，现在的拜年，短信、微信、发红包，都在手机上，

不用登门了。原来寄贺卡，现在谁还用贺卡，都发红包了嘛！这就是新民俗，这些现代的事务也都跟我们民俗学有关。（朝戈金）

笔者也惊喜地发现，民俗学者的接地气研究是非常有趣的，更佩服这个学术共同体能够紧跟时代发展对一些新民俗现象进行深入的思考。也许在多少年后，中国新青年并不知道过去真的存在用红色纸做成的"红包"，里面真的包着纸币，在新春或婚宴时作为一种祝福面对面地赠送给对方。但是他们仍然有他们的"红包"，但却是另一种新概念的"红包"，是用手机发送的"微信红包"，或者还会出现其他类型的、其他送法的"红包"。这说明：时代的变迁和科技的发展必然会影响到民俗的变化和发展，新民俗的产生往往是时代发展的产物，它能够保证当代人的生活质量，推动社会的发展。

而人类生活中的每一次进步，每一点点的变化，都会有学科去关注。

哪个学科会去关注？谁会最早去关注？

当然是：民俗学！

（二）口耳传承比文字传承内容更丰富

这是从另一个角度阐述民俗是人类最完整的知识谱系的观点。

朝戈金教授提出了人类文明传承的"两个轮子"理论，即一个是文字的轮子，另一个是口耳相传的轮子。从这个角度来看，民俗就是人类文明发展、传承的一个重要的、不可缺少的轮子，甚至比文字那个轮子更重要，因为民俗既有民间文字的轮子，更有口耳传承的轮子。

而且，在人类还没有发明文字的上古时代，也是人类发展史上时间更长的历史时期，口耳传承更是人类文明传承唯一的途径。

最初在没有文字的情况下，人类的生活是怎么形成的？人类的知识体系是怎样沿袭下来的？一方面是在行动上复制拷贝，把前人的行为方式学习、模仿下来；另一方面是在思想意识上，通过语言沟通、通过听说来影响自己的大脑，形成思维和认识。

　　书写体系中，人类大量的知识体系没有包括进去。全世界大概有五千种语言，绝大多数语言是没有文字的，他们的知识是怎么传承的？波利尼西亚啊，非洲啊，什么俾格米人啊，大量的文化怎么传的啊？大量人类的智慧是在这里的，是口耳相传的。而且一直会传承下去。

　　我们开个玩笑，学习做木工，有木匠学习指南吗？农村有耕田教程吗？这些都是口耳相传的知识，而且正是这些口耳相传的知识在支撑人类的发展。这些知识对于人类的繁衍发展是很重要的啊！跟那些文字记载的知识相比，不是可有可无的啊！只不过是在我们的教育体系里，只学习文字表达的知识体系，口传的这一部分它不涉及。文学从李白到唐宋八大家，到明清诗人，我们教文学史就是这么教的。但是大量的浩如烟海的文学作品，像花儿啊，蒙古长调啊，西南民歌，等等，都没有进入教科书，但那不是艺术吗！不是传承千百年被千锤百炼的优美的艺术吗？

　　所以，今天我们谈民俗的价值，是从知识论的角度，从认识论的角度讲。

　　原来我们的眼光太狭窄。像历史学，言必莒姬，要有古人的文字证据，其实那，历史是由大量的文盲与社会精英一起创造的，历史上识文断字的人有几个啊！到1949年解放的时候，我国的文盲有多少？但是，我们原来所看重的就是文字记载的那一块。

　　这两块加起来，才是真正完整的人类文明的知识图谱。

　　今天中国也有一百多种语言，真正有文字的才几种！大量的知识都存在在口耳之间啊！

　　所以，民俗、民俗学的价值在哪？就在这里。（朝戈金）

另一方面，也如乌丙安教授所说，人一生下来就"落入'俗'中"，这个时候的人类个体对外部世界的认知、对人类知识体系的接触，完全是靠语言、行为和暗示等非文字途径完成的。因此，从人类个体而言，口耳相传所获得的是一个更加完整的人类知识谱系。

（三）地方 / 民间文字

民俗学中的文字是指的是"民间文字"，是民俗文化的重要组成部分。

张士闪教授专门阐述了民间文字的重要性：

> 民间文字传统过去民俗学是忽略的。文字传统不仅包括平时他们所使用的文字，如分家、地契、礼仪文书等，还有占卜的、种树的、乡规民约等，官方的告示，哪个秀才的一首诗，等等，都记在里头。这些东西构成了村落中一个体面人的生活。官府的文书我抄下来，占卜的、种树的，我不用别人，自己有，贞节牌坊啊，我记下来，我知道官府兴什么，哪个文人的一首诗，哪个判官的判词比较好玩，我也记下来。另外还有私塾的读本，等等。可以看出，过去受过国家教化的小康之家，一直保持着礼俗之间的基本联系，在保持温饱的情况下，有振兴家庭的一个设计，比如考科举，比如富裕了之后，国家有难我捐款捐功名。这些在淄川县志里都有，那一年缴费、赈灾做得好，朝廷专门奖励几名学额，几块碑，就在淄川博物馆角落里，我给王加华看，他兴奋无比，竟然有实物，一般都是在县志上看到的。这些都是礼俗互动的内容。（张士闪）

学者们对于民俗学研究过程中得到的例证感到无比的兴奋，而这些例证大多是由民间文字所承载的。通过民间文字可以体会到民俗的礼俗互动、民俗的政通融合、民俗的古今连接等等信息。

比如山东的"俺"字。刘锡诚先生说到民间文字的强大影响力和识别力：

我搞牛郎织女的故事的时候，我研究材料，就是衢州，这个交通非常不发达的地区，因为他那边靠着福建，那边靠着江西，他就保存着很多古代的东西，古代的文化，民俗的文化。甚至他那里动不动就遇个大坑，像广场一样，空。有的有水，有的现在也抽干了水，是干什么的？古代人，他们就是挖了这个东西，有人写过这个书，他那里的语言当中还有我们山东的"俺"这个字，所以语言学家把这个字挑出来，认为这个就是东夷的人流落在这里，但是东夷是哪个民族？哪个部族？可能就是"俺"的那个民族。他们的语言，那恰恰这个事情就是说"俺"在我们山东的鲁中地区仍然保留，我们山东研究，从70、80年代看，力量很强大，确实我们山东很强大。（刘锡诚）

"俺"，这个字作为一种特定的语言表达，的确能够衍生出极具地域特色的文化内容，成为地方"标志性文化"的重要组成部分。所以在中国只要提到"俺"字，大部分都会想到山东和山东人。这也正是民间文字所体现的地方特征的功能和价值。而这种功能和价值实际就是放大了"官方文字"所能够表达和展示的人类知识谱系，即用民间文字承载的民俗文化和人类的知识内容。

（四）解密神秘文化

民俗学用"多出来的一只眼睛"看世界、研究世界，又从另一个侧面扩展了人类的知识谱系。

从民俗学的视角来审视人类文明，将广泛存在于民间的"神秘文化"纳入人类知识体系，这是对人类文明发展的一大贡献。"民间经常说：宁可信其有，不可信其无。还有人说：信则有，不信则无。我倒觉得，不管你信与不信，它都会作用到你的身上。你不信它也作用到你身上的"（叶春生）。这种对目前科学无法解释的神秘文化的认识是普遍存在于民间的。

叶春生教授给笔者讲到关于民间"穿令"的故事：

我一直把民间神秘文化作为我的一个重要的研究领域，很关注。"穿令"这个神秘的事情你知道吧。雷州那里有，我亲自去考察过三次。很长的、生锈的钢钎。从这里（叶教授指着脸的右侧）穿进去，从这里穿出来。不出血，然后在村里巡游。一共9个村庄，要全部都游完，一般要一个上午，六七个小时才能回来。所到的村庄，全村倾巢出动，万民膜拜，长老带领村民跪在村前迎接。全村的老百姓都要出来看，不出来看的会有病。这个队伍没经过哪个村庄，那个村庄是不答应的，一定要求你去。

我曾经访问过一位"穿令"的师傅。他平常就是一位普通的农民，跟别人一样，并不会这一套。原来他村里有另外一位傩师，后来过世了。从那时开始，每年的正月十五的时候，他都会到一个地方去转一转。这个地方叫"穿令坡"。"穿令"仪式是正月十六早晨八点开始。他一到"穿令坡"，就会自动地跳到神轿上。他说，神让我坐上去，从此之后，每年都是他做"穿令"仪式。这件事情很怪，从前他一点也不会，他的儿子是中学校长，我也访问过他儿子，问他父亲以前和平时会不会这样。他儿子说，父亲以前一点也不会，平时也不做，就是这一天的时候忽然就去了。现在每年都是这位农民做"穿令"仪式。这个人现在还健在。雷州那里现在每年还搞"穿令"仪式。

很神奇，穿进去的时候不流血，拔出来也不流血。不留疤痕。每次穿的时候，都是敲锣打鼓，鼓声雷动。

有一次，我去考察的时候，一位师傅穿了三次没穿过去。旁边的一个人喝了一口酒喷到他脸上，这是锣鼓声更加响亮，他一下就穿过去啦。我们跟在他的后头，到各个村庄去巡游，一直坚持了五六个小时。结束的时候，把令箭拔出来，没事了。

他在上边的时候，我试图跟他讲话，但他说的话我也听不懂，村民也听不懂。有人说，他讲的话像"雷话"，雷州半岛那面的方言，有点像潮州话。潮州话我会讲，我就跟他讲潮州话，还是无法交流。后来又有人讲，他讲的是客家话，客家话我也会，我就用客家话跟他交流，还是不行。后来有村民说，他讲的是"神话"，只有他自己能懂。

当他从神轿上下来的时候，就是普通人一个。这个事情是没有报酬的，也不是什么表演，他是自动做起来的。

这种现象怎么解释。我曾经专门下功夫研究，但是不得其要领。《羊城晚报》的记者带着摄像机跟我一起去的，有录像资料，但是解释不了。（叶春生）

对于类似于"穿令"等民间神秘故事，在中国广袤大地上普遍存在，是一种不可忽视的社会事象。从人类正统知识体系的视角看，我们可能无法将其纳入"科学"范畴，但完全可以作为一个"学科"内容或一种"知识"来关注和研究，因为不管你认可不认可它都现实存在，而且有着广泛的民间基础。包括乌丙安教授对萨满教的研究，用民俗学和"彻底的无神论者"的视角去认识另一个神秘世界：

《神秘的萨满世界》，这是中国唯一的独自写出来的萨满教的书，从"五四"到今天，一直是唯一的一本。这里有很多神秘的东西，有很多答案性的结论我不能写出来。（乌丙安）

因此，我们用民俗学这一只比无神论者"多出来的眼睛"来对其进行关注、研究和诠释，并将其纳入人类文明的知识谱系，的确能够为人类提供一个更加完整的知识图谱，这"将是我们当代人对人类文明进步的重大贡献"（叶春生）。

而对此，朝戈金教授更是引用联合国教科文组织关于"非遗"保护的《保护非物质文化遗产公约》中的理念来阐述用民俗来描绘人类完整的知识图谱的观点：

> 联合国教科文组织出台《保护非物质文化遗产公约》啊，就是
> 跟这个有关，以往人类历史进步的历史图景是残缺的，缺很大一块。
> 今天我们回过头看历史的时候，就要尽量把这块补起来。（朝戈金）

十四、以小见大和由小到大的价值

"以小见大和由小到大的价值"这一主题，是由访谈中资料中的
"小规则到大规范""小文化到大文化"和"小传统到大传统"三个范畴
概括出来的。

与其他主题不同的是，无论是由"小规则到大规范""小文化到大
文化"，还由"小传统到大传统"，其表达的内涵其实都是基本一致的，
即集中地反映了民俗的"以小见大的价值"。

此前，曾有学者专门论述过民俗学的"由下向上""由小到大"的
作用①，访谈中，这一观念再次被多位受访者集中提及。

地方性、地域性民俗的规矩、规则，乃至一个家族的家风、家教、
家规或特有的行为习惯、行为规范，形成了地方民俗结构的一部分；而
地方民俗结构又是国家或民族民俗结构的重要组成部分，这也是有学者
专门论述过的"由下向上"的"革命"或文化提升观念的再次呈现。

而且，在不同的社会发展阶段，民俗承担着不同的社会价值、文化
价值和政治价值。无论在哪一个领域价值的发挥，也都是遵循着"由下
向上""由小到大"的路径逻辑进行的。

例如：关于由"小传统到大传统"、由"小文化到大文化"的提升

---

① 赵世瑜：《小历史与大历史——区域社会史的理念、方法与实践》，生活·读书·新
知三联书店 2006 年版。

和利用，作为民俗"以小见大"的效应发挥途径，刘宗迪教授认为，社会、民族、国家的"大传统"其实就是来源于民间"小传统"的，"大文化"也是由民间的"小文化"体现出来的："自古以来，'大传统'都与'小传统'密切相关"，"儒家文明是中国的'大传统'，是中国传统文化的主流，但儒家文明的许多重要内容都是通过民间文化体现出来的"，在人类历史的发展进程中，"'大传统'是源于'小传统'的"（刘宗迪）。

在谈到由"小传统"提升到"大传统"的途径时，刘宗迪教授还提出，在当代社会，可以借助民俗学科之外的一些其他途径，无论是权力的还是文化的，抑或是经济的手段，都可以实现民俗"由小到大"的转变和提升，获得更大的生命力。而且，这也包括民俗学科自身的"由小到大"的发展和作用空间的扩大。

对此，刘宗迪教授毫不避讳地肯定了当前民俗学者由在"幕后"坐冷板凳式的学术研究到走向社会"前台"去承担社会事务，认为这本身就是民俗学科"由小到大"的发展和进一步扩大学科社会影响力的有效途径：

> 社会也需要民俗学，需要这门学科是需要把民俗作为一种经济资源，就包括评选"非遗"各种项目，一些民俗学者原来是坐冷板凳的，忽然走上了舞台的前台了，甚至在舞台上唱主角。
>
> 像《山海经》这样古代神话以及其他民俗或传统文化，我知道它们很有价值，我虽然不太知道怎样去实现它的社会价值，特别是经济价值，但我知道我应该把它研究好、解释好，给别人的利用打下基础，我的价值就发挥出来了，所以民俗学研究，我们各自在其中做不同的工作，才能共同发挥好民俗学科的社会价值。（刘宗迪）

这实际上也反映了民俗学者将民俗带入到社会和市场舞台，将"小文化"转变为"大文化"、"小规则"提升为"大规范"，让民俗发挥更大的社会价值的愿望。

另一方面，"由小见大""由小到大"也从一个侧面反映了民俗和民俗学研究"碎片化"的一个显著特征。

赵世瑜教授认为，既然民俗是来源于日常生活的，而日常生活的内容和范围本身又是繁杂的、琐碎的、分散的，甚至是漫无边际的；无论是历史的还是现代的，生活的碎片化都是一样的。因此，民俗和民俗学本身也必然呈现出碎片化的显著特征。但从我们民俗学的学理和民俗学者的责任出发，我们必须从碎片化入手去进行整合，将这些碎片连缀成一个整体，来实现"由小见大""由小到大"的转变：

> 无论是现实生活还是历史生活，本身都是碎片，它呈现在我们面前的就是一个个碎片。但是呢，比如说我们有时候，甚至在一些现代学科规训的作用下，我们把某些相悖的研究为方便起见，我们把很多本来是整体，故意的拆减成不同的层次。这归到经济，那归到政治，这归到文化，那归到军事，那归到法律，那归到宗教，等等。它是这样，但是呢我们是通过这些碎片入手，然后最终达到目的，是把这些碎片连缀起来，变成一个有机的整体。（赵世瑜）

对此，刘宗迪教授非常认同赵世瑜教授的观点，认为民俗的碎片化其实是一种必然状态和形式，我们就是要通过民俗学的整体研究，去发现这些民俗碎片的 DNA，去从这些碎片中发现灵感，去整合成更大、更完整的"整体"：

> 因为传统文化的原有语境本身就不可能被搬到现实社会，它唯一可以搬过来的就是那些文化的"碎片"，就像一个古村落就要拆了，它的街道、田野、水塘、房子你搬不了，你能搬的是一扇窗户、一个木雕或砖雕。有些人对此痛心疾首，但实事求是地想一想，如果我们连这些碎片都不带走的话，那古村落被消灭得就更彻

底了，起码这些碎片可以作为 DNA，让人们记住，让人们通过这些碎片引发新的灵感。而这些碎片就是历史传承的载体，就是历史的记忆。再如《诗经》，也就三百首，但当时的诗歌肯定不止三百首，它可能有几千首、几万首，但我们完全可以通过这三百首了解当时的文化。对当代也是如此，对于民俗文化的保护，不一定是要保护民俗文化那种原生态的乡土生存环境，实际上保护的成本非常高，效果也不一定很好。像古村落，像所谓的生态文化保护区，保护文化不是保护落后，老百姓也要过好生活，你凭什么让老百姓的生活停滞不前，所以这种保护既违反历史发展规律，在现实中也根本做不到，即使是硬要办，一方面事与愿违，另一方面成本还非常高。所以我们要面对现实，要承认历史规律。人的生活、文化是要不断地新陈代谢的，所有的文化都不会免于衰落和消失。如果我们承认这一点，可能就会做得更好。要鉴别保护的价值，对于那些有保护价值的进行保护，那些没有什么价值的，就应该随它而去，就像花开花落一样，符合自然规律。（刘宗迪）

其实，以一种轻松的、理性的、追随时代的心态去看待民俗和研究民俗，去发展民俗学科，才应该是当代民俗学者应该秉持的心态和品质；同时，民俗学者也应该具备"由小见大"和"由小到大"能力，即从民俗的碎片中去发现其整体价值、去提炼其整体价值、去应用其整体价值。

十五、全球化

"全球化"这一主题在访谈过程中出现的频率非常高。

实际上，在当代社会，"全球化"已经成为一个公共话题，而文化的全球化更是伴随着国际交流、经济往来的日益频繁和文化传播方式、传播技术、传播渠道的提高和拓展而日益加剧。民俗作为文化的一种类型或文化的一部分，自然不可逃避地要在这个大潮中"随波逐流"。

民俗的全球化，其实是民俗文化在当代、也是在未来必然的发展趋势。随着全球经济、文化一体化进程的加快，这种趋势还会愈演愈烈、越来越快。

（一）传播让民俗走向世界

国际间经济、文化交流的日益频繁，现代传播技术的先进和手段的多样化，必然带来民俗文化的全球化，对此首先感受到的是那些作为"非遗"传承人的民俗职业人，因为这给他们带来了直接的走出去的机会，让自己所承载的、原本只是偏于一隅的"小民俗"走向了广阔的"大世界"。

作为"非遗"传承人的范正安先生、何晓铮先生和民间民俗博物馆馆长的刘学斌先生都很兴奋地谈到了这种感受。他们都曾多次跟随国家或省级的经贸、文化代表团出国交流，在不同肤色、讲着不同语言的外族人和外国人面前展示自己的民俗文化，并陶醉于那些外族人和外国人的惊叹之中。

范正安先生谈到这种感受时，那种兴奋是自然地溢于言表的：

> 在上海，这是德国人（注：指着一张在上海的一次文化交流活动的照片），他们很欢迎，这是咱现场演出给他们展示的皮影，他们会也不开了，就光看我演出了，我在这里演。这是埃及人，去年过年的时候我在埃及过的，管文化的大官，都认识。（范正安）

何晓铮先生是山东面塑的"非遗"传承人，去过日本及欧洲的许多国家进行过文化交流。访谈过程中谈到出国交流，何先生异常兴奋地说："我的东西一拿出来，他们都震惊啦！"

当然，"非遗"传承人们兴奋的不单纯是他们所承载的中国民俗文化走向世界后的影响力，也同样得意于这种传播机会给自己带来的荣耀。

> 我是改革开放以后几乎年年都要搞展览，收徒不一定是年年，收徒弟大会往往隔几年，最近去年有收徒弟大会，也都有了。因为我就是想把这个事呼隆起来，造成一个影响。我无所谓，咱说实在的，王老师，关于我的这个报道你查查，百度上查查，都满了，我也不在乎这个了，我也不收集报纸。太多了，但是呢，这是大家对我的一个认可吧。（何晓铮）

民俗职业人的这一份自豪也说明民俗走向世界舞台是很有意义的。这些地方性、民族性的民俗文化从偏于一隅的小地方走向外部大世界，首先带来的是文化的平等。这正像联合国教科文组织《保护非物质文化遗产公约》中所倡导的那样：平等——文化种类之间无价值大小之分；多样性——全球化并不是要摧毁文化种类，而是要更加倡导在扁平化的世界上文化多元并存。

而要做到各地方、各民族和各种类型文化平等地并存于世界，树立文化主体的自信心、自豪感是最根本的条件。现代传播技术、传播手段和传播方式让那些"小文化"走向了"大世界"，在全球化的大舞台上展示自己和自己所代表的文化类型的风采与魅力，在外人的惊叹与喝彩中树立和提升了他们的自信心和自豪感。

（二）价值标准重构

那么，如何在全球化背景下更好地展示，并深刻而准确地解读民俗及其他类型和内容的传统文化呢？

受访者们提到了"价值重构"这一概念。

"价值重构"的含义是在全球化背景下的现代社会，重新构建民俗的价值体系和民俗价值的评价体系，进而重新认定民俗的价值。

这其中又有两层含义：

一是在现代社会背景下，如何认定传统的、民间的、地方性的甚至是带有"封建迷信"色彩的民间信仰等民俗、传统文化存在的合理性和其现代价值。

二是在全球化背景下，如何深刻而准确地向世界解读、展示中国的民俗、传统文化的价值和意义。

关于现代社会与民俗文化的价值标准，受访学者们也非常清楚：价值标准本身是带有强烈的时代性特征的。而且这种带有时代特征的价值标准会直接影响到我们对民俗及其他传统文化的价值判断和去留"判决"。

> 如果我们把它与社会主流文化相比较的话，就会发现，它的确是落后的。所以，解放以后，我们国家会搞那么多的运动，搞社会主义教育，破"四旧"，就是把那些我们认为是民俗或者民间习俗的东西，看作是"四旧"，是对它们进行否定的。那个时候有一个基本的理念，就是"扬弃"，因为这些民俗里面有落后的东西，有文化糟粕，所以，我们要用我们的价值标准来进行筛选，去进行"扬弃"。（高丙中）

在每一个具体的历史发展阶段，社会也都会根据政权建设、制度特点和性质、文化和经济发展需要或者是其他的某种诉求而重构当代的文化价值观，或者称其为重构社会的"核心价值观"，这必然会影响到对民俗的价值判断和民俗价值观的建构，也自然会影响到民俗学和民俗学者的社会地位。

> 原来的民间文学，共产党在夺取政权、巩固政权的过程中，大量地运用了这些东西，延安的新民歌运动，《夫妻开荒》啊，《小二黑结婚》啊，做的多好啊！其实，在不同的社会时期，这些东西是

会被不同的阶级和力量来利用的，它发挥的作用很大。但在不同的阶段，的确民俗和民俗学的地位不一样，有的时候是自说自话，有的时候会被推到社会前台。

到了五六十年代的时候，为了建设社会主义的知识体系，批判资产阶级文化，民俗学研究本身又被打入低谷，但是劳动人民的口头创作、新民歌等都大红大紫啊！它背后是有意识形态的支撑的。

所以，在不同的历史阶段，民俗和民俗学的命运是不一样的。民俗、民间文学的繁荣也不能代表民俗学的繁荣，这是两回事。在有些时期可以是同步的，在很多时期是不同步的。这是社会需要所使然。所以，归根到底，民俗学的地位还是由社会需求决定的。(朝戈金)

价值观或价值评价标准带有显著的时代特征。在相对封闭的年代，价值观的重构主要受国家制度、政治和政策导向以及社会经济、文化等的发展诉求所影响。今天我们进入了一个开放的全球化时代，对民俗价值观的重构也必然会受到全球化的影响。

关于全球化与民俗价值的重构，受访学者们认为：民俗的价值存在是客观的，但对其价值的评价和认定则是主观的。特别是"非遗"保护理念引入中国后，对民俗与传统文化的价值评价标准也在观念碰撞中发生变化。

这种矛盾体现在两个方面：一个是对民俗本身的价值认识，中国传统认为民俗就是落后的陋习，但是现代生活又需要民俗来发挥价值，去保护传统文化；另一个是当前在民俗保护中存在的矛盾："非遗"进入中国，它的思想是保护原汁原味，而中国民俗的原汁原味必然与主流社会的文化是格格不入的，所以中国需要改造式地建立中国的"非遗"标准。这个也存在当中国把自己的民俗文化推向世界时，民俗的真正意义是否被正确解读和理解。(高丙中)

　　任何一种现象或事物的价值评价都会带有历史的阶段性特征，在人文科学和社会科学领域，人类对自身、对社会、对大自然的认知和对知识体系的建构，是不可能超越历史局限性的。所以，当人类进入现代化和全球化新格局的时候，我们必然要用现代化和全球化的思维来构建民俗和传统文化新的评价体系。"价值标准重构"就成为必然。

　　这也正像朝戈金教授所说，在现代社会，民俗学并不是一门"寂寞"的学科，它一直"都在被社会不同的力量所利用"。谁成为社会力量的主导者，谁就会主导民俗价值评价标准和评价体系的建构。

第四章　主题属性聚类分析

一、属性分类

为了更深入地分析学术共同体的民俗和民俗学价值观，本研究利用 Nvivo11 对上述 15 个主题进行属性分析，以便对受访者不同的属性进行比较，获得更多、更全面的认识。

上述 15 个概念主题的阐释过程中已经或多或少地使用到了属性分析。属性分析可以让研究者从一个更加具体的视角对访谈数据进行比较研究。换句话说，属性分析可以针对不同的访谈者就某一个编码、种类或主题来获得系列的数据。

在本研究中，采用了两个属性进行分析：被访谈者的年龄和被访谈者的身份。

（一）年龄属性分析

对受访者的年龄属性分析，结果显示见表 4.1：

表 4.1　基于年龄分布的主题分析

	Age Group = 50+	Age Group = 60+	Age Group = 70+	Age Group = 80+	Age Group = 90+
主题 1：传承与发展	51.19%	11.11%	27.95%	8.89%	0.85%

	Age Group = 50+	Age Group = 60+	Age Group = 70+	Age Group = 80+	Age Group = 90+
主题2：乡土根基与当代社会规范共存	59.25%	5.34%	7.64%	27.77%	0%
主题3：民俗实践与民俗学科发展相辅相成	54.99%	13.23%	5.96%	25.82%	0%
主题4：圈子文化	63.18%	15.53%	3.55%	11.18%	6.54%
主题5："非遗"与民俗	60.86%	0%	37.89%	1.24%	0%
主题6：解释、服务和作用于社会生活	75.94%	5.15%	6.96%	11.95%	0%
主题7：凝聚认同到国魂	58.12%	31.7%	9.87%	0.31%	0%
主题8：与政治政策的矛盾统一	64.22%	9.96%	16.43%	9.4%	0%
主题9：民俗与市场结合	91.43%	3.05%	5.53%	0%	0%
主题10：与民众的日常生活密切相关	61.69%	18.16%	15.25%	4.9%	0%
主题11：无形的使命感	76.13%	5.85%	16.71%	0.74%	0.57%
主题12：对个体认知和意识形态的影响	56.59%	5.01%	6.84%	31.55%	0%
主题13：完整的人类文明知识图谱	41.25%	0%	48.67%	8.8%	1.29%
主题14：以小见大和由小到大的价值	95.53%	0%	1.66%	2.81%	0%
主题15：全球化	68.02%	4.38%	15.56%	12.05%	0%

　　本研究将所有受访者的年龄分为 5 个组，分别是 50 岁及以上 (50+)、60 岁及以上 (60+)、70 岁及以上 (70+)、80 岁及以上 (80+)

和 90 岁及以上（90+）。

从表 4.1 可以清楚地看到不同年龄组对不同的概念主题有着不同的侧重点：

在主题"民俗和民俗学的市场价值"方面，50+ 年龄组的占有 91.43% 的比例，其次是 70+ 和 60+ 两个年龄组，分别有 5.53% 和 3.05%，这说明当代民俗从业人员对民俗和民俗学市场价值的认可与关注。

值得一提的是，70+ 年龄组的比例略高于 60+ 年龄组在市场价值的认识，这或许与 70+ 年龄组的访谈对象的经历和意识转变有关，尤其是在中国，70+ 年龄组的人群大多经历了新中国成立之后的民俗文化改造活动，从过去的"解释"和"改造"社会生活以及移风易俗，到当前的有效互动，使得这一群体能够获得更新的思想意识转变。80+ 和 90+ 的年龄组并没有提及市场价值，一方面是因为 90+ 的被访谈者只有一位，由于年龄和身体原因的限制，访谈时间有限，论及更多的是老学者对其恩师的感激和追随。因此，换一个角度看，90+ 年龄组主要谈到的是民俗学领域的圈子文化。在这个民俗圈子文化中，有着民俗从业人员的美好愿景和坚持，因此 90+ 年龄组在主题"圈子文化"中的比例是其交谈的主要关注点，占有 6.54% 的比例，其次是主题"完整的人类文明知识图谱"（1.29%），原因在于该学者的研究对象为神秘文化，而神秘文化是构成人类文明知识图谱的类型之一，之后 90+ 年龄组关注的是主题"传承与发展"（0.85%）和主题"无形的使命感"（0.57%）。

70+ 年龄组在主题"完整的人类文明知识图谱"（48.67%）表现突出，在这个主题上，70+ 谈及最多。他们认为人类文明知识是由文字与口头并存的，而民俗是承载口头传承的唯一途径。紧随其后的谈到的主题是主题"非遗"（37.89%）和主题"传承与发展"（27.95%）。从这个比例分配可以看出，70+ 年龄组的民俗学人，他们对于民俗和民俗学的价值观仍然是保守的，更强调民俗文化的传承价值。

50+ 年龄组是本研究访谈的主要年龄段，他们的观点在 15 个主题中占有相当高的比例。例如，50+ 年龄组在主题"以小见大和由小到大的价值"上面所占有的比例，高达 95.53%。这反映了 50+ 年龄组在民俗与民俗学价值观上的创新发展和深刻透析能力：他们能够通过民间与日常生活的细节去透视大环境与大文化背景；通过为社会所用的"小规则"去分析背后的"大规范"的形成；甚至是当代文化的碎片化利用，这个年龄组的人群都能够从中透视出文化碎片化利用后的民俗发展和社会现象。

80+ 年龄组强调主题："民俗对个体认知和意识形态的影响"价值。这个年龄群的民俗学人以民俗学者居多，他们开始关注民俗与民俗学对个体和民族的影响，因而提出了"民俗是人类的共同课""民俗平等""民俗是国家意识形态"等更为宏观的价值观念。

60+ 年龄组在主题"完整的人类文明知识图谱"、主题 14"以小见大和由小到大的价值"和主题 4"非遗"方面均为 0 比例，该组在主题"凝聚认同到国魂"表现积极（31.7%）。

从总体来看，50+ 年龄组在各个概念主题方面都表现出了他们的关注，而这个群体正是当代民俗与民俗学最重要的共同体。他们的价值观直接影响和引导者民俗与民俗学价值观的形成和发展。这个结果从另一个角度证明了本研究的研究价值，即：抓住了关键的研究对象——学术共同体，这个学术共同体的价值观的确能够代表和反映当代人的民俗价值观。

当然，由于受访学者总数只有 20 人，在每个年龄段上的分布人数就更少，因此，学者观点的年龄分布特征只是一个现象反映的侧面，可能并不能代表整个学术领域的全貌，做这样的分析也只是试图从更多的角度来分析学者观点的不同特征。

（二）身份属性分析

本研究进行身份属性分析，结果如图 4.1 的雷达图所示。

其中 xz 为学者，zf 为政府官员，fyr 为"非遗"传承人，gz 为博物馆馆长。

雷达图分析的基础是以编码次数为依据的，例如学者群体，他们的前 3 个编码次数最多的主题分别是主题"民俗实践与民俗学科发展相辅相成"（60 次）、主题"深厚的乡土根基与当代社会规范共存"（55 次）和主题"能动地解释、服务和作用于社会生活"（42 次）。学者群必然会看重民俗实践与民俗学科之间的相互关系。主要原因在于民俗学科的发展离不开民俗实践，这是学者研究的起点。民俗学者的理论架构和理论创新均源自于民间基础和民俗民风。正如乌丙安教授说到自己的研究成果与民俗实践时提到：

> 我心里有一个潜台词是别人都不知道的，就是我从农村带回了 500 万字的资料。"劳改"期间，我就像田野作业一样，每天坚持记录，白天干活累得要死，但晚上一定要记下来，跳大神的歌，跳的节奏、动作，等等，就是这本书——《萨满教的神秘世界》。跟我一起住的有两个萨满教跳大神的。我在那里每天要 8 个小时下地劳动，4 个小时沤粪啊，等等。跟我一起两个跳神的，一个满族满八旗的、一个汉族汉八旗的，他们俩跳的还不一样，鼓乐也不一样。他们每次怎么跳我都记录下来了。现在国家给我多少钱去找这么两个田野作业的对象都难。他们跳神、阴阳风水等都会。这些是在学术界谁也教不了的，钟先生教不了我这个。我跟他们天天在一起，我不能浪费时间，我要把他们的一切都记录下来。就这样记录了 500 多万字的田野资料。（乌丙安）

比较有意思的是，政府官员群体的主题编码次数前 3 位分别是主题"深厚的乡土根基与当代社会规范"（15 次）、主题"传承与发展"（12 次）和主题"与民众的日常生活密切相关"（12 次）。很明显，这个结果与实际情况基本吻合。政府作为民俗价值共同体之一，在民俗与社会规范中发挥了重要的调节作用。实际上，在中国众多的乡土区域，当地政府官员不可避免地会在民俗、现代规则、老百姓生活等几个节点中周旋，寻求最佳契合点。

"非遗"传承人群体对主题"非遗"（24次）和主题"传承与发展"（24次）有着相同的关注次数。同样，对于民俗馆馆长群体，他们的关注主题位居前两位的也是主题"非遗"（12次）和主题"传承与发展"（10次）。很明显，"非遗"是这两个群体发展的契机，通过"非遗"获得民间传统手工艺的传承和发展，因此这两个群体对这两个主题有着相似的重视程度。但是，从第3个被关注的主题来看，两者的区别很明显："非遗"传承人关注主题"政治政策"（8次），而馆长关注主题"市场价值"（9次）。这是因为"非遗"传承人的发展受益于国家良好的政策支持，国家给予了"非遗"传承人更好的发展机会。馆长则重视民俗的市场化，如何使民俗更好地被市场认可和接受是当前民俗馆生存和发展的难题和重点。

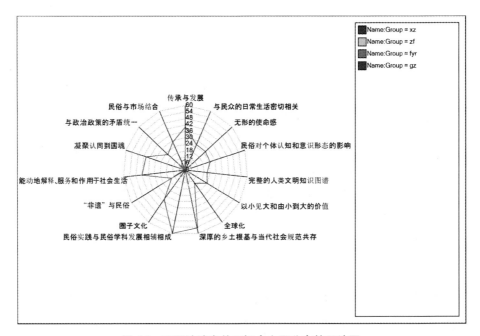

图 4.1　不同访谈者关于概念主题分布的雷达图

二、聚类分析

对 15 个概念主题进行聚类分析，可以获得指向相对明确的学术共同体对民俗价值观的认识（见图 4.2）。

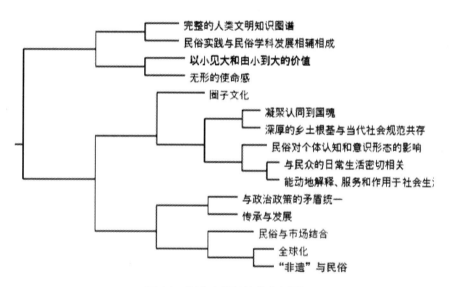

Nodes clustered by coding similarity

完整的人类文明知识图谱
民俗实践与民俗学科发展相辅相成
以小见大和由小到大的价值
无形的使命感
圈子文化
凝聚认同到国魂
深厚的乡土根基与当代社会规范共存
民俗对个体认知和意识形态的影响
与民众的日常生活密切相关
能动地解释、服务和作用于社会生活
与政治政策的矛盾统一
传承与发展
民俗与市场结合
全球化
"非遗"与民俗

图 4.2　概念主题的聚类分析图

上述 15 个主题之间的聚类结果具体呈现出 4 类民俗价值观，具体值可以见表 4.2：基于皮尔逊相关系数的概念主题聚类分析。

第一类价值：民俗与民俗学的理论价值。这个聚类是由主题"民俗实践与民俗学科发展相辅相成"和主题"完整的人类文明知识图谱"共同汇聚的，相关系数 0.5972。从上述分析可以看到，大家认可民俗实践与民间传统给人类文明与民俗理论带来的贡献。不同的民俗有着不同的人类文明符号、民俗结构和传承方式等内容，因而为民俗研究提供了丰富的现实素材。因此，民俗无论是直接的口耳传承还是间接的文字传承都对人类文明提供了价值基础。

第二类价值：民俗与民俗学的精神价值。这个价值聚类是由主题"以小见大和由小到大的价值"和主题"无形的使命感"共同汇聚，相关系数为 0.5420。在访谈过程中，学者们对民俗和民俗学在意识形态领域的价值是不回避的，并有高度的共识，认为民俗实际上是族群认同、民族认同、国家认同的文化基础、意识基础。

第三类价值：民俗与民俗学"网络关系的社会价值"。该价值首先由主题"能动地解释、服务和作用于社会生活"和主题"与民众的日常生活密切相关"聚类，两者的相关系数是 0.8944，然后与主题"民俗对个体认知和意识形态的影响"进行第二次聚类。与此同时，主题"凝聚认同到国魂"和主题"乡土根基与当代社会规范共存"进行聚类（相关系数 0.8667）。最后，上述两个第二次聚类的节点与主题"圈子文化"进行第三次聚类，形成第三类价值，即"民俗与民俗学网络关系的社会价值"。这个价值反映了民俗圈通过其社会关系网络发挥民俗与民俗学的社会价值，构建具有独特性的民俗社会价值。民俗与民俗学的社会价值既包含对个体的解释、服务和提升个体日常生活的功能，也包含对社会的规范功能和对国家的民族认同功能等。这是因为民俗与民俗学的价值基础是个体，民俗与民俗学解释个体日常生活和行为，通过民风习俗以及民俗产品开发等服务个体日常生活并提高个体的生活质量和水平。同时也反映了民俗与民俗学在国家与民族层面上的宏观价值，即民俗与民俗学可以凝聚同族人，获得民族身份认同，最终形成国魂的过程。而最后将个体、社会与国家进行网络关系化的连接是通过主题圈子文化形成的聚类，这表明民俗与民俗学有着强大的联结功能，能够把同类人群汇聚到一起。

第四类价值：民俗与民俗学的市场价值。剩余的主题通过多次聚类共同形成了本研究的第四类价值，即"基于时代特色的市场价值"。它包括民俗与民俗学对时代的诠释、民俗与民俗学参与市场化和全球化的行为、民俗与民俗学合理的传承和发展等内容，共同形成民俗与民俗学的市场价值。

表 4.2　基于皮尔逊相关系数的概念主题聚类分析

主题 A	主题 B	皮尔逊相关系数（PCC）
主题 6：能动地解释、服务和作用于社会生活	主题 10：与民众的日常生活密切相关	0.8944
主题 2：乡土根基与当代社会规范共存	主题 7：凝聚认同到国魂	0.8667
主题 6：能动地解释、服务和作用于社会生活	主题 12：对个体认知和意识形态的影响	0.8303
主题 5："非遗"与民俗	主题 15：全球化	0.8156
主题 7：凝聚认同到国魂	主题 10：与民众的日常生活密切相关	0.7708
主题 2：乡土根基与当代社会规范共存	主题 10：与民众的日常生活密切相关	0.7708
主题 12：对个体认知和意识形态的影响	主题 10：与民众的日常生活密切相关	0.7624
主题 2：乡土根基与当代社会规范共存	主题 4：圈子文化	0.6833
主题 2：乡土根基与当代社会规范共存	主题 3：民俗实践与民俗学科发展相辅相成	0.6833
主题 6：能动地解释、服务和作用于社会生活	主题 7：凝聚认同到国魂	0.6833
主题 6：能动地解释、服务和作用于社会生活	主题 3：民俗实践与民俗学科发展相辅相成	0.6833
主题 6：能动地解释、服务和作用于社会生活	主题 2：乡土根基与当代社会规范共存	0.6833
主题 9：民俗与市场结合	主题 7：凝聚认同到国魂	0.6461
主题 1：传承与发展	主题 8：与政治政策的矛盾统一	0.6451
主题 3：民俗实践与民俗学科发展相辅相成	主题 10：与民众的日常生活密切相关	0.5972
主题 9：民俗与市场结合	主题 15：全球化	0.5801

主题 A	主题 B	皮尔逊相关系数（PCC）
主题 11：无形的使命感	主题 14：以小见大和由小到大的价值	0.5420
主题 3：民俗实践与民俗学科发展相辅相成	主题 13：完整的人类文明知识图谱	0.5420
主题 5："非遗"与民俗	主题 1：传承与发展	0.5036
主题 9：民俗与市场结合	主题 10：与民众的日常生活密切相关	0.4967
主题 3：民俗实践与民俗学科发展相辅相成	主题 14：以小见大和由小到大的价值	0.4847
主题 12：对个体认知和意识形态的影响	主题 7：凝聚认同到国魂	0.4543
主题 12：对个体认知和意识形态的影响	主题 3：民俗实践与民俗学科发展相辅相成	0.4543
主题 2：乡土根基与当代社会规范共存	主题 12：对个体认知和意识形态的影响	0.4543
主题 4：圈子文化	主题 7：凝聚认同到国魂	0.4500
主题 3：民俗实践与民俗学科发展相辅相成	主题 7：凝聚认同到国魂	0.4500
主题 2：乡土根基与当代社会规范共存	主题 9：民俗与市场结合	0.4291
主题 6：能动地解释、服务和作用于社会生活	主题 9：民俗与市场结合	0.4291
主题 15：全球化	主题 10：与民众的日常生活密切相关	0.4197
主题 7：凝聚认同到国魂	主题 15：全球化	0.3977
主题 12：对个体认知和意识形态的影响	主题 15：全球化	0.3977
主题 5："非遗"与民俗	主题 11：无形的使命感	0.3977
主题 11：无形的使命感	主题 7：凝聚认同到国魂	0.3912
主题 6：能动地解释、服务和作用于社会生活	主题 11：无形的使命感	0.3912

续表

主题 A	主题 B	皮尔逊相关系数（PCC）
主题 4：圈子文化	主题 10：与民众的日常生活密切相关	0.3736
主题 5："非遗"与民俗	主题 14：以小见大和由小到大的价值	0.3722
主题 2：乡土根基与当代社会规范共存	主题 15：全球化	0.3309
主题 6：能动地解释、服务和作用于社会生活	主题 15：全球化	0.3309
主题 5："非遗"与民俗	主题 8：与政治政策的矛盾统一	0.3250

上述表格在给出同组节点聚类具有较理想的相关系数的同时，也反映了异组之间较低的相关系数值，这说明主题聚类的结果是理想的。比如主题"全球化"与异组主题"能动地解释、服务和作用于社会生活"和主题"乡土根基与当代社会规范共存"之间的相关系数分别为倒数第二（0.3309）和第三（0.3309），但是与同组的主题"'非遗'与民俗"的相关系数为 0.8156，以此类推，这就保证了概念聚类过程中同组相似、异组相远的基本要求。

三、主题阐释的民俗价值观表达

主题阐释，从属性上说属于客观研究阶段，是用受访者自己口述资料中所表达的观点来解释、深化资料分析过程所获得的与研究命题相关的主题。在这一过程中，笔者只是对受访者的口述资料进行梳理、归类和汇集，并不直接显示笔者自己的意见和观点。

通过上述的分析、研究过程，对该阶段的研究做以下概括性小结：

经过主题阐释过程对各个主题的研究，我们能够从中得到非常有意义、有价值的理论信息。

（一）关于对民俗价值的认识

在多个主题中都涉及对该问题的讨论。

其中，在"传承与发展""乡土根基与行为规范""民俗实践与民俗学科发展相辅相成""'非遗'与民俗""能动地解释、服务和作用于社会生活""凝聚认同到国魂""与民众的日常生活密切相关""民俗对个体认知和意识形态的影响""完整的人类文明知识图谱""以小见大和由小到大的价值"等主题中，都对民俗的价值进行了不同角度、不同深度的讨论，并提出了许多论述民俗价值的观点和判断，主要包括：

——民俗是人类文化的"源头"，是"老百姓日常生活中的创造"和"生活中的智慧"（刘铁梁、朝戈金、赵世瑜、刘德龙、高丙中、李松）；

——民俗是"日常生活的规则""民间法律"和"人类日常生活的行为规范"（刘铁梁、乌丙安、叶春生、刘宗迪、高丙中、张士闪等）；

——民俗的价值有意识形态领域的、也有市场或经济领域的，既有"民族主义的，也有消费主义的"（赵世瑜、刘宗迪、吴效群、田兆元、何晓铮、范正安、刘学斌）；

——民俗是形成"地方意识、民族意识、国家意识的基础"（刘宗迪、高丙中、李松、张士闪）；

——民俗的价值首先是对于人类个体的，然后才是对于族群和国家的（刘宗迪、高丙中、李松）；

——民俗是人类文明的"源文化""是人类文明最完整的知识谱系"（朝戈金、刘铁梁、刘德龙、乌丙安、叶春生）；等等。

这些对民俗价值的认识，虽然呈现的是一种"非系统性"特征的口语化叙述，但经过对这些资料的分析、整理，基本能够梳理出学者们对民俗价值的认识脉络和逻辑主线，以此奠定了我们进一步进行观点汇集和理论分析的基础。

（二）关于对民俗学价值的认识

学者们已经形成了指向清晰的民俗学价值观取向。

其中，在"民俗实践与民俗学科发展相辅相成""能动地解释、服务和作用社会生""圈子文化""与政治政策的矛盾统一""民俗与市场结合""与民众的日常生活密切相关""无形的使命感""以小见大和由小到大的价值""全球化"等主题的讨论中，均涉及了对民俗学价值的分析和讨论，形成了指向性非常清晰的价值观取向，主要包括：

——"解释和服务老百姓的生活"（刘铁梁、刘宗迪、高丙中、叶春生、吴效群、田兆元、张士闪）；

——确定民俗的概念、范畴，认定民俗的价值，传承和发展民俗文化（刘铁梁、刘宗迪、李松、朝戈金、刘魁立、刘德龙、范正安）；

——通过"礼俗互动"服务于国家、民族文化发展和意识形态建设（刘铁梁、赵世瑜、刘宗迪、李松、刘魁立、刘德龙、陈勤建、高丙中、张士闪、田兆元）；

——民俗学可以用"多出来的一只眼睛看世界"，建构人类最完整的知识谱系（乌丙安、朝戈金、叶春生）；等等。

与学者们对民俗价值的认识类似，虽然在访谈口述资料中并未形成系统的对民俗学价值的论述，但已经形成了非常清晰的价值取向。

（三）关于对民俗学科地位的认识

民俗学科的地位直接关系到民俗学者自身的利益，因此，学者们的心态和认识存在着一定的矛盾。

——一方面基于对民俗学科归属的不同认识（到底是属于"人文科学"还是属于"社会科学"），另一方面基于学科层级的现状（社会学下的"二级学科"），形成了对民俗学科性质的不同认识，并因此而产生了"知"与"行"分离和"知行合一"的不同认识（刘铁梁、刘宗迪、赵世瑜、叶涛、田兆元、吴效群、张士闪）；

——大多数学者还是能够客观地从学科的社会作用和对其他学科的

影响力等角度，实事求是地分析和评价民俗学的学科地位（刘宗迪、朝戈金、赵世瑜、刘魁立、张振犁、高丙中、陈勤建、田兆元、张士闪）；

——在学者们对民俗学科地位的分析和评价中，有一种非常清醒的认识，即认为民俗学其实"从来都不寂寞"，社会的相关领域一直都在用民俗学的理论和方法在处理和解决与民俗相关的事务（赵世瑜、刘宗迪、高丙中、朝戈金、李松）；

——民俗学必须建构并完善自身的理论体系，特别是完善民俗学的"元理论"（刘宗迪、高丙中、乌丙安、朝戈金、刘锡诚、陈勤建）；等等。

这些观点主要反映在"传承与发展""民俗实践与民俗学科发展相辅相成""圈子文化""'非遗'与民俗""能动地解释、服务和作用于社会生活""与政治政策的矛盾统一""民俗与市场结合""无形的使命感""以小见大和由小到大的价值""全球化"等主题中。

（四）关于对民俗学者社会价值发挥途径的认识

学者们在思想上基本形成了一致性的认识。

在"传承与发展""民俗实践与民俗学科发展相辅相成""圈子文化""'非遗'与民俗""能动地解释、服务和作用于社会生活""与政治政策的矛盾统一""民俗与市场结合""无形的使命感""以小见大和由小到大的价值"等主题中，学者们形成了比较集中的几点认识：

——参与社会和"民俗实践"是民俗学者发挥社会价值的重要途径（刘铁梁、刘宗迪、赵世瑜、李松、吴效群、陈勤建、田兆元）；

——民俗学领域里的"圈子文化"成为民俗学者进行学术传承、团队研究和发挥社会价值的重要方法和途径（高丙中、赵世瑜、张振犁、刘锡诚、叶涛）；

——通过"礼俗互动""与政治结盟"，与政府合作，去影响和作用于社会实践，是在国家政治体制机制下的必然选择（刘铁梁、刘宗迪、朝戈金、陈勤建、张士闪）；

——在合作的同时要相对保持学者的独立性——能够独立思考、能够发表和持有独立见解，保持批评的权利（刘铁梁、刘宗迪、赵世瑜、李松、高丙中、张士闪）；等等。

总之，因现场访谈和口述表达方式的局限性，学者访谈所形成的口述资料并未直接形成对民俗价值、民俗学价值的系统性理论阐述，但口述资料中分散和碎片化的观点表达，已经显现出非常清晰的民俗价值观取向，为我们进一步的深化研究奠定了坚实的学术和理论基础。

四、主题阐释表达的价值观种类

通过对 15 个主题的内容进行价值观类型分析，可以获得指向比较明确的民俗价值观种类的分析结果——呈现出了 4 类民俗价值观。

（一）理论价值

从上述对主题的分析看，学者们普遍认可民俗实践和民间传统给人类文明与民俗理论发展带来的贡献。不同的民俗内容、类型、表现方式等实际上都是人类文明的反映，正是这些民俗的内容构成了对人类文明、人类知识体系最完整的表现和反映基础，无论是在"科学"范畴内的生活和生产领域，还是在"科学"范畴之外的"神秘文化""灵异现象"以及其他尚未被人类现有科技手段和认识水平查明、解构的所谓"非科学"知识，实际上都是人类文明和人类知识体系的重要组成部分，因此而建构了最完整的人类知识谱系；也正因为民俗实践给人类文明发展和人类知识体系建构所带来的这种知识奉献，也为民俗学研究和民俗学理论体系的建构提供了丰富的素材和研究基础，使民俗学能够超越其他学科，成为现代学科体系中不可替代的学科范畴。基于此，民俗学完全有条件、有基础成为独立的一级学科。

（二）精神价值

精神价值是体现在意识形态领域的价值。学者们认为，具体的一个民俗事象看似"很小""很地方"，是"小知识""小历史"，但正是这些具体的反映在人类生活、生产过程的习惯、习俗、礼仪、价值标准、行为规范、民间规制等，形成了地方认知、民族认知和国家认知的意识基础，成为地域、民族和国家识别的重要标志；正因为民俗具有了这种精神层面的价值，使研究这一领域的民俗学者们对自己的学术研究产生了"无形的使命感"，将自己的学术使命与地方建设、民族进步和国家发展紧密结合起来。

同时，精神价值或意识形态领域里的价值，自然脱离不开与政治、政策的关系，这也是民俗学者们总是感觉自我矛盾的根源，学者的清高和思想的独立性总是在潜意识中让自己远离政治，但学科本身的性质和研究对象、研究内容的敏感性，却又总是离不开政治，或者无法摆脱政治，甚至被政治左右。与其他学科相比，民俗学的确与政治有着不解之缘。

（三）社会价值

民俗与民俗学具有以"网络关系""圈子文化"为特征的社会价值。在这一点上与其他学科相比较，民俗学是具有特殊性的。

这种价值比较复杂，反映了"民俗圈"通过其社会关系网络来发挥民俗与民俗学社会价值的一个特性，这的确在其他一些学科领域是很少见的一种现象。

民俗与民俗学的社会价值既包含对人类个体的解释、服务和提升个体日常生活质量的功能，也包含对社会风气、行为习惯的规范功能和对国家、对民族的认同功能等。这是因为民俗与民俗学的价值基础是个体，民俗与民俗学解释个体日常生活和行为，通过民风习俗以及民俗产品开发等服务于个体日常生活，并提升个体的生活质量和水平。同时也反映了民俗与民俗学在国家与民族层面上宏观的意识形态价值和政治价值，即民俗与民俗学可以凝聚同族人，获得民族身份认同，并最终上升为国魂或成为形成国魂的文化基础。而最后将个体、社会与国家进行网络关系化的连接是通过"圈子文化"来形成的，这一逻辑结构表明了民俗与民俗学有着强大的联结功能，能够把同类人群汇聚到一起，无论是地缘的、民族的、国家的"人群圈子"，还是民俗学者的"学术圈子"，都具有非常紧密的内在联结功能。

"网络关系""圈子文化"，在此并无褒义或贬义的寓意，只是对民俗和民俗学社会价值特征的一种表达方式。

（四）市场价值

民俗与民俗学的市场价值，是指民俗和民俗学服务于社会文化和经济发展领域的功能。它包括民俗与民俗学对时代的诠释，民俗与民俗学参与资源化利用、市场化开发的经营性行为，民俗与民俗学在国际化、全球化平台上进行的跨地域、跨文化交流，民俗和民俗学参与国家文化保护特别是"非遗"保护与传承工程，民俗与民俗学参与国家文化产业发展、通过对民俗资源的创新利用，形成新的文化产品，以文化与商品相结合的方式创新民俗文化（特别是非物质文化遗产）传承和发展模式等等，这些都是民俗与民俗学文化与市场价值的表现。

五、主题阐释的局限性

该阶段是基于对受访者深度访谈的口述资料所进行分析研究，运用了扎根理论质性研究的思维逻辑和分析方法，就与民俗价值观共同体的民俗价值观相关的主题进行了客观分析和阐释。通过资料分析、概念提炼、范畴聚类，形成了与民俗价值观命题相关联的 15 个主题，然后同样用"客观"资料——受访者的口述资料，分别对每一个主题进行了"客观"解读。

在这个客观研究阶段，所有应用的资料都是源于深度访谈阶段所形成的学者口述资料，因此，基于访谈资料和研究过程的限定性，会显现出以下几个方面的问题：

一是由于访谈资料本身的"口语化"特征，在一定程度上影响到了内容表达的"学术性"和"理论性"，会给人一种"理论平淡"的感觉。

二是在访谈过程中，为了使交流能够走向深化，受访者谈话的自由度相对较大，不会完全按照访谈提纲的设计来进行"答题式"的精准叙述，使谈话内容比较分散，也在一定程度上影响了访谈资料内容的主题集中度。

三是无论是访谈过程、还是在资料的分析过程，都未能将"民俗的价值"与"民俗学的价值"明确地区分开来，因此，15个主题未能直接、明确地回答"民俗"和"民俗学"各自的价值所在。但实际上，访谈过程本身所形成的学者个体口述资料，也不可能直接在理论上解决"民俗"和"民俗学"的价值问题，肯定需要笔者进行专门的理论研究过程来完成。

四是15个主题的排列顺序，是按照主题、范畴在整个访谈资料中出现的频率及其在总频率中的占比由高到低进行的，而不是按照"民俗→民俗学→民俗学科→民俗学者"的惯常逻辑进行排序，这也会对阐释过程的主题集中度和指向性产生一定的影响，会给人产生主题阐释的内容与研究命题有疏离感的错觉。

正是基于这些问题的存在，后续的综合研究，将按照研究命题的设计要求和民俗价值观研究的理论逻辑，来对民俗价值观的具体内涵进行深化研究和理论总结。

第五章　民俗的价值

从本章开始，本研究进入以理论分析、推导为主的综合研究——理论总结、升华阶段。将以此前对访谈资料分析得到的 15 个主题、4 类价值的初步分析结果为基础，将访谈资料与访谈对象前期的研究成果相结合，进行"对读"研究，对研究命题做进一步的集中和深度的理论探讨，力图能够清晰地回答研究设计所设定的基本命题，即总结出"民俗学研究学术共同体"关于民俗价值观的群体共识。

因此后续的研究将沿着"民俗→民俗学→民俗学科→民俗学者"的逻辑顺序来对"民俗学研究学术共同体"的民俗价值观进行理论推导和总结。

一、民俗价值的三个维度

对访谈资料的分析、聚类所形成的 15 个主题和 4 类价值，对受访学者们所反映的对民俗价值的认识，能够清晰而集中地显示出一个十分明显的方向性理念，即民俗的价值是分层次的，是存在于不同维度的。

通过对受访学者们观点、理念的梳理、概括，民俗的价值是分别存在于三个层次或三个维度上的，即：

——对人类个体的生活层面；

——对人类特定群体（地方、民族、国家）的意识形态层面；

——对人类整个知识体系的建构层面。

民俗在人类个体生活层面的价值，从钟敬文先生开始就强调民俗对于人的日常生活的解释和服务功能；民俗来源于老百姓的日常生活，又服务于老百姓的日常生活。在访谈过程中，刘铁梁教授、刘宗迪教授、赵世瑜教授、李松主任、乌丙安教授、高丙中教授、叶春生教授、吴效群教授、田兆元教授等一致认为，民俗服务于老百姓的日常生活，这是民俗最根本性的价值，是民俗在其他层次或维度上的价值的基础。大家的观点，从民俗本身就是老百姓日常生活中创造的文化和智慧，到民俗服务于老百姓的日常生活、规范人的日常生活行为等等，非常集中地表达了他们对民俗在人类个体日常生活层面的价值的认识。而通过对他们前期在不同的研究文献中对同类问题所表达的观点做比对可以发现，他们在访谈过程中所表达出的观点，与他们前期的认识是高度一致的。

民俗在人类特定群体意识形态层面的价值，刘铁梁教授、刘宗迪教授、赵世瑜教授、李松主任、刘魁立教授、朝戈金教授、陈勤建教授、高丙中教授、叶涛教授、张士闪教授、田兆元教授等一致认为，民俗服务的对象，由"人"到"人群"或"群体"，是层层递进的，这既是民俗服务对象的逐步扩大，也是民俗价值的提升；这个"人群"或特定"群体"，可以是"地方"的，可以是"民族"的，也可以是整个"国家"的；民俗是地方认同、民族认同、国家认同的文化基础、意识基础，民俗是地方识别、民族识别、国家识别的重要标志，本身所反映的就是民俗在"群体"层次或维度上的意识形态价值。因此，任何一个国家的民俗和民俗学，也都必然具有地方文化色彩、民族主义色彩、国家意识形态色彩。

民俗在整个人类知识体系建构层面的价值，是针对整个人类的，或者说是针对整个人类宏大的知识体系。刘铁梁教授、乌丙安教授、叶春生教授、朝戈金教授等非常明确而肯定地表达了民俗能够"最完整地反映人类文明知识谱系"的观点。与上述两个维度不同的是，在访谈过程中，能够明确表达这一观点的学者不是很多，而且这几位学者也是从不同的角度提出自己对这一观点的看法和见解的。而通过对前期相关文献的检索发现，此前的相关研究中，涉及这一观点的文献也不多见。

对民俗价值是存在于不同维度的结论总结，奠定了我们进一步对民俗价值观进行深度研究的基础。

二、民俗对日常生活的规范价值

民俗对日常生活的规范价值，是存在于人类个体层面的价值。

实际上几乎所有的受访者都认同民俗在对人类个体日常生活、行为方式方面的规范价值、约束作用。所使用的概念、词语也基本一致，基本集中在"生活规则""行为规范""民间法律""生活范式""自我约束"等范畴。

应该说，这是一个不需要再做专门论证的问题，包括以往几乎所有与此相关的研究著述，也都对民俗的这一价值持相同的认识，只是以往学术界并不是直接使用"价值"概念来对民俗价值进行定义的，而是受钟敬文先生的影响，多使用"民俗的作用""民俗的社会功能"等方式来进行表达。

（一）钟敬文关于民俗"四个功能"的价值定位对学界的影响

钟敬文先生主编、多位学者参与的《民俗学概论》，是我国最早的民俗学基础理论教科书，该书一开始就将民俗定义为"生活文化"，认为民俗是"民间风俗"，是"一个国家或民族中广大民众所创造、享用和传承的生活文化"。[①] 该书中并没有对"民俗价值"进行直接探讨，而是论述了"民俗的社会功能"，并指出，民俗具有四个功能，即："教

---

① 　钟敬文主编：《民俗学概论》，上海文艺出版社 1998 年版，第 1 页。

化功能""规范功能""维系功能""调节功能"。① 很显然，"教化""规范""维系""调节"在内涵上是与作为"日常生活的规则和民间法律"完全对接的四项功能。这一定位也基本对民俗在日常生活中的"规则"和"民间法律"价值给予了定论，民俗学界也基本都完全接受了这一定论。

但如果我们再做进一步研究，可以发现，"教化""规范""维系""调节"这四个功能在日常生活中的实际作用是有所区别的："教化"主要起到的是习惯养成作用；"维系"和"调节"主要起到的是社会平衡作用；而"规范"则主要是"控制""约束"作用。"为什么有许多人在习俗环境下受到民俗的强大压力时表现出驯服的顺从态度?"② 这就是民俗的"规范"作用使然，亦即是因为民俗的"生活规则""民间法律"价值在发挥作用。对此乌丙安教授在其《民俗学原理》一书中从"民俗控制"的角度给予了系统论证，在该书的"第二论"——"民俗控制论"中，提出了"隐喻型控制""奖惩型控制""监测型控制""规约型控制""诉讼型控制""禁忌型控制"六种约束、控制模式。③

乌丙安教授是新中国成立后钟先生最早的弟子之一，曾于 1953 年至 1955 年在北京师范大学中文系民间文学研究生班学习，参加过钟先生主编的《民间文学概论》《民俗学概论》等教材的编写，也受钟先生安排，在 20 世纪 80 年代民俗学恢复后北师大的民间文化、民俗学培训班上担任授课教师。后分别在沈阳师范大学和辽宁大学任教，创立了辽宁大学的民俗学科，一直从事民俗学、民间文学和民间信仰研究至今。曾经出版过我国第一部《民俗学原理》，试图探索和建构系统的民俗学"元理论"体系。应该说，乌丙安教授关于民俗学基本理论的认识和观点，是与钟先生的学术思想一脉相承的。

---

① 　钟敬文主编:《民俗学概论》，上海文艺出版社 1998 年版，第 27—32 页。
② 　乌丙安:《民俗学原理》，辽宁教育出版社 2001 年版，第 134—211 页。
③ 　乌丙安:《民俗学原理》，辽宁教育出版社 2001 年版，第 134—211 页。

　　陈勤建教授同样沿袭了钟先生的思想："所谓民俗，即是'人'俗"，就是"现实社会民众群体中风行的不成文（法）的规矩"。① 陈勤建教授是华东师范大学终身教授，上世纪 80 年代曾经参加过钟先生在北师大举办的全国民俗学培训班（在华东师大经过严格的考试选拔取得进修资格），很多关于民俗和民俗学的思想观念直接受钟先生影响。他认为："民俗本身就是人类在不同领域中形成的群体性代代相传的思考原型与行事方式。它具有对后继社会行为起规范化模式和思想感召力的文化力量"，"是文化塑造人格的重要方面"。② 所以很显然，陈勤建教授关于民俗对人类个体日常生活的规范价值的认识，明显也是受钟先生影响的。

　　实际上，在日常生活中，民俗体现在"生活规则"和"民间法律"方面的对人类个体行为的规范价值，在家教、族规和乡规民约上体现得最为典型。对此，叶涛教授认为："乡规民约是社会民俗的重要组成部分，它是由一定村庄（寨）为单位独立或联合制定的、维持社会秩序、调整社会成员之间关系的一套传统习惯。按照法学的观点，乡规民约就是习惯法，习惯法就是乡规民约。"③ 在此，作为习惯法的乡规民约与国家法律的目的和作用是一致的，"都是维护社会秩序，保障社会安宁和社会健康发展，保护人们正常地生产劳动和生活，调整人们互相之间的关系。"④

　　叶涛教授是钟先生晚年培养的博士之一。1984 年山东大学中文系毕业后留校任教，与徐经泽教授、李万鹏教授等一起创立了山东大学民俗研究所和《民俗研究》杂志，2001 年至 2004 年，在北师大攻读法学（民俗学）博士。后调入中国社科院宗教研究所从事民间信仰研究至今。叶涛教授一直主张民俗学应该归属于人文科学范畴，民俗的发生与发展

①　陈勤建：《现实性：中国民俗学的世纪抉择》，《民俗研究》1998 年第 4 期。

②　陈勤建：《现实性：中国民俗学的世纪抉择》，《民俗研究》1998 年第 4 期。

③　叶涛：《民俗特质论》，《民俗研究》1991 年第 4 期。

④　叶涛：《民俗特质论》，《民俗研究》1991 年第 4 期。

是民间生活文化的一种自然演进过程。而乡规民约是一种具有典型意义的发源于民间自发行为的社会民俗，其对社会日常的"生活规则"和"民间法律"价值也同样具有典型意义。而且，除此之外，其他很多的民俗文化类型也具有同样的价值，如言行举止、礼节礼仪、行为习惯、节日习俗，甚至带有民间信仰或俗信性质的禁忌等等，都对人具有教化和约束作用。这种价值作用的范围，可以只是一个小小的村落，也可以大到一个民族或一个国家。甚至一些因民间信仰和宗教而形成的生活习俗，能够跨越民族和国家界限，在世界范围内发挥作用（如基督教、佛教等）。例如民间信仰，叶涛教授认为：民间信仰可分为两类，"一类是以个体行为为主的神灵祭拜，如对灶王、土地以及众多区域性神灵的祭祀，信仰行为的发生地点往往是家庭或者以家庭、村落为中心的区域；另一类则是以集体行为为主的带有组织化特征的神灵祭拜，这种组织化的神灵祭拜便形成了民间信仰组织"。而在日常生活中，无论是个体的还是组织化的，民间信仰都在"规范着人们的日常生活"。①

也有学者对民俗在日常生活的规范价值方面给出了更进一步的论述。刘魁立教授认为："民俗不仅仅是一种文化，而且是一种制度，它规范着人们的思维方法、生活方式和对待事物的价值取向。"②把民俗对日常生活的规范价值提升到了"制度"层面，这是刘魁立教授与别的学者不太一致的观点，或者是别的学者未曾如此直接表达的观点。

刘魁立教授是中国社会科学院少数民族文学研究所原所长、中国民俗学会原会长（即现任所长、会长朝戈金教授的前任）。一直从事中国民俗学及民间文学、中国少数民族文学、欧洲民俗学的研究，并长期在北师大任兼职教授，为博士生、访问学者、外国留学生讲授《欧洲民俗学史》课程。刘魁立教授的这种观点与其在访谈过程中显现出的一些观

---

① 叶涛：《信仰、仪式与乡民的日常生活——井塘村的香社组织与民间信仰活动述论》，《民间文化论坛》2006 年第 6 期。

② 转引自叶春生《民俗传统的认同与复归——对当前"民俗热"的思考》，《宝鸡文理学院学报》（社会科学版）2002 年第 4 期。

念，实际也是对应的。访谈过程中能够感觉到，刘魁立教授是十分看重"制度力量"的。"中国这个特殊的环境下，人们会怎么样来对待这些民俗文化，即他们是怎样认识民俗的价值的"，"也就是他自己的操作方法"是怎样的。"有的人的功业，在于他作为领导人，作为组织、作为机构的代表，通过制定政策和调动政府的干预，制定规划，顶层设计等等，来影响民俗和民俗学的发展"。"这个层面的人，比如说周扬，比如说周巍峙，比如说贾治邦，等等，他们是在这个层面上影响民俗和民俗学发展，即通过影响来传承。"他们就是木偶戏背后的那个"提线人"，即他们是通过制定政策、制度来影响民俗和民俗学的发展，是真正的起决定性作用的力量。[①] 将这两段话做一下联系、对比，就会发现，刘魁立教授之所以会使用"制度"这一概念来形容民俗对人们日常生活的规范作用，实际上是在强化民俗的这种规范、约束、控制价值。

另一方面，近年来以高丙中教授等为代表的民俗学研究向"日常生活"的转向，实际上也是民俗对日常生活规范价值在民俗学研究方向上的延伸反映。

高丙中教授是钟先生的学生张紫晨教授指导的博士生，属于钟先生的再传弟子。高丙中教授是文学出身，本科和硕士都获得的是文学学位，1988 年至 1991 年在北师大师从张紫晨教授攻读民俗学博士，现为北京大学社会学人类学研究所教授。其博士论文——《民俗文化与民俗生活：民俗学的研究对象与学术取向》的研究主题就是关于日常生活研究的。近年来，以高丙中教授为代表的民俗学研究由"生活世界"向"日常生活"转向，成为中国民俗学领域研究创新的重要标志之一。在访谈中，高丙中教授曾经谈道："对民俗价值认识，在中国民俗学产生之初，人们对民俗价值的认识与民俗学研究领域所讲的是矛盾的。一方面，开始时的那些学者们，也是想从民间找到一些积极的东西，例如从歌谣到诗歌，再到民族精神。但是另一方面，又很少有人能够注意到，

---

① 刘魁立，笔者访谈笔记，刘魁立教授访谈录。

大多数的针对社会的研究，以及他们对待民间习俗的态度，却又都是把民俗看作是落后的东西，要淘汰的东西。这实际上是矛盾的。"特别是"把民俗与社会主流文化相比较的话"，"它就成为落后的了"。① 为什么会这样，就是我们对"下层文化"——老百姓的日常生活研究不足、认识不到位。而近年来高丙中教授关于"公民社会"的研究，实际上是社会发展理念在民俗学领域的反映——社会"主流价值"由"上层文化"向"日常生活"和"公民个人"的转向，用"民间"和"公民"概念来强化和提升民俗的社会价值，② 并追求"国人之间关系的最大公约数"。③

总之，钟先生关于民俗对日常生活的"教化""规范""维系""调节"四个功能的定义，对整个中国民俗学领域对民俗在人类个体日常生活层面价值的认识，起到了引导和奠基作用，学界今天的认识基本都是在四个功能的基础上继承、发展起来的。

（二）民俗的"内价值"

民俗的"内价值"与"外价值"，是刘铁梁教授提出的关于对民俗价值的认识理论。"内价值"指的是民俗本身的价值或民俗的本体价值，具体是指"民俗文化在其存在的社会与历史的时空中所发生的作用，也就是局内的民众所认可和在生活中实际使用的价值"④。

从刘铁梁教授对民俗"内价值"的定义可以看出，"在生活中实际使用的价值"实际上指的主要就是作为生活中行为规范或生活范式的价值。而且，他还专门强调，民俗的"根本价值是它具有生活特征的内价值"，"而不是把它作为欣赏对象和商品包装的外价值"。⑤

在访谈过程中刘铁梁教授又多次提及民俗的"内价值"和"外价

---

① 笔者访谈笔记，高丙中教授访谈录。
② 高丙中：《从民间到公民——民俗学在其中的作用》，《中国民族报》2004年3月19日。
③ 高丙中：《"公民社会"概念与中国现实》，《思想战线》2012年第1期。
④ 刘铁梁：《民俗文化的内价值与外价值》，《民俗研究》2011年第4期。
⑤ 刘铁梁：《民俗文化的内价值与外价值》，《民俗研究》2011年第4期。

值"理论。他还特别强调，民俗的"内价值"是民俗"本然的就存在"的价值，民俗"之所以能够传承、能够延续，并且得到一再的创作，本身就说明它在生活中是有价值的，这就是'内价值'"。①

刘铁梁教授关于民俗"内价值"和"外价值"的观点，是民俗学领域直接研究民俗价值观的一个具有创新意义的理论贡献，也是对钟先生关于民俗社会功能理论的继承和发展。

刘铁梁教授是高考恢复后钟先生的第一批研究生，并长期在北师大、在钟先生的学术团队中从事民俗学研究，对钟先生的学术思想既有继承也有新的发展，他曾经写过一篇全面回顾和诠释钟先生民俗学思想的文章，② 其中能够深切地感受到他对钟先生学术思想的认识和继承。而在最近的一篇讨论民俗学学术史的文章里，在谈及学界对民俗概念的讨论时，他引述钟先生的观点："民俗，即民间风俗，指一个国家或民族中广大民众所创造、享用和传承的生活文化"。③ 并指出：钟先生对民俗的这一定义，学术界"至今难以逾越"。④ 这里既表达了他对钟先生学术思想的肯定和继承，也再次表达了刘铁梁教授本人对民俗的"内价值"或本体价值——在日常生活中的价值的肯定。

可以认为，刘铁梁教授关于民俗"内价值"和"外价值"的理论，是对民俗价值观研究的一个重要贡献，奠定了我们认识民俗"本体价值"的理论基础，结合钟先生早期对民俗的定义、民俗四个社会功能的定性和访谈过程中学者们关于民俗在人们日常生活中规范作用的意见表达，可以确定：

——民俗对人类个体日常生活的规范价值，是民俗最基础、最根本的本体价值。

---

① 笔者访谈笔记，刘铁梁教授访谈录。
② 刘铁梁：《钟敬文"民俗文化学"的学科性质及方法论意义》，《北京师范大学学报》（人文社会科学版）2002 年第 2 期。
③ 刘铁梁：《中国现代民俗学概论的基本思想及其影响》，《民俗研究》2017 年第 3 期。
④ 刘铁梁：《中国现代民俗学概论的基本思想及其影响》，《民俗研究》2017 年第 3 期。

三、地方认同、民族认同、国家认同的意识基础

民俗"从小到大""由小见大"、由族群认同上升到国家认同，是其对人类特定群体（地方、民族、国家）意识形态层面的价值。在访谈过程中，大多数学者都直接表达了基本一致的认识：民俗是地方认同、民族认同、国家认同的文化基础、意识基础，是地方识别、民族识别、国家识别的重要标志。

（一）民俗的地方认同与地方识别

民俗对于人类特定群体在意识形态层面的价值，首先是因为其地方性特征。在地方性的基础上逐步上升，形成"地方认同→民族认同→国家认同"的逻辑演进过程。

无论是作为日常生活习惯和行为规范，还是作为非物质文化遗产的民间艺术类型，抑或是口耳相传的民间技艺，民俗首先是"地方性"的。刘宗迪教授在一次学术报告中专门论述过民俗的地方性特征，从"时空观"的角度论述民俗"一个最显著的特点应该是它的地方性"，并且列举了刘铁梁教授主持的北京门头沟调查的案例，认为"正是抓住了民俗的内在脉络，也就是地方性。地方性最基本的因素就是时空，时间和空间。每一个地方都占据它得以存在的空间"。① 刘铁梁教授更是强调民俗文化的"在地性"，认为"文化在地化的研究是一个不可回避的问题。也就是说，一个民族的文化，人类的文化，这些普适性的文化，如果没有在一个地方，与人群互动的特殊生活内容相联系，它将失去地方意义，也不能'着陆'。民俗文化之所以是文化传承的基础，正表现

---

① 刘宗迪：《民俗志与时空观的地方性》，中国民俗学网，http://www.chinesefolklore. org.cn/web/index.php？NewsID=2548。

于此"①。

正是在对民俗的"在地性"这一特性认识的基础上，并基于在北京市房山、门头沟农村长期、持续的民俗调查，刘铁梁教授在原来学术领域已经"关注到宗族、庙会、祭祀圈等现象"，并"通过宗教性节庆仪式行为的象征和隐喻"来建构地方或"基层社会的生活秩序、权力关系与文化认同"的基础上，进一步提出在乡村社会最基础的"地方"——村落，以"劳作模式"为基础而形成的"地方感"和文化认同②。并在此基础上初步建立了地方"标志性文化"理论，并建议以"标志性文化统领式"来进行民俗志编写。③ 他认为：标志性文化，"是对于一个地方或群体文化的具象概括，一般是从民众生活层面筛选出一个实际存在的体现这个地方文化特征或者反映文化中诸多关系的事象"，"能够体现一个地方民众的集体性格、共同气质"。④ 很显然，作为地方"标志性文化"的民俗事象，既是地方认同的文化基础、意识基础，也是地方识别的重要标志或主要标志。

地方认同与地方识别是相辅相成的，即因为地方内部对民俗的"认同"，而使民俗成为内外识别的标志和形成文化共同体、利益共同体的核心基础。

在访谈过程中，刘宗迪教授、乌丙安教授、叶春生教授、高丙中教授、李松主任等都从不同的角度对民俗的地方认同价值提出了看法，包括：

---

① 刘铁梁：《地方社会的建构与地方民俗文化的创造——北京三个区民俗调查的视角》，中国民俗学网，http://www.chinesefolklore.org.cn/web/index.php? NewsID=2548。

② 刘铁梁：《劳作模式与村落认同——以北京房山农村为研究案例》，《民俗研究》2010年第3期。

③ 刘铁梁：《"标志性文化统领式"民俗志的理论与实践》，《北京师范大学学报》（社会科学版）2005年第6期。

④ 刘铁梁：《"标志性文化统领式"民俗志的理论与实践》，《北京师范大学学报》（社会科学版）2005年第6期。

叶春生："民俗文化的认同能够形成地区或民族的凝聚力"。①

刘宗迪："民俗最大的价值就在于，它是民族认同、地域认同和国家认同的文化基础。这才是民俗最大、最高的价值"。②

李松："乡土社会它所有智慧的节点就是群体利益的最大化，从家庭利益最大化，到家族利益最大化，到全村利益最大化"。③

因为民俗的地方性特征，使民俗的这种地方身份认同的价值在我们日常生活中体现得非常显著。比如中国南方和北方有着截然不同的风俗习惯，因此也就使南方人与北方人的身份认同存在着差异。乌丙安教授在访谈中讲述的山东人注重礼仪礼节的传统，一个家庭即使家境再贫穷，礼仪礼节传承也是非常重要的，如：小孩见到有客人进门时，也会赶紧把衣服上的扣子系整齐，包括最上面的风纪扣，就是一种非常典型的民俗识别标志。

地方认同所表达的是基于共同的生活范式、共同的利益诉求等而形成的共同的价值观体系，这种共同体的价值观体系对内"能够形成地区或民族的凝聚力"（叶春生），对外则成为地方身份识别的标志。

（二）民族认同、国家认同的意识基础

与民俗的地方性同理，民族性也是民俗的重要特征之一。

民俗原本就是一种族群文化，这种族群文化既可以在空间上"着陆"于某一特定的区域，形成"在地性"特征；也可以在承载主体上形成并附着于某一特定的民族，形成民族性特征。正因为如此，民俗学无论是在西方还是在中国，从一产生开始就带有"民族主义色彩"。西方学者早就有民俗文化是"一个民族精神"的"真正表达"和"民族认同的一种重要表达方式"，同时"也是该民族社会生活与政治生活的根本

---

① 笔者访谈笔记，叶春生教授访谈录。

② 笔者访谈笔记，刘宗迪教授访谈录。

③ 笔者访谈笔记，李松主任访谈录。

依据"的论述。①

对此，叶涛教授认为，"民俗是一种精神文化，是一种观念形态"，一方面"民俗通过一系列仪式活动，变为人的外显行为，如信仰仪式、人生礼仪等，可以使人们看得见、体会得出"，另一方面，"民俗通过人类的行为产生物质形态，并且附着于物质形态之中，产生带有民俗观念的民俗物品，使人们摸得着、用得上。"② 他还引用恩格斯的观点，"国家制度、法的观点、艺术以至宗教观念，就是从这个基础上发展起来的。"③

正是由于民俗作为一种精神文化、一种观念形态，具有地方性、民族性特征，也就使民俗成为地方识别、民族识别的重要标志。中国民谚中的"三里不同风，十里不同俗"以及我们文化和政治生活中经常强调的要尊重"民族习惯"等等，体现的都是民俗的地方识别和民族识别作用。而"地方识别""民族识别"实际上是从内、外两侧对民俗的"地方认同价值""民族认同价值"的诠释。即一方面，民俗是地方意识、民族意识形成的基础，在长期的生活、生产实践和社会发展过程中，人们逐渐形成了共同的思想意识和行为习惯，并刻意去遵守、维护和传承，逐步形成了维系地方和民族共同价值观的意识基础，当地人和同族人也因此而进行"自我识别"。另一方面，外界也将此作为识别某一特定地方和民族特征的重要标志，如"好客——山东人""善于经营——徽商""马背上的民族——蒙古族""长鼓跳板——朝鲜族"等等，这些地方性或民族性的民俗特征，都成为内外识别的标志性要素。

"国家认同"是民俗在"地方认同""民族认同"基础上进一步上升到国家层面的文化价值，也是民俗作为意识形态重要组成部分的最直接和最高的体现。民俗的民族认同、国家认同价值同样在访谈过程中得到了很多学者的呼应：

---

① Richard Bauman：《作为表演的口头艺术》，杨莉慧、安德明译，广西师范大学出版社 2008 年版，第 208—211 页。

② 叶涛：《民俗特质论》，《民俗研究》1991 年第 4 期。

③ 《马克思恩格斯选集》第 3 卷，人民出版社 1972 年版，第 574 页。

叶春生："民俗文化，实际上也是维系区域或民族文化认同的、具有凝聚效应的核心文化，以民俗文化为核心，能够形成一个地区、或一个民族的文化共同体"。①

高丙中："那些能够作为民族认同核心内容的民间、民俗文化……代表了我们的民族精神。民俗最大的价值就在于，它是民族认同、地域认同和国家认同的文化基础。这才是民俗最大、最高的价值"。②

刘宗迪："现在是讲身份政治，即身份认同，各种各样的身份认同。通过宗教、文化，当然也通过习俗，来形成身份认同"。③

陈勤建："民俗孕育了国魂，国魂就在民俗之中。民俗是属于意识形态领域的学问。上升到意识形态层面，就不单纯是生活领域的学问了。这样就把民俗在民族、国家大文化体系中的地位提高了"。④

正因为这种意识形态的属性，使得民俗与国家、与民族的关系非常紧密。前期口述资料分析中的多个主题——包括"凝聚认同到国魂""与民众的日常生活密切相关""以小见大和由小到大的价值"等，都涉及了对民俗认同价值的认识，并从不同的角度对民俗的认同价值进行了论证。其中刘宗迪教授在接受访谈时非常肯定地论断最具代表性。他认为："民俗是民族认同、地方文化认同和民族精神、地方精神形成的基础，最终则成为国家认同的文化基础"。⑤

刘宗迪教授是民俗学界的奇才，他本科是在南京大学气象系学习大气物理专业，硕士研究生就读于四川师范大学中文系文艺学专业，博士研究生在北师大师从钟敬文先生攻读民俗学，毕业后先在中国社科院、后被作为"齐鲁青年学者"人才引进，进入山东大学儒学高等研究院从事神话学、民俗学研究。这种多学科的学习经历，使刘宗迪教授博学多

---

① 笔者访谈笔记，叶春生教授访谈录。
② 笔者访谈笔记，高丙中教授访谈录。
③ 笔者访谈笔记，刘宗迪教授访谈录。
④ 笔者访谈笔记，陈勤建教授访谈录。
⑤ 笔者访谈笔记，刘宗迪教授访谈录。

闻，知识积累丰富，对许多民俗学理论问题有着独到的见解。特别是在神话学研究领域，他对早期闻一多、芮逸夫、马长寿、马学良、凌纯声等学者对西南、东北等边疆地区民族神话的研究成果进行了批判继承，逐步形成了自己的认知体系，并因此而引发了自己对神话、民俗的价值以及民俗学者与政治关系等的独到看法。① 而对于民俗在意识形态领域的价值，他认为："民俗、民间文化最根本的价值，首先就是其对于一个民族保持民族特色的重要价值"，"越是全球化时代，各民族之间的界限越单薄，各民族越需要凸显自己的民族性格，这样才能强化民族认同。越乡土、越草根的民间传统（民间文化，民俗），它的价值才越体现出来。不管是中国民俗学还是西方民俗学，比如日本民俗学，它们的成立都与民族主义分不开。"②

陈勤建教授在访谈过程中所阐述的观点，实际上是他对自己前期研究成果的再次表达。在 20 年前的一篇文章中，他就认为：民俗是"强化民族的凝聚力和国魂的文化基因"；"在我们现实生活中展现的民俗，虽然光怪陆离，五彩缤纷，但其深层却有着这一民俗的承受者群体民众所特有的共同的活生生的文化基因。一种心心相印的共同意愿，——荡漾着亘古以来连绵不绝的具有共同精神内涵的集体意识流。并由此构成了群体民众——民族、国家思想精神文化的基础，民族魂、国魂的内核。"所以，"民俗孕育了国魂，国魂就在民俗之中。"③

刘宗迪教授、陈勤建教授对于民俗的民族认同、国家认同价值的观点，代表了学者们一致的认识。同时，在相关的学术研究领域，有学者还从不同的研究视角，对民俗的民族认同、国家认同层面的价值进行了研究论证。

华东师范大学的田兆元教授认为：民俗的核心价值就"是一个认同

① 刘宗迪：《多维视野中的中国现代神话研究》，《民间文化论坛》2005 年第 2 期。

② 笔者访谈笔记，刘宗迪教授访谈录。

③ 陈勤建：《现实性：中国民俗学的世纪抉择》，《民俗研究》1998 年第 4 期。

性问题。民俗是要建构一个认同的体系，个人不可能搞一个民俗，它是一群人形成的共同的东西，社会共有的东西。有了民俗，有了认同，社会才是稳定的"①。田兆元教授还分析了民俗"认同"的类型，认为民俗的认同价值包括三种类型："一是民族国家与地域文化认同，二是经济建设文化创意，三是通过民众教育实现公序良俗、淳厚民风的建设。"②

值得说明的是，田兆元教授对民俗认同价值的分类研究，是具有独到意义的。大多数学者对民俗的认同价值，都是集中在"地方认同""民族认同""国家认同"三个方面，而田兆元教授是把这三个层面的认同划分为一类，即"意识形态"领域的文化认同；而另外扩展的两个方面，一个是"经济建设文化创意"，如果与意识形态领域的文化认同相对比，这应该是属于"经济认同"；另一个是"通过民众教育实现公序良俗、淳厚民风的建设"，则应该是属于"社会认同"吧！

田兆元教授是拥有历史学博士头衔的民俗学者，从神话学研究开始进入民俗学领域，先后在上海大学、华东师范大学任教。他主张民俗学必须积极"入世"，在文化、政治、经济和社会发展领域都要积极发挥自己的学科价值，引导学生参与民俗社会实践，开发、利用民俗资源服务于社会文化建设和经济发展。应该说，他关于民俗认同价值的分类，与他一贯秉持的民俗价值观是相辅相成的。

（三）由地方认同、民族认同到国家认同的演进机理

地方认同、民族认同、国家认同，虽然同属于民俗在意识形态领域的价值，但"地方""民族""国家"很显然是处在三个不同层次上的，因此，民俗的这种认同价值实际上也是由小到大、从低到高逐步演进、提高的，存在着一种"应然"的逻辑演进机理和演进过程。

前面曾有论述，作为人类知识体系的一部分，民俗是地方的，也是

---

① 田兆元：《中国新时期民俗学研究》，《社会科学家》2016 年第 4 期。

② 田兆元：《民俗学的学科属性与当代转型》，《文化遗产》2014 年第 6 期。

特定人群的。民俗"着陆"于某一特定地域，便成为地方性的意识或地方性标志文化；民俗附着于某一特定的民族载体便成为民族意识或民族识别的标志性文化；而民俗中具有更大影响力或具有更广泛价值的部分则能够上升为国家意识，或成为国家识别的标志性文化。这是民俗或文化本身存在的一种演进机理。

陈勤建教授从民俗发生学的角度，专门论述过民俗从在生活中产生到上升为意识形态的演进路径（见图 5.1、图 5.2）。

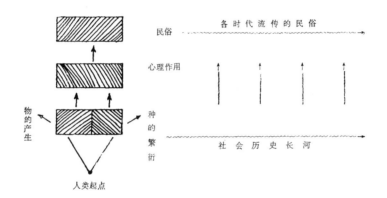

图 5.1　民俗发生图①

图 5.2　民俗上升为意识形态路径图②

①　陈勤建：《论民俗的特质及其对社会发展的影响——现代社会与民俗学研究》，《民俗
　　研究》1985 年第 1 期。
②　陈勤建：《论民俗的特质及其对社会发展的影响——现代社会与民俗学研究》，《民俗
　　研究》1985 年第 1 期。

从两个图示所表达的寓意来看，民俗从人类日常生活中产生，成为人类文明知识体系中一个基础的文化类型——"民俗"，进而上升、转化为中间层次——宗教、文学、法律、心理、历史、技艺等文化类型，再经发展提升，升华到"哲学"层面，即成为民族和国家意识形态的重要组成部分。

在访谈时，陈勤建教授指出："我们的民俗学思想，太受西方的影响了，缺少对民俗的自己的解读，缺少自己对民俗学理论的建构"。因此，他是"从历史唯物主义的角度来入手，形成了自己关于民俗的想法。民俗的内涵要扩大，不局限于一般理解的风俗习惯的层次。民俗跟生活有关；民俗不仅是无意识的，还是有意识的"。[1] 正是基于这样的认识，陈勤建教授断言："民俗是整个文化意识形态的奠基和支柱"，同时也在"社会结构、经济基础和上层建筑文化意识形态中"起到"承上启下"的作用，因此，"国家的统治管理需要有效地运营民俗的力量"。[2] 即以民俗对人类个体和族群的养成、规范、平衡、约束力量，来形成国家在意识形态领域和社会活动领域的"软控力"，以此来促进和维护国家统治管理的有效性。

朝戈金教授从另外一个角度表达了其对民俗的民族认同、国家认同价值的认识，并论述了其在民族认同上升为国家认同的机理方面的看法。针对钟敬文先生提出的建构中国"多民族一国民俗学"的构想，朝戈金教授表示高度赞同，认为钟先生基于中国的社会结构提出的建立中国"多民族一国民俗学"的设想，非常符合中国的国情。"中国是一个多民族的国家，境内56个民族，都有各自悠久的历史文化。在长期的社会发展过程中，各民族文化异彩纷呈，又互相交流，构成了灿烂的中华文明。在民俗上，各民族也形成了一些大体稳定的共享文化。"[3] 这些

---

① 笔者访谈笔记，陈勤建教授访谈录。

② 陈勤建：《论民俗的特质及其对社会发展的影响——现代社会与民俗学研究》，《民俗研究》1985 年第 1 期。

③ 朝戈金：《钟敬文"多民族的一国民俗学"思想的再认识》，《民族文学研究》2012 年第 3 期。

"共享文化"主要表现在共同的民间故事、民间传说以及共同的生活范式、生活习惯上，而这些"共享文化"正是各民族超越民族意识形成国家认同的文化基础。"中国民俗文化内部有差异，也有共同性，这两方面的前提条件决定了中国的民俗文化，具有'整体形态'。"① 这种"整体形态"也就成为中国"多民族一国民俗学"建构和发展的学理基础。朝戈金教授及其引述的钟先生的观点，实际上是从更高层次上论述了从"民族认同"进一步上升为"国家认同"的逻辑机理，是对"地方认同→民族认同→国家认同"演进机理的理论诠释。

朝戈金教授是蒙古族人，中国社科院民族文学研究所所长，中国社科院学部委员，现任中国民俗学会会长，联合国教科文组织（UNESCO）非物质文化遗产领域专家、联合国教科文组织亚太地区非物质文化遗产国际培训中心（CRIHAP）管理委员会委员。1997 年至 2000 年间在北师大师从钟敬文先生学习民俗学并获得法学（民俗学）博士学位。长期从事少数民族文学、民间文学和民俗学研究，近年来作为中国学者参与联合国教科文组织世界非物质文化遗产的整理、保护、评选、培训等事务，对很多问题的理解、诠释、评价也具有越来越高的国际境界和全球化视野。例如对民俗价值的评价，他一再强调不同地域、不同类型的民俗之间的价值是"不可比"的和"平等"的，即无论民俗载体的族群是大还是小，其价值都是平等的。在访谈中，朝戈金教授就特别强调："这涉及一个价值认识问题、价值评判的标准问题。就是哪个比哪个更有价值？不能这样比较的。可能非洲的一个很小部落的一个舞蹈，它也是人类的重要文化创造，是一个代表作。你这中国很大一个民族的，比如汉族的、举国都有的一个什么习俗，你也是一个代表作，是文化的一个样板，让我们来了解文化是互相影响的，是互相包容和彼此借鉴的。没有什么价值大小这一说！""古希腊有文化，古罗

---

① 朝戈金：《钟敬文"多民族的一国民俗学"思想的再认识》，《民族文学研究》2012 年第 3 期。

马有文化，爱斯基摩人也有文化，他们狗拉雪橇、捕捉海豹啊，你说他们之间相比，哪个伟大，哪个价值更大，这不能比较！那些所谓伟大的文化早就衰落啦，而爱斯基摩人的简单传统，千百年来一直传承至今，维持了种群的生存和发展，而且能够在极端恶劣的环境下生存，那你说爱斯基摩人的文明不如古罗马文明伟大吗？能这样讲吗？"① 能够看出，朝戈金教授的"价值平等"理念是贯穿于他的学术思想体系之中的。

而在另一篇文章里，朝戈金教授通过对史诗认同功能的研究，发现史诗同样具有多样性、多层次的认同价值，从"小群体""小地方"到"民俗认同"和"国家认同"，每一个层次都客观存在，并且形成一种交织互动的复杂关系："印度是这样一个国度，生活在那里的人们，分属于难以计数的亚文化圈，在他们的史诗演述中，可以方便地观察到大量的与特定范围——个体的、社区的、区域的乃至全体国民的——密切关联的叙事传统。这些叙事传统一方面发挥内部认同功能，一方面发挥彼此区隔的功能。"② 在将新近发现的苗族史诗《亚鲁王》的认同功能与印度史诗的认同功能进行了比较之后，朝戈金教授得出结论："原本是特定区域的史诗，能够超越本区域的地理范围传播到其他区域，成为更多社区或区域共享的史诗，乃至成为民族史诗。"③ 而史诗认同范围的扩大，其根本的原因就在于其覆盖地理范围、影响力的不断扩大，而覆盖范围、影响范围扩大的根源则在于——"传播"。由于"传播"，史诗"升格为这些文化群体自我辨识的寄托，演进为超级故事"；"通过宏大的叙事，全面承载一个民族的精神风貌和情感立场，它不仅教化民众，而且强化他们内部的联系——共同的先祖意识、归属感和历史连续感"；"不同的史诗在不同的演述传统里产生的认同辐射的范畴各不相同，凝

---

① 笔者访谈笔记，朝戈金教授访谈录。

② 朝戈金、冯文开：《史诗认同功能论析》，《民俗研究》2012 年第 5 期。

③ 朝戈金、冯文开：《史诗认同功能论析》，《民俗研究》2012 年第 5 期。

聚力大小不一，认同范围也表现为个人的、社区或区域的乃至民族国家的认同等诸多形态"。①

从陈勤建教授、朝戈金教授对民俗认同价值演进机理的研究来看，"传播"实际上是民俗认同价值由小到大、从低到高演进机理的外显形式，而其内在的演化机制则是通过传播在群体内部形成的共同的生活方式、共同的文化体验和共同的价值观所使然。因此，共同生活方式、共同文化体验和共同价值观的形成，才是民俗认同价值由小到大、由低到高——即由"地方认同→民族认同→国家认同"演进的内在动因。在访谈过程中，朝戈金教授还多次提到北京大学陈泳超教授的"民俗动力学"研究②，表示赞同陈泳超教授关于民俗动力结构中的"民俗精英"群体，在民俗发展、传播、异变过程中的主导作用等观点。将其访谈过程中的观点与相关研究中的观点进行"对读"，可以清晰地看出，朝戈金教授在民俗价值演进机制上的认识是前后一致、互相呼应的。

四、完整地反映人类知识谱系

这是通过对访谈资料的分析，感觉到最具创新意义的一个结论。在前期的文献检索中，笔者并未检索到直接表达这一观点的相关文献。因此当通过对访谈资料的深度阅读和分析提炼得到这个结论时，的确感到既吃惊又兴奋！

在访谈过程中，有多位学者的谈话涉及这一话题：刘德龙教授、刘

---

① 朝戈金、冯文开：《史诗认同功能论析》，《民俗研究》2012 年第 5 期。
② 陈泳超关于民俗动力学的研究，已有项研究成果发表，包括著作《背过身去的大娘娘——地方民间传说生息的动力学研究》，论文《民间传说演变的动力学机制——以洪洞县"接姑姑迎娘娘"文化圈内传说为中心》《一次人神合谋的民间调停——以"动力学"致敬"过渡礼仪"》等。

宗迪教授、高丙中教授、张士闪教授、朝戈金教授、叶春生教授、乌丙安教授等都对此发表了意见。对他们的观点进行对比分析发现，他们是从不同的角度论述民俗在建构人类知识体系中的价值和作用的。可以分为三个角度，即：补充和完善、承载与支撑、包容并蓄。

（一）补充和完善

访谈中，刘德龙教授、刘宗迪教授、高丙中教授、张士闪教授等，从人类文明起源和知识体系完整性的角度，指出民俗是对人类知识体系特别是在特定政治制度和意识形态框架下的重要补充，以此使人类的知识谱系更加完整。

——民俗是整个人类文明的"源文化""根文化"，在人类以文字为载体的知识体系尚未出现时，民俗文化已经存在很长久了（刘德龙）；

——在特定政治制度规制和意识形态环境下，被主流文化视为"落后""糟粕""封建迷信"等的一些文化类型，是以"民俗"的形态存在于世并得到流传的（高丙中、刘德龙）；

——"民间文字"对"官方文字"所承载的知识体系具有补充和放大效应（张士闪）。

学者们从这些不同的角度，论述了民俗在建构人类完整的知识谱系方面所承担的不可替代的价值的观点。这些观点是具有辩证意义的，对我们认识、评价和对待传统文化特别是传统民俗中的那些所谓的"落后文化""糟粕""封建迷信"等文化类型和文化内容，有了一种超乎意识形态和时代政治诉求的辩证意识。

即：

那些在特定时代背景下被作为"落后文化""糟粕""封建迷信"、要被"扬弃"的文化类型和文化内容，也是人类知识体系的组成部分。

这些观点与学者们先前研究成果中的认识也是互为印证的。

其中，刘德龙教授自我评价时，曾经笑谈自己进入民俗学领域是经历了从"拆庙"到"护庙"再到"建庙"的一个特殊历程。① 这一过程也正好反衬了他所经历的几个历史时期社会意识形态或主流文化的发展变化过程和阶段性特征。因此他对主流文化体系中的"迷信""俗信"甚至"糟粕"类的一些文化类型和文化内容一直比较关注，在其 2001年与张廷兴、叶涛合作完成一篇文章中，专门研究了"俗信"的意义和价值。"作为民众生产活动经验的累积和心理信仰的表现，作为人类文化的基座之一，俗信是一种区别于官方文化、上层文化而又在一定程度上受其影响的、具有民族民间特色的、反映民众精神生活面貌的社会文化现象"②。对于"俗信"，我们要"一分为二、一分为三，甚至一分为多"地来进行评价，不管其内容是科学的还是不科学的，甚至是歪曲自然和科学的，都应该是民俗学的研究对象，因为"俗信"具有很强的"民间性"，"往往能起到许多行政手段、法律规范所起不到的作用"，而且，"俗信存在于大众生活的方方面面，是世俗生活不可缺少的一部分，是传统文化中最具民间气息、最有生命活力的重要内容之一"，因此"研究民俗学，不能不把民间俗信作为一个重要方面"，并把其当作人类社会重要的文化类型。③ 而在另一篇研究文献中，他还明确指出，我们对人类文化、人类知识和社会事象的认知、鉴别能力是有历史和时代局限性的，即基于某个特定时代的认知能力和评价标准未必是客观、公正的，而"在思想政治氛围相对宽松、社会生活和人们思想呈多元化趋势的环境条件下，对传统文化的挖掘和继承"又会出现另外一种"功利性利用"的偏差，等等。④

刘德龙教授是"自学成才"的民俗学者，一生都在与意识形态相关的领域担任领导职务，从部队到宣传部、到在省社科联担任主席主管全

① 刘德龙：《民俗研究的魅力——〈民俗研究〉创刊 30 周年感怀》，《民俗研究》2016年第 1 期。

② 刘德龙、张廷兴、叶涛：《论俗信》，《民俗研究》2001 年第 2 期。

③ 刘德龙、张廷兴、叶涛：《论俗信》，《民俗研究》2001 年第 2 期。

④ 刘德龙：《正确区分和对待传统文化中的精华与糟粕》，《东岳论丛》2000 年第 1 期。

省的社会科学研究工作，再到担任省民俗学会会长和中国民俗学会副会长，其一生都在跟文化宣传、跟意识形态、跟各种类型和内容的文化打交道，这也形成了他与一般"学院派"民俗学者略有不同的民俗价值观和价值判断标准。他提出的民俗文化"一分为二""一分为三""一分为多"的价值评价原则，对我们超越传统辩证思维去认识民俗的价值，是具有启发意义的。

与刘德龙教授的观点类似，高丙中教授在一篇研究"社会复合文化"的文章中，也对此持有基本相同的观点，认为我们正处在一个拥有"复合文化的复杂社会"发展阶段，而"复合文化是多价值观、多来源的文化要素共处并存的状态"，我们应具有"包容"地看待传统文化的社会心理，在"主流社会"和"主流文化"之外"给予民间文化充分的地位"，并且让民间文化能够在"国家体制中占有自己的位置"。①

另外，在其他学者的相关研究中，也都显现了与访谈时一致的观点表达：张士闪教授同样把民间信仰、俗信等以"地方性知识"的性质纳入到人类的知识体系中。② 刘宗迪教授在一篇介绍和诠释钟敬文先生《山海经》研究的文章中，对钟先生将神话、巫术等纳入古代人类知识体系的观点表示高度赞同，指出："在主流科学视野中毫无意义的无稽之谈"，而在人类学、民俗学等学科中的视野中却可以"成为窥测古人精神世界的绝好材料"。③ 并且认为，正是这种"人类学的材料和民俗学的方法"，才能够使我们"在主流知识、正统历史之下，发现那些一直被掩饰和抑制的民众知识和民众历史，彰显出与主流话语中的世界迥异其趣的民众世界观，从而把握民族历史和民族文化的根脉所在"。④

① 高丙中：《包容地看待复杂社会的复合文化》，《民间文化论坛》2007 年第 2 期。

② 张士闪：《当代乡村社会中民间信仰活动的艺术化趋势——以山东潍坊地区青州市井塘村为个案》，《民间文化论坛》2005 年第 2 期。

③ 刘宗迪：《钟敬文先生的〈山海经〉研究》，《民族艺术》2007 年第 1 期。

④ 刘宗迪：《钟敬文先生的〈山海经〉研究》，《民族艺术》2007 年第 1 期。

（二）承载和支撑

"两个轮子"理论，是朝戈金教授针对人类文明传承、传播体系提出的一个独到见解。他认为人类文明的传承，要靠两个轮子，一个是文字的轮子，另一个是口耳相传的轮子。从这个角度上讲，民俗就是人类文明发展、传承的一个非常重要的、不可缺少的轮子，而且甚至比文字那个轮子还要重要，因为民俗既有民间文字的轮子，更有口耳传承的轮子。

在访谈过程中，朝戈金教授强调："书写体系中，人类大量的知识体系没有包括进去。全世界大概有五千种语言，绝大多数语言是没有文字的，他们的知识是怎么传的？波利尼西亚啊，非洲啊，什么俾格米人啊，大量的文化怎么传的啊？大量人类的智慧是在这里的，是口耳相传的。而且一直会传承下去……学习做木工，有木匠学习指南吗？农村有耕田教程吗？这些都是口耳相传的知识，而且正是这些口耳相传的知识在支撑人类的发展。"① 因此，只有将文字记载和口耳传承的知识两者加起来，"才是真正完整的人类文明的知识图谱"。而从学科分工来看，只有民俗学、民间文学及相关的学科才能够将那些口耳相传的人类知识纳入研究范畴，并建构与之对应的理论体系和传承、传播体系，才能够将人类残缺的知识谱系完整地"补起来"。②

朝戈金教授这一观点的形成与他作为联合国教科文组织非物质文化遗产整理、保护、评审、培训专家，长期关注和研究"非遗"保护与传承有着很密切的关系。他认为："人类的知识传承主要有口头传承和书面传承两种方式，而口头传承的历史要长得多。对一些民族而言，历史记忆、知识体系、信仰传承、文艺创造等大都保存在口头传承之中。可以说，文化既保存在文字中，也保存在口头上。""相对于语言，文字是'第二性'的"，但由于历史上"文字被神圣化"，语言传承的价值则被

---

① 笔者访谈笔记，朝戈金教授访谈录。

② 笔者访谈笔记，朝戈金教授访谈录。

相对弱化，使"民众在千百年间形成的口耳相传的知识，长期得不到应有的关注"。① 当前，人类社会的发展和文明的进步，已经到了重新评估口耳相传或语言传承的人类知识内容的重要价值的历史时刻，我们应该清醒地认识到，"人类文明的赓续须臾离不开口头文化在代际和族群之间生生不息的传承，海量的民间知识和民众智慧是人类持续发展不可或缺的文化因子。"②

实际上，直到今天为止，人类的许多知识内容依然是靠口耳传承的途径进行代代相传的。这既包括许多堪称人类非物质文化遗产的民间技艺，也包括一些有语言但没有文字的族群文化。就像前文列举的海南黎族非物质文化遗产黎锦的传承，就是在那些身居深山、一个字都不识的黎族家庭妇女中代代相承的，她们靠什么途径传承下来？就是靠祖母带孙女、母亲带女儿，耳提面命、手把手教出来的。

从这个意义上讲，口耳传承的民俗文化，是承载完整的人类知识谱系的重要载体和有力支撑。

（三）包容并蓄

与其他几位学者不同，叶春生教授、乌丙安教授是从一个很"另类"的角度来论证民俗价值的。

对民间"神秘文化"和"灵异"现象，在"正统"的学术领域，学者们大多是选择回避的。但在访谈过程中，两位前辈十分明确、公开地表达了自己对民间"神秘文化"和"灵异"现象的关注，认为这些登不上正统学术殿堂的文化类型和文化内容，同样应该是历史文化、地方文化和民俗的重要组成部分，是人类知识体系的重要内容，我们要从比无神论者"多一只眼睛看世界"等角度，来评价这些民俗现象的文化价值，并以此来证明民俗文化能够更加完整地反映和描绘人类知识谱系的

---

① 朝戈金：《重视我们的口头传承》，《人民日报》2016 年 3 月 21 日。

② 朝戈金：《重视我们的口头传承》，《人民日报》2016 年 3 月 21 日。

特殊价值。

叶春生教授、乌丙安教授认为，那些在民间流传了几百年、几千年甚至上万年的"神秘文化""灵异"现象等，在政治上、文化上和意识形态领域是被定义为愚昧落后、愚弄百姓的"封建迷信"的，是文化的"糟粕"，为此不可能被纳入其他学科的知识体系。但是它们又的确是现实存在着的，而且在人类历史上赓续了很多年、绵绵不断。"不管你看与不看，它都在那里"，"不管你信与不信，它都会作用到你的身上"。①对这些现象，政治、政策上的封锁与禁锢只能是掩耳盗铃。而从学术研究和学科分工的角度，很显然它们应被划入"民俗"知识体系的范畴。对此，笔者也认为，我们现代学科体系的建构和知识体系的分类，是以"科学知识"作为定义基础的。在现有"科学知识"结构和意识形态下，这些"神秘文化""灵异"现象肯定不能纳入到"科学知识"体系中去；但是，我们可以将其作为"学科知识"来定义的，即用"学科知识"来区别于"科学知识"，这样，那些"神秘文化""灵异"现象类的内容就有了在人类知识体系中存在的理由，并因此而在人类知识体系中有了正式"名分"。

在民俗学领域，叶春生教授是少数几位（或可能是唯一的一位）长期关注、研究民间"神秘文化""灵异"现象的学者。这与他个人的生活经历和学术经历有直接的关系。叶春生教授祖籍是广西灵山人，1964年时以第一名的成绩考取了北师大钟敬文先生的研究生，后来回到中山大学从事民俗学研究。访谈时叶教授自我介绍说，自己的父亲就是一位民间"异人"，有"穿墙异术"，但因父亲认为自己太聪明而没有将"异术"传授给自己，而是选了一位"智力有点拙笨"的年轻人做徒弟，说只有这样的人才适合传承"异术"。但因为小时候耳濡目染了这些民间的"神秘文化"现象，所以在之后的民俗学研究中，叶教授一直在关注这些"神秘文化"和"灵异"现象，并对流传于广东民间的"穿

---

① 　笔者访谈笔记，叶春生教授访谈录。

令""阴阳间"等"神秘文化"现象进行体验式研究。在学术界，叶春生教授可能是迄今为止唯一一位亲自体验过"阴阳间"现象的学者。这种勇气和执着的确令人钦佩！

在一篇探讨对民俗事象要从多学科角度进行"立体"研究的文章中，叶春生教授系统地阐述了他对民间"神秘文化"和"灵异"现象作为民俗内容和人类知识体系不可缺少的组成部分的看法。在文章中，他引述了钟敬文先生关于民俗文化的定义，即民俗文化"是世间广泛流传的各种风俗习尚的总称，它的范围包括存在于民间的物质文化、社会组织、意识形态和口头语言等各种社会习惯、风尚事物"①。而民间的"神秘文化"和"灵异"现象当然的应该包含在社会"风尚事物"之列。

乌丙安教授的比无神论者"多一只眼睛看世界"，是本次访谈过程中出现的非常有典型意义的一句话。与叶春生教授类似，他自称的这种"彻底唯物主义"思想，同样也是源于其对民间"神秘文化"和"灵异"现象的接触。早年的"反右"期间，乌丙安教授曾被下放到东北"改造"，其间有很长时间与两位萨满教祭司关在一起，正是这两位萨满教祭司把他带进了萨满教的神秘世界，从此使他展开了对"神秘文化"现象的探索。他认为，萨满教的很多历史和神秘现象是我们今天依然不得而知的，存在着许多"难解之谜"，"难以公关"。② 这些"神秘文化"或"巫俗"现象，同样也存在于很多其他民族和地区的社会发展中，在老百姓的日常生活中、甚至是皇朝政权的统治中发挥着重要的作用。在一篇专门研究"巫俗"现象的文章中，乌丙安教授将朝鲜"巫俗"与满蒙"巫俗"进行了对比研究，发现它们依然是老百姓日常生活中不可缺少的仪式性民俗活动，包括"祈福类巫俗，如祈雨、祈思、祈子、祭城隆、安宅等；镶灾类巫俗如驱病、除祟"等等，在现代科技发达的时

---

① 叶春生：《开创民俗文化立体研究的新纪元》，《广西师范学院学报》（哲学社会科学版）2004 年第 1 期。

② 乌丙安：《〈神秘的清宫萨满祭祀〉序》，《满族研究》1994 年第 4 期。

代，老百姓也还是离不开它们。即使是在中国当代，"由于政治历史的原因，在科学进步的同时，自上而下推行着无神论的观念和思潮"，但这些民间"巫俗"信仰活动，仍然"在农村、山寨和都市都呈现出分散的、比较隐蔽的状态"。① 因此，我们不仅要正视这些"神秘"的文化现象，更要把它们纳入到人类的知识体系中去，来共同呈现人类完整的知识谱系。

从以上的分析中，我们可以做出如下总结：

民俗之所以具有"完整地反映人类知识谱系"的价值，实际上是由两个方面的原因决定的：

一是源于现代学科分工体系对民俗学科的研究对象、研究内容的分工和学科边界的界定。

二是民俗学理论自身对"民俗"的概念、内涵和范畴的定义。

这两个角度，一个是自上而下的"分工"，另一个是自下而上的"认领"，使民俗成为能够真正"补齐"人类完整知识体系、建构人类完整知识谱系的唯一知识类别。

---

① 乌丙安：《朝鲜巫俗与满蒙巫俗的比较研究》，《民俗研究》1996 年第 3 期。

第六章　民俗学的价值

赵世瑜教授曾非常明确地指出：民俗学从一产生开始，就"是一个价值优先的学科"①，即特别看重自身的价值。

刘铁梁教授的"民俗学就是要为老百姓说话"、高丙中教授的社会上许多人（指"非民俗学者"）虽然并不是民俗学者但却都在"应用民俗学的思想方法"从事与民俗事务相关的工作、刘宗迪教授的民俗学"与现实走得非常密切"等等，都在证明着一个非常积极的价值判断：民俗学是一个有着很大的社会价值的学科，并已经、而且还将继续在现实社会中发挥更大的价值。

但与此相对应却很不对称的是，民俗学界虽然很重视自身的价值，对民俗学价值专门性的理论研究却不多见，系统的研究成果、研究结论一直也没有形成。本研究试图通过对本次访谈资料和学者们先前研究成果的"对读"，形成具有明确指向的研究结论。

一、民俗的"外价值"与民俗学的价值

民俗的"内价值"与"外价值"是刘铁梁教授提出的民俗价值观理论。

---

① 笔者访谈笔记，赵世瑜教授访谈录。

民俗的"内价值"是指民俗的本体价值或"本然"价值。而民俗的"外价值"，是指"作为局外人的学者、社会活动家、文化产业人士等附加给这些文化的观念、评论，或者商品化包装所获得的经济效益等价值"。①

如果将民俗的"外价值"与作为民俗本体价值的"内价值"进行比较，就可以发现，刘铁梁教授所定义的民俗的"外价值"实际上就是指的民俗学者对民俗的"解读价值"，或者可以认为就是民俗学价值的外显形式。这是符合"民俗的价值决定民俗学的价值"这一价值演进逻辑的。

在访谈过程中，刘宗迪教授也曾特别强调了民俗与民俗学之间的关系和价值影响。"民俗学这个学科，最基本的任务实际上就是发现民俗、定义民俗，确定民俗的价值。"② 这一观点与刘铁梁教授的"内价值"与"外价值"理论是互相呼应的。但是，按照刘铁梁教授的民俗价值观理论，民俗的"内价值"是民俗"本然"存在的价值，是一定的、不变的；而民俗的"外价值"却是会受到社会认知水平、政治政策导向、意识形态和社会价值观影响的，具有历史性和时代性特征。因此，虽然民俗两个价值的实现存在着相辅相成的内在逻辑关联性，但在许多特定的历史发展阶段，却又可能是互相矛盾的，或者是不同步的。而且，在许多情况下，人们在实用主义和功利意识的影响下，往往会更加重视民俗"外价值的实现""而不是其内价值的实现"。③

民俗两个价值现实中可能出现错位的这种矛盾，是一种具有普遍性的现象。对此，赵世瑜教授在访谈中一针见血地指出了这一矛盾的根源："民俗学看起来就像是披着一个比较学术化的外衣，但是本身的意识形态色彩是非常浓厚的。"这也正是民俗学本身"是一个价值优先的

---

① 刘铁梁：《民俗文化的内价值与外价值》，《民俗研究》2011 年第 4 期。

② 笔者访谈笔记，刘宗迪教授访谈录。

③ 刘铁梁：《民俗文化的内价值与外价值》，《民俗研究》2011 年第 4 期。

学科"的根本原因。即在现实社会中，人们往往重视的是基于某种特定指向或主观诉求的价值取向，亦即民俗的"外价值"，或通过民俗学者解读、功能化之后的使用价值。

　　现实社会中，民俗"本然"价值和"应然"价值之间的这种矛盾，实际上也反映到了学者们的内心世界和学术思想里。赵世瑜教授在一篇讨论民俗学科性质的文章里，对这种矛盾揭示得一清二楚。"现在按我们的学科目录，民俗学在法学的门类、社会学一级学科下面，似乎很明确地说明了其社会科学属性。但这不等于一定符合学理，那是山头问题、饭碗问题，我们不那样归属可能就无法生存，至少损失资源。但我们关起门来讨论民俗学学术的时候，不能非常严格地划个楚河汉界，好像大家只有一条出路，学问只有一种做法。"从学理上说，"民俗学是一门研究文化传承的学问"，"是以人为中心的学问。生活的传承、文化的传承，都是以人为主体的。"因此它更具有人文科学的性质。① 赵世瑜教授的这一观点实际上也表达了当前民俗学者们即清醒又矛盾的一种普遍心态：明明从学理上认为民俗学属于人文科学，但也能够坦然地接受归属于社会科学的现实。

　　赵世瑜教授是历史学出身，现任北京大学历史系教授。本科、硕士获得的都是历史学学位，在已经拥有正教授头衔的情况下"带艺拜师"，师从钟敬文先生攻读民俗学博士学位，之后一直从事社会史研究，特别专注于用"眼光向下"的社会史研究视角，从"市镇以下"的社会事象来探讨社会变迁，并从区域社会变迁的角度来"小中见大"，反映国家的制度、命运和发展历程。从赵世瑜教授的学术历程来看，他具有很强的历史洞察能力和现实思辨能力。他的博士论文也是进行的民俗学学术史研究，文中涉及对学术前辈包括对自己导师钟先生的评价。答辩的时候他讲过一句既机智又辩证的话："吾爱吾师，但吾更爱真理！"实际这也反映了他对待学术问题的态度。

---

① 　赵世瑜：《民俗学的人文学学科特征》，《民俗研究》2011 年第 4 期。

可以断言，赵世瑜教授的观点代表了一代民俗学者的心态。这种心态反映在他们所承载的民俗学研究上，就会表现出一种指向性十分明确的价值取向——民俗学的根本任务，就是要去解决"民俗文化究竟具有怎样的价值？民俗文化的价值怎样才能在现实生活中实现"这一根本问题。[①]

所以，无论是从民俗的"内价值"还是从民俗学的价值取向出发，民俗学本身追求的应该是民俗"内价值"与"外价值"的统一；而民俗学者则必须要在社会实践中去努力调控、平衡"内价值"与"外价值"相互分离的矛盾。

二、解释、服务和提升人的日常生活

如上所述，民俗的"内价值"是"本然"的、是客观的，而民俗学的价值是"应然"的、是带有主观性的，它与现实社会的制度特点、政治诉求、意识形态制约等有着无法脱离的联系，即民俗学价值观的取向是受社会发展的阶段性特征影响的。

另一方面，从内在逻辑上说，民俗学的价值又是与民俗的价值相对应的。也必然体现在三个维度上，即：

——对人类个体的生活层面；

——对人类特定群体（地方、民族、国家）的意识形态层面；

——对人类整个知识体系的建构层面。

其中，在对人类个体的生活层面，民俗学的价值主要表现为：

——解释、服务和提升人的日常生活。

前文的文献综述部分，曾对民俗学界在民俗学的作用、任务和功能等方面的研究做过文献梳理。从钟敬文先生到作为本项研究访谈对象的

[①] 刘铁梁：《民俗文化的内价值与外价值》，《民俗研究》2011 年第 4 期。

刘铁梁教授、陈勤建教授、乌丙安教授、叶春生教授、高丙中教授、刘锡诚教授、田兆元教授等，都曾经对民俗学的作用、任务和功能等做过研究，并发表过专门论述。

其中，钟敬文先生在较早的时候，虽然没有直接论述过民俗学的价值，但却曾在不同的文献中发表过关于民俗学的任务、作用和功能的论述，对学界形成对民俗学价值的认识起到了引导作用。其主要内容包括：一是民俗学研究要反映"一个国家和民族中广大人民群众的生活文化"，并从中发现其价值。① 二是民俗学要发挥"指导或辅助人们去正确辨别、改革当前传统民俗文化事象的性质效用"②。三是民俗学研究要能够"帮助我们认识民族历史与文化传统，解释和改造现实社会生活"。③ 四是在论述民俗学的任务时，认为民俗学要"为人类的健康发展服务"④。

钟先生关于民俗学任务、作用和功能的论述，对民俗学界的影响是非常大的。特别是其关于对"人民群众生活文化"的重视，对中国民俗学界后来形成对民俗学价值的认识走向起到了引导作用，从原来主要是"肯定民俗的历史文化价值到肯定民俗的现实文化价值"⑤，即将民俗价值观从历史拉回到了现代，由主要是关注民俗的历史文化价值转移到了服务于老百姓现实的日常生活上来。而从近几年的民俗学研究转向——高丙中教授等的从"生活世界"到"日常生活"的研究，刘铁梁教授的民俗学研究要从"精英或士大夫"文化转向"关注老百姓的日常生活"、去"替老百姓说话"⑥，而且民俗学要具有"现在性"，即要服务于现代

---

① 刘铁梁：《作为村落生活与文化体系中的乡民艺术》，载张士闪《乡民艺术的文化解读——鲁中四村考察》，山东人民出版社 2005 年版，第 6 页。

② 钟敬文：《钟敬文自选集》，首都师范大学出版社 2008 年版，第 440 页。

③ 钟敬文主编：《民俗学概论》，上海文艺出版社 2009 年版，第 6 页。

④ 钟敬文：《民俗学概论》，上海文艺出版社 1998 年版，第 6 页。

⑤ 高丙中：《中国民俗学的新时代：开创公民日常生活的文化科学》，《民俗研究》2015 年第 1 期。

⑥ 刘铁梁：《作为村落生活与文化体系中的乡民艺术》，载张士闪《乡民艺术的文化解读——鲁中四村考察》，山东人民出版社 2005 年版，第 6 页。

老百姓的生活①，陈勤建教授的民俗学研究要"面向现实社会，关注经世济民"②，吴效群教授的从妙峰山香会组织来洞察老百姓的日常生活③，等等，都代表了民俗学界对民俗学的"解释、服务和提升人的日常生活"价值认识的呼应。

但有一点值得注意的是，经过近十几年的研究和发展，民俗学者们对民俗学价值的表述已越来越少地使用"改造""改革"这样的词汇。在访谈过程中，受访学者们几乎都一致地对钟先生曾经使用的"改造""改革"进行了"巧妙"的语言修饰。如高丙中教授说："怎么来认识民俗，怎样来判断哪些是积极的，哪些是消极的，怎样来引导和提升老百姓的生活，等等。比如，移风易俗，这是古代人类的智慧，不是现在才有的。很多民间习俗，在我们这个时代，是要进行挑选的，有些能用，有些不能用。"④ 这里使用的词汇是"引导和提升"。

文化部民族民间文艺发展中心的李松主任则用"干预"来替代。"至于说民俗学对生活的'改造'，这是一个非常大的话题。我们参与解释、观察、解构，的确建构在文化意义上是一件非常复杂的事"，而且"当下中国人的文化生活的确是一个非常大的纠结点"，民俗学应该"积极地去干预"，"它的价值可以直接产生影响"。⑤

而刘宗迪教授从另外一个角度对钟先生的"改造""改革"说给出了解释："中国民俗学自诞生之日起，就具有这样的使命感：要解释和改造中国社会。晚清之后，中国社会在各方面都比西方落后。他们觉得中国文化到了穷途末路，需要为中国文化找新的出路。只有在民间，只有

---

① 刘铁梁：《关于民俗学本位的思考》，《民俗研究》1991 年第 4 期。

② 陈勤建：《面向现实社会，关注经世济民——21 世纪中国民俗学的一个重要选择》，《韶关学院学报·社会科学》2006 年第 11 期。

③ 吴效群：《北京的香会组织与妙峰山的碧霞元君信仰》，北京师范大学博士学位论文，1998 年。

④ 笔者访谈笔记，高丙中教授访谈录。

⑤ 笔者访谈笔记，李松主任访谈录。

在底层还保存着中华民族的希望，他们的文化没有被腐朽的、没落的贵族文化所玷污。"①

态度最为明确的是刘铁梁教授，在访谈中，他的态度十分确定——对"改造"一说明确地表示了否定，认为："民俗学没有能力去改变社会，但是它有能量去影响社会，一定的。"②

可以看出，有的学者对"改造""改革"说选择了"低调"的回避策略，有的学者则另辟蹊径提出了自己的不同见解。所以，笔者在此借用高丙中教授的"提升"概念来描述民俗学的价值：

——解释、服务和提升人的日常生活。

这实际上也是基于愿景的价值定位。

对此，刘德龙教授的一篇文章中，也从一个侧面印证了民俗学对于人们日常生活的价值使用"提升"概念来表述相对更加精准。他在论述建构当代生态民俗价值观时指出，面对当前奢侈消费、过度消费的社会生活"新陋习"，"以研究民众日常生产、生活习俗与模式为学科主旨的民俗学科和民俗学者们，有责任去挖掘民俗文化特有的生态情怀"和"生态意义"，"合理选择和优化营构与自然相生相谐、使人类可持续发展的民俗生活模式。"③ 很明显，这里强调的就是民俗学通过建构现代生态民俗价值观，去"优化营构"健康的生活模式，以"提升"人类的生活质量。

三、服务于国家、民族发展和意识形态建构

民俗学的这一价值，是与民俗第二个维度的价值——"对国家和民

---

① 笔者访谈笔记，刘宗迪教授访谈录。

② 笔者访谈笔记，刘铁梁教授访谈录。

③ 刘德龙：《重构生态民俗价值观：树立和落实科学发展观的重要基础》，《江苏社会科学》2016 年第 6 期。

族的意识形态价值"相对应的。

如果说民俗第一维度的价值是针对人类个体，而这第二维度的价值则是针对人类群体的——包括地方、族群和国家不同层面的群体。当然，随着社会的发展，民俗学服务于民族、国家的内容也正在由以意识形态领域为主，逐步向经济领域和整个社会发展领域扩展，其服务的范畴正在逐步扩大。

（一）服务于意识形态建构

"民俗学看起来就像是披着一个比较学术化的外衣，但是本身的意识形态色彩是非常浓厚的。"① 赵世瑜教授对民俗学的意识形态特征是非常肯定的。

李松主任在《人民政协报》组织的一次演讲中，在谈到乡土社会的现代价值时指出：乡土文化中孕育着巨大的智慧，可以从中总结、提炼出服务于社会发展和治国理念的理论和智慧。特别是"习俗体系中的乡土文化"，其中蕴含着极具现代性的"生态文明价值"和"社会和谐价值"，但是"乡土生活传统的非现代性思维，严重地遮蔽了传统文化价值发现的能力"。② 而我们的民俗学研究就是要去努力"排除"这些"遮蔽"，发现、梳理和总结其对于社会发展和国家治理理念建构的现代价值。③ 这一观念实际就是强调，民俗学研究要发挥好服务于国家、民族发展和意识形态建构领域的价值。

在访谈过程中，学者们对民俗学研究要在国家文化事业发展和意识形态领域中发挥作用的价值是高度认同的。

刘宗迪教授认为"文化政治是最大的政治"，"民俗作为民族主义可以利用的象征，可以促进民族认同，激发民族意识"，"只有建立民俗与

---

① 笔者访谈笔记，赵世瑜教授访谈录。

② 李松：《乡土生活的现代价值》，《人民政协报》2016 年 10 月 17 日。

③ 李松：《乡土生活的现代价值》，《人民政协报》2016 年 10 月 17 日。

民族国家的关系，才能够体现它的根本价值"。① 这与他长期秉持的民俗学价值观是一致的——"为学当识时务"、当服务社会和国家。②

张士闪教授对民俗学研究要"跟国家政治结合在一起"同样是持赞成态度的。"笔墨当随时代，学术服务社会，这本是份内之责。"③ 并且提出了自己与国家政治和意识形态建设相呼应的"顺水推舟"理论："顺水推舟，是看到国家有关于'非遗'的政策和行动，我觉得主要应该围绕'非遗'活动来进行建言献策，包括也履行一下学者的社会使命。"④ 他的这种理念也直接体现在这些年他主持的山东大学民俗研究所的研究方向调整上，从原本主要从事乡民文化、地方民俗事象、村落等地域性的具象研究，到《中国节日志》和《中国民俗文化发展报告》的连续编撰，都体现了其"顺水推舟"地去呼应国家文化事业发展和意识形态建设的理念。而近五六年来连续举办的"礼俗互动"学术论坛活动，则进一步体现了其由"顺水推舟"到"积极入世"的思想演进。"礼与俗，我是想拿着民俗学来说话，让整个民俗学界来一个民俗学社会性的讨论，中国的社会性是什么？这是一个基本的问题，当然说是国情。"⑤

张士闪教授是目前民俗学领域少数几位能够在政产学三界游刃有余的学者之一。从山东大学中文系毕业后开始从事民俗学、民间文学研究，是在钟先生去世后考入北师大师从刘铁梁教授攻读博士学位的，现为山东大学文化遗产研究院副院长、民俗研究所所长兼《民俗研究》主编。张士闪教授将自己的学术和思想发展历程总结为三个阶段，即"第一还鱼于水，第二顺水推舟，第三礼俗互动"⑥。实际上，他自己的这个

---

① 笔者访谈笔记，刘宗迪教授访谈录。

② 刘宗迪：《多维视野中的中国现代神话研究》，《民间文化论坛》2005 年第 2 期。

③ 张士闪：《中国民俗学的当下危机与发展机遇》，《民俗研究》2011 年第 4 期。

④ 笔者访谈笔记，张士闪教授访谈录。

⑤ 笔者访谈笔记，张士闪教授访谈录。

⑥ 笔者访谈笔记，张士闪教授访谈录。

学术和思想发展路程对他现今主持山东大学民俗学科的发展也产生了很大影响，特别是"顺水推舟"和"礼俗互动"，对重构山东大学民俗学科在全国民俗学科发展格局中的地位、建构新型的政学关系以谋求新的发展机会和发展资源等，都发挥了很大作用。特别是后者，近年来山东大学民俗学科与文化部、与山东省文化和旅游部门及各级地方政府的合作，就充分说明了这一点。

当然，从民俗学自身的发展历程和发展规律来看，以"民族情怀""家国情怀"为依归的政学关系本身就是民俗学的传统。从"五四"时期中国民俗学发源时期开始，学界前辈们就一直试图从民间生活和民间习俗中找到民族精神、国家意识的基因，来作为树立和建构民族精神、国家意识的文化基础。这其实也是世界各国民俗学的一个共同特点。

而从另一角度讲，民俗学的意识形态和政治价值，也是由民俗的价值、民俗学的学科性质和学科分工所决定的。张士闪教授曾经提出：民俗"并非源于政治真空的环境中，它们反映、增强并弥漫于政治权力之中"，因此民俗学也必然要参与国家政治权力导向下的社会事务。[1] 田兆元教授则认为：服务人民、服务社会、服务国家就是民俗学科和民俗学者的使命。[2] 而赵世瑜教授则直接把"国家在场"作为民俗和社会文化发展的必要条件。因此民俗学研究也必然应该把"国家在场"作为一个基本前提，并能够及时回应社会和国家在文化、政治和意识形态领域的某些诉求。[3]

这也就像前面的主题阐释部分所讨论的那样：

---

① 张士闪：《乡民艺术的文化解读——鲁中四村考察》，山东人民出版社 2005 年版，第 10 页。

② 田兆元：《民俗本质的重估与民俗学家的责任——一种立足于文化精华立场的表述》，《山东社会科学》2011 年第 5 期。

③ 赵世瑜：《小历史与大历史——区域社会史的理念、方法与实践》，生活·读书·新知三联书店 2006 年版，第 5 页。

民俗学必须要与政治结盟——服务于国家、民族文化事业的发展和意识形态的建构。

这应该是民俗学的必然宿命！

（二）多元价值趋势——民俗学价值由意识形态向社会领域扩展

任何人文社会学科的发展诉求都是有历史的阶段性特征的。随着社会环境、政治格局和政策导向的演变，特别是社会主要矛盾的变化，民俗学服务于地方、民族和国家的内容，也必然会发生变化。从当前的现状和发展趋势来看，已经不再单纯局限于文化和意识形态领域，服务于社会经济发展，民俗的资源化利用和商业化开发，也成为一种不可阻挡的历史趋势，民俗和民俗学的多元价值正在显现，也正在被强化。

访谈过程中，能够强烈感受到民俗学的这种多元价值发展趋势，也正在被学者们认可和接受。刘铁梁教授、朝戈金教授、刘宗迪教授、赵世瑜教授、李松主任、张士闪教授、田兆元教授、吴效群教授等都在访谈中谈及民俗学的社会服务功能。其中，田兆元教授明确强调："任何一门学科都要为社会的发展服务，要融入国家和社会发展的大格局中去，才会有价值。"[1]而且他还列举了他的学生将民俗与市场相结合服务于社会经济发展的例子，来证明在当今社会经济发展的大环境下，民俗学是一个大有作为的学科。

民俗学的价值由意识形态领域向社会领域的扩展，实际上不仅仅反映的是在不同的历史发展阶段社会发展需求的变化，也是在特定学科体制、制度规制影响下，学科性质、学科归属发生变化的反映。

这种变化反映在民俗学身上，就是大家都不得不接受的一个事实——民俗学的"社会科学化"。

对于民俗学"社会科学化"这个问题，赵世瑜教授[2]、陈勤建教

---

[1] 笔者访谈笔记，田兆元教授访谈录。

[2] 赵世瑜：《民俗学的人文学学科特征》，《民俗研究》2011 年第 4 期。

授①、刘铁梁教授②、高丙中教授③ 等都曾经进行过讨论。这些学者基本都坚持认为，从学理和学科特点上，民俗学应该属于人文科学，但人文学科也要关注社会、服务社会。朝戈金教授在访谈时讲过的一段话，可能代表了学者们的普遍心态："参与是有益的，可以把民俗资源保护、利用得更好更科学，如果你放弃这个领域，完全交给一些企业和地方政府，完全把民俗作为一种赚钱的资源，搞完全功利化的利用就更完了，由我们来做起码能够树立起保护的理念"。④

但在访谈过程中，河南大学的吴效群教授非常肯定地表达了民俗学应该属于社会科学的观点。吴效群教授认为，当前民俗学研究生的培养，就应该从社会科学的方向来进行培养，要培养学生能够针对某个社会问题给出解决方案的能力，并且能够更进一步的在更高层次上服务国家战略。"民俗学的学科性质问题。在几次学术会议上，大家有过对此的讨论，多数人认为民俗学是属于人文科学。据我的初步统计，民俗学者当中，大概有 80% 的人认为民俗学是属于人文科学的。"但是，吴效群教授认为，民俗学应该属于社会科学领域，"我们不能只是整理、描述，最多再加个评论，而不能总结出规律的东西，不能够对人类文化的发展作出新的贡献"；"在整个学科体系当中，如果你不能参与到知识再生产的共同体之中的话，你就不可能有什么地位"。⑤

吴效群教授是山东师范大学中文系本科毕业后考入河南大学师从张振犁教授进行中原神话研究，硕士毕业后留校任教。1995 年至 1998年间在北师大师从钟敬文先生攻读民俗学博士学位，并从此从神话研

① 陈勤建：《面向现实社会，关注经世济民——21 世纪中国民俗学的一个重要选择》，《韶关学院学报·社会科学》2006 年第 11 期。
② 刘铁梁：《关于民俗学本位的思考》，《民俗研究》1991 年第 4 期。
③ 高丙中：《民俗学的学科定位与学术对象》，《温州大学学报》（社会科学版）2011 年第 24 期。
④ 笔者访谈笔记，朝戈金教授访谈录。
⑤ 笔者访谈笔记，吴效群教授访谈录。

究转向民间信仰和日常生活领域的研究。吴教授介绍说："我在北师大读博士，开始接触社会学、人类学等一些学科的知识，慢慢接受了民俗学是社会科学的理念。"[1] 但是"民俗学一开始的学科定性，就远离了社会科学。我们不参与知识的再生产，不参与社会现实问题的解决，我们只关注过去、不关注未来，虽然这些研究社会也需要，但是需要的层次是不一样的，不同的参与度也就决定者你将获得的不同地位"。[2]

"中国民俗学是在极度高涨的政治热情下，适应社会时代的需要产生的"。[3] 而在当代社会，我们更应该积极参与社会发展实践，参与知识再生产，而不是仅仅去关注对历史和过往的总结。

学科的性质定位，能够对学科的价值观取向产生直接影响。

按照现代学科体系对人文学科的解释和界定，人文科学是"是关于人类内心世界的学问"，具有"非实用性"特征的。[4] 而社会科学则是在总结社会发展规律的基础上针对现实问题给出解决方案的科学。

所以，从根本上说，当前民俗学价值的多元化趋势，特别是从意识形态领域向社会经济领域的扩展，实际上是与民俗学发展的"社会科学化"密切相关的。在这一过程中，有的民俗学者能够从认识转变到积极行动，除吴效群教授在教学中开始注重给予学生社会科学思想和方法论的训练外，华师大的田兆元教授不仅在行动上积极带领学生参与民俗文化的开发利用，还建议要在学术上重视应用民俗学的研究与发展，建立政治民俗学、经济民俗学等分支学科。[5] 陈勤建教授也倡导民俗学要

---

[1]　笔者访谈笔记，吴效群教授访谈录。

[2]　笔者访谈笔记，吴效群教授访谈录。

[3]　吴效群：《加强基础理论建设　走专业化发展道路——1918—1937 年中国现代民俗学运动与时代关系之启示》，载《纪念钟敬文诞辰一百年座谈会暨学术研讨会论文集》，2003 年。

[4]　百度百科，https：//baike.baidu.com/item/ 人文学科。

[5]　笔者访谈笔记，田兆元教授访谈录。

"关注经世济民"，积极参与社会经济发展和文化建设。①

　　总体来看，在当今社会发展和学科管理体制的大环境下，民俗学的"社会科学化"已经成为一种客观的现实和不可阻挡的趋势，并直接影响着民俗学价值结构的多元化变化格局。在这种趋势下，即使是那些一直认为民俗学应该属于人文科学的学者们，客观上也接受了将民俗学归入社会科学范畴的现实或民俗学的社会科学化发展趋势，并对民俗文化的资源化利用、商业化开发——即把民俗文化作为一种经济资源的价值取向给予有保留的认可。

四、建构完整的人类知识谱系

　　民俗学"建构完整的人类知识谱系"的价值，是与民俗第三个维度的价值——"完整地反映人类知识谱系"相对应的，民俗学必然要能够全面研究人类社会发展过程中的所有社会事象，并在此基础上去建构完整的人类知识谱系。

　　对此，朝戈金教授、刘铁梁教授、乌丙安教授、叶春生教授等从不同的角度提出了自己的见解。同时将他们的观点做一下比较可以发现：朝戈金教授、刘铁梁教授之所以秉持这样的观点，主要是由其学术修养和学识境界所决定的，而乌丙安教授、叶春生教授则更多的是因其个人的研究经历、学术视野和勇气所使然。

　　访谈中，朝戈金教授表示，我们要用民俗学研究来"补齐"人类的知识体系，以形成"真正完整的人类文明的知识图谱"。如将他的学术经历和职务行为略加考察，就会发现，他的这种思想多源于其长期从事世界非物质文化遗产的整理、评选、保护工作的理论研究与实践，他是

---

① 陈勤建：《面向现实社会，关注经世济民——21 世纪中国民俗学的一个重要选择》，《韶关学院学报·社会科学》2006 年第 11 期。

从全球化的视野、保护文化多样化的诉求和发展的眼光，来审视人类文化现象的发展与构成的。在 2003 年的一篇文章中，他从上世纪 60 年代被奉为口头程式理论"圣经"的《故事歌手》的出版谈起，来阐述了以"口头传统"为代表的非文字记载人类知识体系的研究，认为这"不仅是特定信息传播方式的研究，而且是知识哲学的思考"。① 认为民俗学要"真正意识到'口头传统'的重要性和特异规则，让'口头传统'具备学科体系特征"②。这些口头传承的"传统民间文化"或民俗文化，作为"文化和社会特性的表达形式、准则和价值"，其形式包括"语言、文学、音乐、舞蹈、游戏、神话、礼仪、习惯、手工艺、建筑艺术及其他艺术"，如"传统形式的联络和信息（例如非洲鼓语）"等。③ 正是这些形式形成的人类知识体系，作为文字之外的"另一只轮子"承载着人类文明的发展和进步，勾画出人类知识图谱的完整画卷。而在 2016 年的另一篇文章中，朝戈金教授提到了 1973 年 10 月 1 日玻利维亚政府以其教育与文化部的名义向联合国教科文组织政府间版权委员会提交的一份《保护民俗国际文书提案》，该提案中"呼吁'科学共同体'要提供必要的伦理支持和道义协助"，来整理、研究、保护人类的民俗知识体系。该提案成为 2003 年《保护非物质文化遗产公约》的"先声"。④ 该文件明确倡导"科学共同体"——相应的学科体系和相关的学者群体，要担当起整理、建构人类完整的知识体系的责任。朝戈金教授多年来参加联合国教科文组织的非物质文化遗产会议都是以"中国民俗学会"会长的身份参加的⑤，因此，他的"两个轮子"理论应该也源于此。

---

① 朝戈金：《口头·无形·非物质文化遗产漫议》，《读书》2003 年第 10 期。
② 朝戈金：《口头·无形·非物质文化遗产漫议》，《读书》2003 年第 10 期。
③ 朝戈金：《口头·无形·非物质文化遗产漫议》，《读书》2003 年第 10 期。
④ 朝戈金：《联合国教科文组织〈保护非物质文化遗产伦理原则〉：绎读与评骘》，《内蒙古社会科学》（汉文版）2016 年第 5 期。
⑤ 朝戈金：《联合国教科文组织〈保护非物质文化遗产伦理原则〉：绎读与评骘》，《内蒙古社会科学》（汉文版）2016 年第 5 期。

　　刘铁梁教授的民俗价值观源于其一直秉承的"老百姓是文化的创造者"理念。刘教授执着地强调民俗学研究要从"精英或士大夫的言论"中走出来，走进老百姓的"生活世界"。① 在此基础上，他提出了民俗文化的"内价值"和"外价值"理论。认为老百姓这种在日常生活中创造的民俗文化，是与"精英文化"相对应的人类知识体系的重要组成部分，并且更能够体现人类的"生活智慧"，当这些"生活智慧"转化为"外价值"后，就能够在更大的范围里传播、影响和作用于社会发展。②所以，民俗学研究必须去全面关注人类所有的社会事象，特别是老百姓在日常生活中创造的智慧，来建构人类完整的知识谱系。

　　乌丙安教授、叶春生教授的民俗学价值观的形成应该与他们个人的学术视野和研究经历密切相关。乌丙安教授是中国、也是世界上最早接触萨满教的民俗学者，并通过萨满教祭司"进入"到这一有着上万年历史的文化现象的"神秘世界"，"愚昧中闪出的智慧，病态中现出的质朴与健康，野蛮中显露的勇武和粗犷，软弱与怯懦中蕴藏的某种力量"，"他们把所有类似宗教职能的特点都融于己身，既是天神的代言人，又是精灵的替身"。这让他感受到"萨满世界像谜一样神秘"。③ 接受访谈的时候，乌丙安教授仍然表示：对萨满教的研究中"有很多答案性的结论我不能写出来，写出来就出版不了了。这样的东西将来政策能够更开放一些的话，是能够出更大的成果的"，"是谜就总一天会被揭开的"。④正是有这样的研究经历，所以他才会有我们"要比无神论者多一只眼睛"去看世界、去研究和发现人类更丰富的知识类型、去描绘人类更完整的知识谱系的理念。

---

①　刘铁梁：《作为村落生活与文化体系中的乡民艺术》，载张士闪《乡民艺术的文化解读——鲁中四村考察》，山东人民出版社 2005 年版，第 6 页。

②　刘铁梁：《民俗文化的内价值与外价值》，《民俗研究》2011 年第 4 期。

③　乌丙安：《神秘的萨满世界》，生活·读书·新知三联书店上海分店1989年版，第5—7页。

④　笔者访谈笔记，乌丙安教授访谈录。

同样，叶春生教授也是因为他一直执着地对民间各种"神秘文化""灵异"现象进行研究，并亲自进行"体验"，而开始关注"科学"之外的"神秘文化"和"灵异"现象的，认为"神秘文化""灵异"现象也是人类知识谱系的重要组成部分。他还认为："人类的起源本身就是一个谜，宇宙的有序组合更是一个谜"；"不管是'神'，还是'上帝'，都只是人类文化史研究中的一个名词，一种符号，它的本义是一种神秘的力量"。① 在他的研究经历中，那些被视为"封建迷信"代表的巫师、神婆、童身、灵媒等经常会被他作为研究的对象。以至于他们经常会受到公安人员的盘问，"你们是不是在宣传封建迷信？为什么对那些不三不四的人那么感兴趣？"但他执着地认为：正是这些"另类旧人""还折射出史前文明的幽光"。所以他也很执着地认为："我们民俗学界，天生就和许多离奇古怪的现象联系在一起，以致学人把'神秘性'都列为民俗学的一个特征。"②

因此，虽然朝戈金教授、刘铁梁教授与乌丙安教授、叶春生教授是分别从不同的角度，来认识民俗学在建构完整的人类知识谱系上的价值的，但殊途同归，结论是完全一致的，即：

——只有民俗学才能够为绘制人类完整的知识谱系进行"补缺"；

——只有民俗学才能够建构人类完整的知识图谱。

总之，通过对民俗和民俗学价值的分析，我们能够清晰地认识到：在民俗和民俗学的三个价值维度上，第一、第二维度的价值是针对"人"和"人群"的，而第三个维度是针对整个人类的，或者说是针对整个人类的知识体系的。

本项研究经过文献检索、访谈及将访谈资料与相关文献的"对读"，逐步形成了清晰的关于民俗、民俗学价值认识的学术共识。

---

① 叶春生：《开创民俗文化立体研究的新纪元》，《广西师范学院学报》（哲学社会科学版）2004 年第 1 期。

② 叶春生：《开创民俗文化立体研究的新纪元》，《广西师范学院学报》（哲学社会科学版）2004 年第 1 期。

第七章　民俗学科的地位与民俗学者社会价值的发挥途径

民俗学科的地位与民俗学者社会价值的发挥途径，这是两个互相呼应的命题，在现实中它们互相影响、互相作用、互相促进。

一、民俗学科的地位

学科地位实际上是学科价值的直接反映。

民俗学科的地位，实际上是两个层面的问题：

一是民俗学科的社会地位；

二是民俗学科在学科体系中的地位。

在日常讨论中，有不少学者对民俗学目前的学科地位、社会地位总是耿耿于怀，认为民俗学科的地位不高，不是独立的一级学科；社会影响力不大，不像经、管、法学科那样有较高的社会地位，等等。前面的文献综述中也涉及对民俗学科地位的讨论。但在访谈过程中，得到的反映却不完全相同。

（一）民俗学科的社会地位

1. "张士闪之问" ——"民俗学何以安身立命"

赵世瑜教授曾写过一篇专门探讨民俗学"何以安身立命"的论文，

在文章中介绍说，这是《民俗研究》主编张士闪教授给他出的一个"命题作文"。① 在访谈过程中赵世瑜教授、张士闪教授也都再次谈起这个话题。②

实际上这是一个关乎民俗学科在当代社会的生存空间、发展环境和未来前途的综合性大命题。

从另一个角度讲，这个话题也代表了中国当代民俗学者心中的疑虑和担忧，或者也可以说是一部分学者关于民俗学的学科地位低、社会地位不高的抱怨情绪的折射，实际上也就是民俗学界对"民俗学现状的强烈不安定感"或"不确定感"的反映。③ 其本质是基于对民俗学科生存与发展的担忧所使然。

如果我们梳理一下民俗学的学术和学科发展史，就可以发现，在中国从民俗学产生那一天开始，在某些特定的时期民俗学可能被学界或社会高度重视，但作为高等教育体系中的一个"学科"或"专业"，却实际上从来就没有"繁荣"过，并且时而还会处于低潮，甚至被"取消"！直到进入21世纪，民俗学科和民俗学高等教育的发展才有所好转，但正如赵世瑜教授所说，民俗学和民俗学高等教育这种"见好"的发展形势其实也"不完全是学科本身努力的结果"，"一方面是人文学科都有所好转，另一方面是客观上有个遗产保护的大环境。仔细想想，如果没有两个这样的社会的和意识形态的背景，民俗学是否能产生或存在都的确是个问题"。④ 也就是说，即使是民俗学的社会地位在当前有了一定的好转和提高，其实也并不完全是因为民俗学科自身的发展和努力造成的结果，而主要是因为外力所致——由于大环境的变化或某些特殊的"民

---

① 赵世瑜：《传承与记忆：民俗学的学科本位——关于民俗学何以安身立命问题的对话》，《民俗研究》2011年第2期。

② 笔者访谈笔记，张士闪教授访谈录。

③ 笔者访谈笔记，赵世瑜教授访谈录。

④ 赵世瑜：《传承与记忆：民俗学的学科本位——关于民俗学何以安身立命问题的对话》，《民俗研究》2011年第2期。

俗学科之外"的原因造成的。正是因为民俗学界还有一些能够冷静思考的学者，看到了这一现象的本质和问题的严重性，才会有那样的担心和关于"民俗学何以安身立命"的"张士闪之问"。①

对这一现象的关注，高丙中教授在更早的 2006 年、2007 年前后就开始了，并专门对此问题进行了探讨。他认为，对于民俗学科的危机感，"有两种相反的因由。早先是封闭造成的危机，近些年是开放造成的危机。封闭的危机是不断边缘化的危险，是活力弱化导致衰亡的危险，但是在最后的结果发生之前尚能固守自我。开放的危机是太多作为异质的新质湮没自我的危险，但好处是开放带来的活力提供了大发展的机会。"② 而且，他还认为："民俗学要定位于一门当代学术，它的从业者就要浸润在当代的思想和学术里，最好是主流的思想和学术里（哪怕部分如此）。"③ 民俗学才有可能摆脱现今的危机而得到发展。而要做到这一点，就必须要去"激活"民俗学"根底"的核心要素或"激活民俗学的学科传统"。④ 亦即我们要回归到民俗学的学科本位。

那么，民俗学的学科本位是什么？当时在高丙中教授的讨论中并没有直接回答。而张士闪教授关于"民俗学何以安身立命"的提问，实际上是试图引导民俗学界对此问题展开深度探讨，并通过探讨找到民俗学真正的生存、发展出路。当时他还给出了四个可以展开深入讨论的具体话题："一是当前国家制度中民俗学的危机与机遇，二是当代民俗学的学术视野与自我定位，三是反思目前国内的区域民俗志或民族志的热潮，四是学术理念与分析工具：民俗学研究如何操作。"⑤ 但一直到今天

---

① 赵世瑜：《传承与记忆：民俗学的学科本位——关于民俗学何以安身立命问题的对话》，《民俗研究》2011 年第 2 期。
② 高丙中：《核心传统与民俗学界的自觉意识》，《民间文化论坛》2007 年第 1 期。
③ 高丙中：《核心传统与民俗学界的自觉意识》，《民间文化论坛》2007 年第 1 期。
④ 高丙中：《核心传统与民俗学界的自觉意识》，《民间文化论坛》2007 年第 1 期。
⑤ 赵世瑜：《传承与记忆：民俗学的学科本位——关于民俗学何以安身立命问题的对话》，《民俗研究》2011 年第 2 期。

为止，民俗学界也没有人直接针对上述问题给予明确和系统的回答。赵世瑜教授在两个相关问题上的观点非常明确：一是"民俗学研究的个案要看是否有助于回答民俗学是什么，或者说是民俗学的基本问题是什么"①。二是民俗学的繁荣"不能太依赖外力"，而是要靠"修炼内功"。②

　　所谓的"外力"，既包括社会发展过程中出现的那些学科之外的发展机会和发展条件，也包括所谓的政府、主管部门的"重视"或"不重视"。

　　对此，朝戈金教授、刘德龙教授等也进行了深度分析，并且与赵世瑜教授持有相似的观点，认为：民俗学科社会地位的高低，关键的还是我们学科内部的"内功"，即民俗学能够为社会做什么！"关于民俗学科的地位，这个事情不能简单地去抱怨体制，特别是教育体制。这个体制在管理中也的确是有问题的。但在很大程度上也取决于在这个学科内的从业人员，我们解决了什么问题！我们替国家、替社会、替人类文明发展、替人类知识的积累和进步，我们做了什么"，"学科的社会地位是取决于你解决社会问题的能力的"。③

　　刘德龙教授对此的看法与朝戈金教授完全相同。刘德龙教授讲过一段经历：在广西国际民歌节期间的一次关于民俗、民间文化的研讨会上，"会上一片哀怨声，大家都在说为什么民俗和民间文化一直在萎缩，为什么民俗学老是发展不起来？就是政府不重视！大家基本都是这种观点。我在会上发言，说的什么意思呢，我说民俗、民间文化一直得不到振兴，民俗学也不被重视，我们不要老是挑政府的毛病，我们还要看我们学者们自己是怎么做的！我们应该去怎么做！我们是怎样认识民俗、民间文化的！如果我们学者从正面去研究、去挖掘、去宣传，而且能够

---

① 赵世瑜：《传承与记忆：民俗学的学科本位——关于民俗学何以安身立命问题的对话》，《民俗研究》2011 年第 2 期。

② 赵世瑜：《传承与记忆：民俗学的学科本位——关于民俗学何以安身立命问题的对话》，《民俗研究》2011 年第 2 期。

③ 笔者访谈笔记，朝戈金教授访谈录。

与当时经济社会文化发展的步伐同步，就不可能得不到重视！"①

从几位学者的观点看，民俗学的学科地位——即"何以安身立命"实际上涉及两个问题：一是如高丙中教授、赵世瑜教授所探讨的"民俗学如何回归学科本位"问题；二是民俗学在社会发展过程中应该和能够发挥什么作用，在现实社会中又实际发挥了什么作用问题。

的确，中国民俗学科的发展历史非常短暂，从"五四"时期的"歌谣运动"算起，至今也就是一百年的发展历史，不像哲学、历史学等传统学科那样，其社会作用和价值已经在几千年的社会发展中得到了充分证明，而一个只有一百年历史的民俗学，其社会价值还需要自己去证明。包括民俗学的"学科站位"——即学科归属和学科层级问题，也都需要自己去"自证"、去争取。在这样一个学科的很多根本性问题还都具有不确定性的发展阶段，甚至学科内部还没有把这些问题搞清楚的情况下，学科的社会地位不高也就成为必然。

2. 民俗学从来都不寂寞——社会需要民俗学

在访谈过程中，关于民俗学的社会地位问题，还得到了另外一种完全不同的观点，即认为"民俗学社会地位不高"这一说法是不成立的。

"民俗学从来都不寂寞"——这是现任中国民俗学会会长朝戈金教授在接受访谈时对民俗学社会地位旗帜鲜明的评判。

为什么说民俗学科不寂寞？

高丙中教授给出了明确的回答：社会上许多与民俗相关的工作"不一定是，或者说大部分不是民俗学者干的事，但是干这些工作的人肯定是在应用民俗学的思想方法从事这项工作。这就是民俗学最大的社会价值"。②

为什么民俗学科会有这样大的社会价值？

这就与前面我们讨论的民俗的价值和民俗学的价值是紧密相关的。

---

① 笔者访谈笔记，刘德龙教授访谈录。

② 笔者访谈笔记，高丙中教授访谈录。

民俗和民俗学在三个维度上的价值，前两个维度，第一个是针对"人"的，第一个是针对"人群"的，而第三个是针对整个人类知识体系的。就像陈勤建教授所指出的那样：民俗之"民"实际指的是"人"，因此民俗实际上就是"人俗"，民俗学也就是"人""俗"之学或"人俗"之学，研究"人俗"的民俗学也就不是一般意义上的"历史民俗学科"，而是"活生生的现在学"和"未来学的天地"。①它既关系到人们的日常生活，又能够影响到地方、民族、国家的意识形态，乃至文化、经济、政治等等人类社会发展的几乎所有领域；既能够影响现在，还能够作用于未来。所以，在国外有人称民俗学是当今的"济世之学"，它"与其他学科有着广泛的交叉联系，心理民俗学、社会民俗学、经济民俗学、历史民俗学、文艺民俗学、教育民俗学、军事民俗学、地理民俗学、生产民俗学、饮食民俗学等等，不一而足，充分展示了民俗学科在现实社会中的多功能的实用价值"②。

实际上，这就是民俗学之所以有如此巨大的社会价值的学理基础和根源所在。

正因为如此，刘宗迪教授认为："民俗学者的群体很小，自身的社会影响力有限，但民俗学的理念、思想和方法则对社会有着更为广泛的影响和作用，能够影响国家的文化政治。这是哪个学科也替代不了的。这才是对民俗学价值的全面认识"；"民俗学科的前途就在于你能为社会所利用，而且应该是主动地去参与社会发展和建设，而不能被社会推着走，不能被动地'被利用'，只做一些人家喊你来开会、让你写个研究报告式的'学术打工'。"③

朝戈金教授更用一系列的事实来证明在社会发展过程中，民俗学的作用和价值：在中国共产党夺取政权和稳定政权的过程中，大量地应用

---

① 陈勤建：《现实性：中国民俗学的世纪抉择》，《民俗研究》1998 年第 4 期。

② 陈勤建：《现实性：中国民俗学的世纪抉择》，《民俗研究》1998 年第 4 期。

③ 笔者访谈笔记，刘宗迪教授访谈录。

了民俗学的理论和方法，比如"延安的新民歌运动，《夫妻开荒》啊，《小二黑结婚》啊，做的多好啊"；还有"五六十年代的时候，为了建设社会主义的知识体系，劳动人民的口头创作、新民歌等也大红大紫啊"；而到了80年代，"三套集成啊，后来又演变成十套集成啊！今天看来成就也不得了啊，大规模地收集民间文学，这也是举国之力办成的"。指导劳动人民口头创作、创新，需要大量地运用民俗学的理论和方法，但肯定不是民俗学家们直接去完成的，而是许多普通工作人员、文化工作者使用民俗学的理论和方法去进行的。"民俗学一直都在被社会力量所利用，所以，它从来都不寂寞"。①

可以看出，上述民俗学者们实际上形成了基本一致的观点，即：

——民俗学从产生时开始到今天，从来就没有被边缘化。

——被边缘化或地位不高的只是民俗学者，而不是民俗学。

——民俗学者的边缘化并不代表民俗学的边缘化；在很多情况下，民俗的地位、民俗学的地位、民俗学者的地位是分离的、错位的，或者说是不匹配的。

对此，作为主管民族文化、民俗与非物质文化遗产保护工作的政府官员李松主任，也给出了基本相同的看法。他认为，对于民俗学科的地位和作用，政府、老百姓和学者是从三个不同的维度上来看待的："当我们把它放在更广阔的视域中，从国家、百姓、学界三个角度看待民俗时，他们之间有一个非常高的重合点，那就是生活。大众要过日子；所谓'非遗'，其实也是生活文化；国家的公共文化服务或文化治理，实际上也要对应到大众生活当中。在这个点上，不论民俗学自己如何定位，但民俗学它本身存在的价值就在这里。"②

所以，从社会需求的角度讲，政府需要民俗学，老百姓也需要民俗学，大家也都在使用民俗学的理论和方法，在从事着与民俗相关的工作。

---

① 笔者访谈笔记，朝戈金教授访谈录。

② 笔者访谈笔记，李松主任访谈录。

正因为如此，可以认为：民俗学在社会上从来没有被弱化或被边缘化，它一直在服务于老百姓的日常生活、社会文化发展和意识形态建设等领域。特别是在那些"非学术性"的社会管理领域，实际上一直都在使用着民俗学的理论和方法处理各种与民俗和社会文化相关的社会事务；但在许多情况下，民俗学者的地位与民俗学的地位是不匹配的。

（二）民俗学的学科地位

每个学科都应该"有一个明确的学科本位"，"如果没有学科本位，你的学科存在也就会受到质疑。"[①] 无论是在访谈过程中，还是在日常的研究过程中，赵世瑜教授都一再强调：学科性质、学科研究的范畴和范式、学科层级等是学科发展的根本问题。

这实际上涉及两个非常具体的问题：一是民俗学的学科层级；二是民俗学的学科性质。

民俗学的学科层级，即民俗学到底是一级学科还是二级学科问题。

民俗学的学科性质，即民俗学到底是属于人文科学，还是社会科学问题。

同样，这是两个互相关联的问题。

关于民俗学的学科地位问题，刘铁梁教授[②]、乌丙安教授[③]、高丙中教授[④]、叶涛教授[⑤]、田兆元[⑥] 教授等都进行过专门的研究，分别从民俗学的学科体系、学科性质、学科层级等方面提出了富有建设性的建议和意见。其中对于民俗学学科层级问题，大家的认识基本都集中指向了

---

① 笔者访谈笔记，赵世瑜教授访谈录。

② 刘铁梁：《中国民俗学发展的几个阶段》，《民俗研究》1998 年第 4 期。

③ 乌丙安：《当前中国民俗学会的学科建设任务》，《神州民俗》2010 年第 136 期。

④ 高丙中：《民俗学的学科定位与学术对象》，《温州大学学报》（社会科学版）2011 年第 24 期。

⑤ 叶涛：《新时期中国民俗学论纲》，《江苏社会学》2000 年第 3 期。

⑥ 田兆元：《民俗学的学科属性与当代转型》，《文化遗产》2014 年第 6 期。

一个方向：即：独立的一级学科。但对于民俗学的学科性质问题，意见有所不同。

1. 民俗学的学科层级

田兆元教授曾经对民俗学的学科属性进行过论证，认为："民俗学是搜集民俗资料，研究民俗的历史、价值、结构类型及其应用的科学。"① 如果将民俗学的这种学科性质与民俗学的价值之一——"建构完整的人类知识谱系"相对应，也就能够在学理上对民俗学作为独立学科的地位进行印证。民俗学能够完整建构人类的知识谱系，并且能将这些知识应用于社会，那么：一方面无论是在知识链条的长度还是在知识结构的宽度上，都没有任何一个学科能够跟民俗学相比拟，或者说没有任何一个学科能够涵盖民俗学；另一方面，民俗学的社会作用同样也是任何一个学科无法替代的。所以，从一定意义说，民俗学是具备成为独立的一级学科条件的。

遗憾的是，民俗学独立学科、一级学科的地位一直未能确立。

但从民俗学科的发展过程和发展现状来看，这种现状也的确是由多方面造成的，既有学术领域的原因，也有非学术领域的因素。

首先是学术方面的原因。从以往的研究成果看，虽然民俗学界有不少学者对民俗学的学科性质、研究对象、研究内容等学科的基本理论问题做过探讨，但民俗学成为独立的一级学科问题，在学理上却从来没有得到过充分的论证。任何一门学科要成为独立的一级学科，都要有独立的研究对象、研究方法和自成一体的理论体系，而且支撑这个理论体系的应该是这个学科的"元理论"——即"原理"。对于民俗学而言，应该是有一门内容完整、体系完善的"民俗学原理"来作为整个学科的"元理论"的。"原理"，汉语词典中解释：是自然科学和社会科学中带有"普遍性的、最基本的、可以作为其他规律的基础规律"②。"是在大

---

① 田兆元：《民俗学的学科属性与当代转型》，《文化遗产》2014 年第 6 期。

② 中国社会科学院言研究所词典编辑室：《现代汉语词典》（修订本），中华书局 1998 年版，第 1548 页。

量观察、实践的基础上，经过归纳、概括而得出的。既能指导实践，又必须经受实践的检验。通常指某一领域、部门或科学中具有普遍意义的基本规律。科学的原理以大量的实践为基础，故其正确性要能够被实验所检验和确定，从科学的原理出发，可以推衍出各种具体的定理、命题等，从而对进一步实践起指导作用。"① 从学科体系上说，处于下游的二级学科、三级学科是产生不了具有普遍意义的基础理论或基本规律的，一般只有处于顶层的一级学科才能够产生出"原理"。而民俗学科至今也没有完成自己的"原理"体系。乌丙安教授曾经出版过一本《民俗学原理》，至今可能也是国内唯一的一部探讨民俗学"元理论"的著作，但用乌丙安教授自己的评价，都觉得这部著作对"原理"的研究不深入、不完整、不成熟，起码是缺乏了"民俗发生论"这一部分内容。② 试想，一个在学科领域自己都没有完成"原理"研究、形成"原理"体系的学科如何让别人认可是一级学科！

二是非学术因素。从今天民俗学界对民俗学科地位探讨的情况来看，基本属于私下抱怨和自发研究，似乎从来也没有哪位学者或学术组织出面组织过论证并正式向主管部门提出过建议和论证报告。据悉，会计学和旅游管理学科等都有专门的机构组织过关于学科升级的论证，如旅游管理学科是由教育部旅游管理教学指导委员会和中国旅游协会教育分会组织的，形成了正式的申请报告、论证报告，分别向教育部和国务院学位委员会进行了提交，并获受理。得到的答复是将在下一次学科调整时"上会讨论"。

但民俗学界似乎至今没有这样的行动。

对此，乌丙安教授曾经有一篇专门的讨论文章，很有代表意义。他认为，民俗学要成为独立的一级学科要具备几个条件："一是必须在经

---

① 百度百科，原理（汉语词语），https：//baike.baidu.com/item/%E5%8E%9F%E7%90%86/85014？fr=aladdin。

② 笔者访谈笔记，乌丙安教授访谈录。

济效益和社会效益两方面对国家能作出突出贡献；二是学科的重要性和已有成就必须得到决策机构领导层的认可；三是该学科内拥有被国家领导层认定的学术权威，并能够干预和影响学科的发展。"① 民俗学科过去几十年的努力，曾经取得了一些成就，但主要是仰仗钟敬文先生的学术地位和在政学两界的影响力。钟敬文先生是民俗学界公认的"学术权威"和"学科旗帜"，学科发展、学科建设和专业设置等事情"都仰仗钟老出头露面、签字画押，甚至东奔西跑去解决"。但是"钟老离世之后，这种办事原则和方式的惯例从此失去了依赖和支撑。大家都知道，从此再没有谁能有钟老那么高的威望和那么强的个人魅力，去有效参与和干预民俗学科建设了"。②

所以，虽然从我们民俗学界自身的学术认识和学术判断出发，认为无论是从学理上，还是民俗学对其他相邻学科的影响以及民俗学解决社会问题的能力上看，民俗学都具备了成为独立的一级学科的条件。但在当前的学科管理体制机制下，面临的现实问题是：

一是民俗学界缺乏对整个学科体系调整、重构具有话语权或重要影响力的权威学者。

二是民俗学界在对民俗学科地位的改变上，目前只局限在自发的学术讨论层面，既没有进行过系统的论证，也没有在体制机制和运作程序上采取行动。

因此，中国民俗学科的"后钟敬文时代"仍然是个未知数。

2. 民俗学的学科性质

这个问题在前面讨论民俗学的价值时已经涉及过。一方面是当前已经出现了不可阻挡的民俗学"社会科学化"的趋势，并已在学科分类和专业归属上成为事实；另一方面是许多民俗学者（特别是传统型的学术前辈）仍然执着地认为民俗学应该属于人文科学。

---

① 乌丙安：《当前中国民俗学会的学科建设任务》，《神州民俗》2010 年第 136 期。
② 乌丙安：《当前中国民俗学会的学科建设任务》，《神州民俗》2010 年第 136 期。

根据吴效群教授的判断，在民俗学科内部，目前"大概有80%的人认为民俗学是属于人文科学的"。在访谈过程中，吴教授还笑着对我说，他本人是认同民俗学的社会科学属性的，在一次学术研讨会期间，刘铁梁教授针对这个问题还"跟他急"。① 在日常的学习讨论中，笔者也的确能够感受到刘铁梁教授对于民俗学科性质的"人文情怀"。

赵世瑜教授、叶涛教授也同样持有民俗学属于人文科学的观点。

赵世瑜教授在一篇专论中指出，虽然民俗学在当前的国家学科分类体系中已被划入社会科学的社会学一级学科之下，但这属于"体制问题"和"生存问题"，并不代表学科的本质。赵世瑜在文章中引述哲学学者汪信砚教授的观点："人文学在旨趣、致思方向和思维方式上是与社会科学有差异的。"② "社会科学秉承自然科学传统，旨在探索社会发展规律，而人文学科则关注人的生存意义、价值及其实现。民俗学如何呢？无论说民俗学是关于民间文化、民众生活的学问，还是关于整个生活世界的学问，其旨趣显然是关心人（或普通民众）的生存状态的，重点并不在于探索或总结规律。"③

而叶涛教授则认为：作为人文科学，"民俗学的解释功能这是学科本位的中心"，而不是社会科学化地去谈什么"改造"和作用于社会。④ 叶涛教授对民俗学人文科学性质的认识是由来已久的，在他2000年发表的一篇探讨民俗学学科体系建设的文章中，开篇第一句话就是引述阿兰·邓迪斯《世界民俗学》中的观点——民俗学是"一门人文科学"⑤。同时，叶涛教授还在这篇文章中分析了中国民俗学界为什么对民俗学的学科性质一直存在不同的认识，认为这与中国民俗学产生时的特点是分不开的，当时参与中国民俗学初创的前辈们都是没有民俗学科背景的文

---

① 笔者访谈笔记，吴效群教授访谈录。

② 赵世瑜：《民俗学的人文学学科特征》，《民俗研究》2011年第4期。

③ 赵世瑜：《民俗学的人文学学科特征》，《民俗研究》2011年第4期。

④ 笔者访谈笔记，叶涛教授访谈录。

⑤ 叶涛：《新时期中国民俗学论纲》，《江苏社会科学》2000年第3期。

学家、历史学家等，各自学科背景不同，就形成了这样的结果：一是加强了民俗学科与其他学科的融合发展，二是造成了民俗学科基础理论建设的不足，三是形成了民俗学研究的不同风格和属性导向。文章还进一步分析了影响至今的三种民俗学学术风格，即"文学倾向的民俗学、历史学倾向的民俗学、人类学倾向的民俗学"①。认为"中国民俗学与文学的关系可用水乳交融一词来形容，无论是早期的歌谣运动、后来的民间文学的突出发展，都说明了这一点，钟敬文先生可以被视作这种倾向的代表。历史学的研究借助于民俗学的力量，从而促进了本学科研究的深入，这可以顾颉刚先生为代表。人类学与民俗学是一种扯不断、理还乱的关系，我国民俗学研究的人类学倾向是由这两个学科的近缘关系造成的，这方面的代表是杨成志、杨堃先生"②。正是由于中国民俗学有这样特殊的学科发展历史和因此而造成的学术研究风格与学科属性导向，学科性质问题一直形不成统一的认识也就不足为奇了。而且，这种不同的学术风格和学科属性导向，也直接反映在民俗学科的发展依托和发展格局上。"中国民俗学科在各个高校里的情况很不一样，有的跟文学放在一起，有的跟人类学放在一起，还有的跟社会学放在一起，等等，好多种类型。"并因此而形成了各个高校民俗学科之间不同的发展特色和发展格局。③

　　正像吴效群教授所估计的那样，民俗学界直接认可民俗学属于社会科学的学者并不多，应该有 80% 以上的学者认为民俗学应该属于人文科学。但大部分人也如同赵世瑜教授的态度一样，一方面执着地坚持民俗学属于人文科学，另一方面也会因"体制"和"生存"的原因，而坦然地接受民俗学科的"社会科学化"发展趋势和在国家学科体系中的社会科学归类。

---

① 　叶涛：《新时期中国民俗学论纲》，《江苏社会科学》2000 年第 3 期。

② 　叶涛：《新时期中国民俗学论纲》，《江苏社会科学》2000 年第 3 期。

③ 　笔者访谈笔记，田兆元教授访谈录。

所以，从这个角度上讲，虽然民俗学的学科性质仍然还需要在学理上做进一步的深化研究，并予以明确，以使民俗学的未来能够真正地"回归学科本位"。但在当前的发展环境中，民俗学到底是姓"人文"还是姓"社科"，实际上已经不是个非要划清界限的问题了。起码不是一个"亟须"解决的问题！

二、民俗学者社会价值的发挥途径

这是一个比较敏感的话题。但在访谈过程中，大家对此都没有回避，反而无论是政府官员，还是民俗学者，都比较一致地给出了"合作""坚持独立性"和"团队"几个关键词。

（一）与政府合作

民俗学者要将自己的学术成果转化为现实的生产力，去作用于社会，推动社会发展，发挥社会价值，必须进行"合作"——与政府合作。

那么，为什么民俗学者社会价值的实现途径要通过或主要通过"与政府合作"来实现？

一方面，从国家体制机制来看，我们日常的任何活动都不可能游离于国家、政府的法律和规制之外。而人文社会科学的研究本身与国家、民族意识形态有着千丝万缕的联系，无论是学术成果转化成现实生产力的渠道，还是学者服务于社会的途径，都离不开政府体制和政治制度框架。

另一方面，从民俗学的研究对象、研究内容和其价值体系看，民俗学在三个维度上的价值——"解释、服务和提升人的日常生活""服务于国家、民族发展和意识形态的建构""建构完整的人类知识谱系"，都需要通过民俗学者参与社会实践，并直接作用于社会来实现。而这三个方面的每一个都与国家的社会治理体制和国家的政策法规体系相关联。

所以张士闪教授在 2005 年时就提出，民俗学本身"并非源于政治真空的环境中，它们反应、增强并弥漫于政治权力之中"，也必然要参与国家政治权力导向下的社会事务。① 后来又进一步提出："当代国家治理与民俗文化发展之间，是互动共生的关系"，因此民俗学者也与国家、政府之间"既有分立又有合作，既有纷争又有对话"。民俗学者就是要在这种纷争与合作之间，将民俗的"日常规范上升为公共价值"。②

张士闪教授的这种理念代表了中国当代许多民俗学者的基本态度，即在"与政治结盟""与政府合作"中来实现民俗学科的社会价值和民俗学者的社会价值，并在"合作"中谋求自身的发展机会。

凭着这种诉求，张士闪和他领导的民俗研究所，一方面主动、积极地与政府合作，在经济和社会发展领域积极参与政府的各项事务，承担了民俗旅游资源调查与开发、乡村旅游、传统村落保护、乡村记忆工程等一大批的横向课题项目，每年都有巨额的研究经费进账。另一方面，在意识形态领域，主动呼应国家的文化发展政策，其中最有代表性的有两件事：一是连续编撰出版《中国民俗文化发展报告》，通过对民俗文化发展现状、发展动态和发展趋势的持续跟踪、监测和评估，为政府文化政策的调节提供学术支持；二是近五六年来连续举办的"礼俗互动"论坛，更是在意识形态领域"与政治结盟"的主动作为。张士闪认为："'礼'所代表的国家治理的规约性"，"'俗'代表的是民间生活的自发性。"③"'礼俗互动'是集权与民意之'巨动'中的'微动'，是官民之间'大动'中的'小动'。官民之间的'小动''微动'，就是为了缓释可能的'大动''巨动'"，"这是一种以文化认同的方式，消除显在与潜

① 张士闪：《乡民艺术的文化解读——鲁中四村考察》，山东人民出版社 2005 年版，第10 页。

② 张士闪：《"礼俗互动"：当代国家正与民间缔结新契约》，《联合日报》2016 年 4 月12 日。

③ 张士闪：《"礼俗互动"：当代国家正与民间缔结新契约》，《联合日报》2016 年 4 月12 日。

在的社会危机的政治智慧。"① 他将这种互动定义为民间与国家、学者与政府之间"缔结的新契约"。②

应该说，张士闪教授的观点和作为是具有示范意义的。

李松主任从政府工作的角度出发，认为政府与学术界的诉求其实是基本一致的。"不管国家政治怎么样，他也都关注大众生活。民俗学始终关注大众生活，始终向下负责，这是没有问题的。"民俗学者"坚持真实的真，坚持对老百姓负责。这和政府顶层设计的共同点实际上是相通的"。所以，"合作"才是发展的基础。"如果学界一直处在批评政府的状态中，实际上是很难创造、设计出新东西的。"③

刘宗迪教授是一位自始至终、表里如一地坚持做"冷板凳学问"的学者，很少参与社会事务。但自己不参与社会事务并不代表他反对民俗学者与政府合作、参与社会实践。恰恰相反，他一直认为现代学者应具有为社会、为民族、为国家担当的责任感和使命感。特别是民俗学这样一门与老百姓日常生活密切相关、与国家意识形态紧密相连的学科，更"需要和现实结合起来"。"不同时代，学者扮演的角色是批判社会还是参与社会，是站在理论或思想高度对整个文明、中华民族的传统进行宏观的把握，抑或是参与社会、为一些文化工程或具体的项目出谋划策，其实这并不取决于个人"，而是"和背后的大框架——社会形势、社会结构有关"。所以，民俗学者"要跟随社会潮流而动"，④"为学当识时务"。⑤

在这一点上，访谈过程中，刘铁梁教授、赵世瑜教授、朝戈金教

---

① 张士闪：《"礼俗互动"：当代国家正与民间缔结新契约》，《联合日报》2016 年 4 月 12 日。
② 张士闪：《"礼俗互动"：当代国家正与民间缔结新契约》，《联合日报》2016 年 4 月 12 日。
③ 笔者访谈笔记，李松主任访谈录。
④ 笔者访谈笔记，刘宗迪教授访谈录。
⑤ 刘宗迪：《多维视野中的中国现代神话研究》，《民间文化论坛》2005 年第 2 期。

授、刘德龙教授、高丙中教授、陈勤建教授、田兆元教授、吴效群教授
等对此也都持有完全相同的观点。

（二）保持相对独立性

同时，大家还有一个更加一致的共识：

——在"合作"的同时，民俗学者要保持自己思想和意识的相对
"独立性"。

"要保持批评的权利。"① 这是张士闪教授在积极与政府合作、呼应
国家政策的同时一直秉持的理念。这在他公开发表的文章中也表达得十
分清楚："礼"与"俗""互益互补与互制互斥共存"，"既有分立又有合
作，既有纷争又有对话，并谋求在对话、合作中从日常规范上升为公共
价值。"②

对此，刘铁梁教授表达得更直接：民俗学者本身并不刻意去"追求
与政治的关系"；但我们民俗学者有一个初衷，"不忘掉、更不能远离老
百姓的创造和生活"，"能够为老百姓服务得更好，你帮助他发挥他的创
造力"，如果政府是在努力去为老百姓服务，通过改革去释放老百姓的
创造力，"那么我们也宁愿跟政治家为伍，一道去进行改革"。但"如果
这个政治只是政治家阴谋诡计的政治，是压迫老百姓的政治，那么民俗
学最好远离这个政治"。③

对于民俗学者的"独立性"，李松主任站在政府的角度也同样表示
赞同："给政府提建议，不说假话，保证大众生活的真实表达与真实反
映。毕竟学术作为第三方，能够反映真实的声音；坚持真实的真，坚持
对老百姓负责。这和政府顶层设计的共同点实际上是相通的，所以没什
么可纠结的。大家常说保持一定的距离，保持公共知识分子的身份"，

---

① 笔者访谈笔记，张士闪教授访谈录。

② 张士闪：《"礼俗互动"：当代国家正与民间缔结新契约》，《联合日报》2016 年 4 月
12 日。

③ 笔者访谈笔记，刘铁梁教授访谈录。

这是可以理解的，也是应该的。①

在学术与政治、学者与政府之间的"合作"与"独立性"的关系上，一直坐在"冷板凳"上冷静思考的刘宗迪教授，倒是给出了极具哲理性的建议："为学当识时务，但也不能太识时务。一门学科，如果缺乏自己的学术独立性，一味趋迎时务，追捧时代风潮，也许能风光一时；但是，一旦时过境迁，风气转变，学术也会随之风流云散。"②

这应该是对民俗学者在与政府"合作"的同时还要保持相对"独立性"的最好注释。

（三）基于共同目标和事业追求的团队合作

基于共同目标和事业发展诉求的团队合作，是民俗学界的传统。

在访谈过程中，学者们对此表现出高度一致的认识，并将此概括为民俗学界特有的"圈子文化"。

一个发展历史短、人数少、规模小的学科，要想发挥更大的作用，并获得更高的社会地位，的确也需要发挥团队精神，通过团队合作，把民俗学的事情做好，把民俗学的价值做大。特别是在民俗学科发展的几个重要时间节点——初创期、恢复期和发展期的重大历史机遇期，基于共同目标和事业发展诉求的团队合作就愈显重要。

如果我们梳理一下中国民俗学的发展历史，就不难发现，中国民俗学自起源至今的发展历程中，在几个重要或关键的历史节点上，都明显地显现出团队合作的历史特点。

在中国民俗学的初创期，无论是北京大学的"歌谣运动"，还是中山大学的民俗学会，都出现了学者们团队合作、共同奋斗的身影。

1. "豪华团队"推动"歌谣运动"，开创中国民俗学界团队合作先河

肇始于1918年、以北京大学为中心的"歌谣运动"，一开始就有

---

① 笔者访谈笔记，李松主任访谈录。
② 刘宗迪：《多维视野中的中国现代神话研究》，《民间文化论坛》2005 年第 2 期。

一个十分"豪华"的学术团队在运作。活动的发起人包括沈尹默、刘半农、钱玄同、沈兼士等著名学者；同时，活动还得到了北京大学校长蔡元培的支持，"并且吸引了一大批知名人士参与其中，如周作人、胡适、顾颉刚、钟敬文、刘半农、常惠、李长之、朱光潜、朱自清、台敬农等。他们搜集歌谣、成立组织、创办刊物、探讨歌谣的科学研究方法、阐发其重要价值，形成了一个风气独特的文化共同体。"① 很显然，正因为有这样一个具有强大阵容的"文化共同体"，才能够把一个原本普通的"歌谣征集活动"搞成一场轰轰烈烈的"歌谣运动"（也有称之为"民俗学运动"的）。

可能有的学者会对"运动"这一概念很敏感，甚至很反感。但以"运动"的形式开场，的确是民俗学科发源的历史事实，而且也只有这样一个"豪华"的学术团队才有可能在那个年代掀起一场影响历史的学术性"运动"。因此，这也成为中国所有学科发展史中以"运动"形式开场的唯一案例。

2. "中大民俗学会"成绩斐然，团队模式被广泛复制

上世纪 20 年代末，中国民俗学的研究中心从北京大学转移至中山大学。"1928 年在中山大学成立了中山大学语言历史研究所民俗学会，并创办《民俗周刊》（初名《民间文艺》），出版了一批民俗学调查与研究著作，在学术界产生了积极的影响"。② 当时，"中大民俗学会"的发起人同样包括顾颉刚、钟敬文、何思敬、容肇祖、杨成志、陈锡襄等一批知名学者，会员除中山大学语言历史学研究所的 15 名教职员外，"还有 18 名校外学者，如谢云声、娄子匡、赵简子、钱南扬、罗香林等，共 33 人。"③ 这仍然是一个有着共同的事业追求和学术共识的精英团队，

---

① 曹成竹：《"民歌"与"歌谣"之间的词语政治——对北大"歌谣运动"的细节思考》，《民族艺术》2012 年第 1 期。

② 叶涛：《新时期中国民俗学论纲》，《江苏社会科学》2000 年第 3 期。

③ 陈启新：《"中大民俗学会"在中国民俗学发展中的历史作用》，《中山大学学报》（社会科学版）1993 年第 4 期。

他们共同制定并严格遵守学会章程，广泛开展民族民俗文化考察活动；举办"民俗学传习班"，大力普及民俗学知识和培养从事民俗研究的专门人才；引进和吸纳国外民俗学理论，对中国的民俗事象展开多学科综合研究；等等。据当时的主要参与者杨成志估计，"从1926年至1936年短短的10年中，在'中大民俗学会'的直接或间接的影响下，全国各地成立了民俗学学术团体10余个、创办刊物达10余种，丛书则多达200种。而从事民俗学教学和研究的专业人员则大大超过了1926年以前的人数。这些成绩有力地说明，当时中国民俗学已处在蓬勃发展之中。"① 从这些信息中我们能够发现，不仅是当时的中山大学在以团队的形式进行着民俗学的研究和学术发展，而且这种模式还进一步扩大到全国很多地方，并作为一种"标准化"的运作模式被模仿和复制，使全国各地出现了10余个民俗学学术团体。

3."七教授上书"力促民俗学恢复，再次上演团队杰作

"文革"期间，高等教育专业设置中的民俗学科一度被取消。上世纪70年代末"文革"结束后，在拨乱反正的大环境下，许多学者开始为民俗学科的恢复进行奔走、谋划。最先是钟敬文先生与杨成志先生一道，反复呼吁恢复民俗学科。后来由钟敬文先生执笔起草了《建立民俗学及有关研究机构的倡议书》，邀请顾颉刚、白寿彝、马学良、杨堃、杨成志、罗致平，于1978年夏天，联名给时任中国社会科学院院长的胡乔木上书，建议恢复民俗学科，建立相关研究机构，开展民俗学研究。这就是中国民俗学发展史上著名的"七教授上书"。② 第二年，在中国文学艺术工作者第四次代表大会上，七位教授的建议书又印发给会议代表，后来又发表在复刊后的《民间文学》上。

正是由于有"七教授上书"这样的团队合作，才直接促成了中国民

---

① 陈启新：《"中大民俗学会"在中国民俗学发展中的历史作用》，《中山大学学报》（社会科学版）1993年第4期。

② 叶涛：《民俗学的兴起于发展》，《民俗研究》1985年第1期。

俗学科的恢复，开启了中国民俗学科新的发展历程。

4. 钟敬文先生对团队精神的传承与发展

从民俗学科的初创，到后期的发展，钟敬文先生是全过程的参与者和主导者。经历了民俗学发展的几个重要历史节点，钟先生也深刻认识到了民俗学必须发挥团队精神，并通过团队合作来整合学术资源，凝聚力量、形成合力，把民俗学的事情做好做大。关于这一点，无论是从访谈中，还是从学界关于民俗学发展史的研究中，都可以得出这样的结论。

在访谈过程中，张振犁教授、乌丙安教授、陈勤建教授、叶春生教授、叶涛教授、张士闪教授等，都曾谈起过钟先生从培养人才开始建立民俗学团队、扩大民俗学科影响的不寻常经历。特别是张振犁教授，一直念念不忘的就是钟先生的"育人之情"和"育人之道"。

张振犁教授是目前健在的钟先生门下年龄最大的弟子。张振犁教授生于 1924 年，笔者访谈时他已有 92 岁高龄，访谈过程中，张振犁教授一再强调："钟先生最高明的地方，就是每干一件事情，就培养一批人，通过分配任务来培养人"，"钟老最伟大的地方，就是培养了一大批民俗学队伍，很了不起"。①

张士闪教授在受访时也认为，"钟老为了保持民俗学的薪火相传"，"为了提升民俗学的地位"，"特别想把队伍做大，所以他很重视培养人才"。② 而且，为了建立一个相对稳定的学术团队，钟先生还凭借中国传统的师承文化，来建构一种稳定的纽带关系。所以他把所有参加过培训班的学员都视为自己的弟子。这种关系在别的学科是很少见甚至是从来未见的。

对此，赵世瑜教授在一篇回忆钟先生开办民俗学教育的文章中，专门阐述了钟先生开办民俗学和民间文学培训班，并到处演讲宣传民俗学

① 笔者访谈笔记，张振犁教授访谈录。

② 笔者访谈笔记，张士闪教授访谈录。

作用的初衷。"钟敬文不断开办各种研讨班、进修班，开设讲座、进行讲演，既为培养专门人才，加强队伍建设，也为扩大民俗学在社会上的影响。他曾总结说：'要传播、推广一种新学术、新知识，像开办讲习班之类的措施，那结果将能产生何等巨大的作用！'"① 文章还追溯过往，谈到早在1928年时，钟先生就意识到开办民俗学传习班对于民俗学科建设、专业人才培养和"扩大民俗学影响"等方面的重要作用。② 为此，钟先生亲自筹备了第一期民俗学培训班，并将这一传统一直延续到民俗学恢复之后的学科建设、学科发展过程中。

　　无论是学术语言表达的"团队合作"，还是民俗学界内部自诩的"圈子文化"，作为一种带有明显学科特点的手段或路径，以团队合作的方式把学科的事情办好，把学科的社会价值做大，中国民俗学科的发展历程给予了充分验证。这个传统在钟先生身上得到进一步放大，并进而影响到整个中国民俗学科的晚近发展。这的确是中国民俗学科的一个独具特色的历史传统。

---

① 赵世瑜：《钟敬文、民俗学与民众教育》，《北京师范大学学报》（社会科学版）2002年第2期。

② 赵世瑜：《钟敬文、民俗学与民众教育》，《北京师范大学学报》（社会科学版）2002年第2期。

第八章　价值共创与民俗学发展

　　作为对民俗本体论基本命题的探索性研究，本研究以民俗价值观为主题，以"中国当代民俗学者"为对象，通过将访谈口述资料与文献研究成果的"对读"分析和综合论证，来归纳、总结"中国当代民俗学者"这一学术共同体、也是价值观共同体的民俗价值观。从研究方法上看，本研究采用的是由民俗学者的个体叙事到集体叙事、由个体认知到集体共识的一个层级递进的研究过程，通过这一过程的研究，我们获得了学术共同体关于民俗的价值、民俗学的价值、民俗学科社会地位和民俗学者社会价值发挥途径等问题的"共识"。在此阶段，我们对上述研究成果做最后的总结和检验。

一、民俗和民俗学价值维度

　　无论是民俗的价值，还是民俗学的价值，都是存在于不同的维度上的。

　　经分析研究，民俗和民俗学的价值存在于三个维度上。分别为：

　　——对人类个体生活层面的价值；

　　——对人类特定群体（地方、民族、国家）意识形态层面的价值；

　　——对人类整个知识体系建构层面的价值。

　　对民俗和民俗学价值维度的分析，是本研究在归纳、总结民俗学学术共同体的学术观点之后，得出的一个具有创新意义的研究结论。这一结论，一定程度上反映了当代民俗学学术共同体对民俗和民俗学价值认识正在逐步走向深入。

中国民俗学经过近百年的发展，对民俗、民俗学的概念、内涵和特点的认识，已经形成了基本一致的学术共识：民俗，"即民间风俗"，是指"一个国家或民族中广大人民群众所创造、享用和传承的生活文化"[①]；而民俗学则是"研究民间风俗习惯的一门科学"[②]。今天，我们民俗学科的专业教育基本上也都是从对上述民俗和民俗学的概念认知开始的，并从此入门逐步建立起关于民俗和民俗学的知识体系。但很明显，我们以此为基础所形成的对民俗和民俗学价值的认识是比较笼统的，并未建构起明细化、系统化的价值观理论体系。而本研究对民俗和民俗学价值维度的分析研究，是从理论上解决了民俗价值观的一个基本问题——即民俗和民俗学的价值是存在于不同的维度上的，或者说是分层次的。

从上述三个维度上看，每一个维度所对应的是不同层次的人类群体，这非常符合民俗本身的产生、存在和发展逻辑。

我们知道，民俗是人类在群居生活中产生，并用于维系群居生活秩序的"风俗"或"生活文化"，因此，民俗的价值实际上一直是围绕着人类群居生活的需要而形成和体现的——建构、维系人类群居的生活秩序：人类在群居的生活过程中，基于共同的生活环境或生活场景，共同创造、共同遵守、共同维护、共同发展的生活习俗、生活观念和生活规则；无论是作为日常生活过程中的行为规范，还是作为意识形态领域中的思想意识，无论是对于一个地方性的村落或城市的小群体，还是对于一个民族或国家的大群体，民俗都是大家共同创造、共同维系、共同使用的行为规范和意识形态准则，并以此来建立群体共同期望的秩序化愿景。因此，民俗价值的本质，实际上就是要建立一种群体共同期望的生

---

① 钟敬文主编：《民俗学概论》，上海文艺出版社 2009 年版，第 1 页。

② 钟敬文主编：《民俗学概论》，上海文艺出版社 2009 年版，第 6 页。

活秩序。这正如钟敬文先生所指出的那样：民俗源于"人类群体生活的需要"，是"规范人们的行为、语言和心理的一种基本力量"。①

因此，从民俗价值的实现过程来看，民俗的价值首先是作用于人类群居生活中的每一个个体，用于规范每一个人类个体的日常生活行为，这便产生了民俗的第一维度的价值；民俗的价值由对个体的规范到成为整个群体（地方、民族、国家）遵守的共同准则，并通过这种共同准则对群体的行为和意识塑造，而上升为整个群体的标志性文化和意识形态基础，这便形成了第二个维度的价值；同时，民俗作为人类日常生活中创造的智慧，内容极其丰富，包罗万象，既包含了"科学"范畴内的知识体系，也包含了"科学"体系之外的或现代科学的理论方法尚无法解释、解构的内容，因此能够建立起人类完整的知识谱系，这便形成了民俗的第三维度价值。

所以，民俗价值观的三个维度，第一层次、第二层次维度的价值是针对"人"和"人群"的，而第三层次维度是针对整个人类的，或者说是针对整个人类的知识体系的。

与民俗的价值维度对应，作为一门研究民俗事象的科学，民俗学的价值也必然同样存在于三个维度上。从民俗与民俗学二者的关系上看，民俗学的价值是由民俗的价值决定的，或者说，民俗的价值是民俗学价值形成的基础；而从民俗学的目的和愿景的角度来看，民俗学是为了揭示民俗的"发生、发展、传承、演变、消亡的规律，为人类社会的健康发展服务"②，实际上也就是为了最大限度地发挥好民俗的价值。因此，民俗学的价值也就必然与民俗的价值对应，同样也存在于三个维度上。同时，从另一个角度讲，民俗的价值具有"本然"的客观性，而民俗学的价值具有"应然"的主观性。正是因为民俗学的价值具有主观性，在很多情况下，人们会更多地根据时代的需要来考虑其价值的"应然性"，

① 钟敬文主编：《民俗学概论》，上海文艺出版社 2009 年版，第 1—2 页。
② 钟敬文主编：《民俗学概论》，上海文艺出版社 2009 年版，第 6 页。

因此，民俗学的价值取向会更多地带有时代特征。这正如刘铁梁教授在其"内价值"与"外价值"理论中所指出的那样，民俗的"内价值"与"外价值"的实现，本来"应该是相辅相成的关系"，但现实中人们却往往会因为经济的或政治的某种诉求而更看重"其外价值的实现"，并人为地将体现时代主观特征的一些"观念""评论"等理念附加，甚至强加到民俗身上。① 因此，民俗学的价值往往带有非常明显的时代特征。但无论这种时代特征多么显著，其价值存在于三个维度上却是根本性的。而且，社会越是发展，人类文明程度越是发达，民俗价值与民俗学价值的吻合度或一致性就会越高。譬如当下，在我们民俗价值观共同体内部，已经能够越来越科学地认识民俗的"本然"价值，并理性地去追求与平衡民俗学价值与民俗价值的一致性；同时，更有部分民俗学者，能够在更高的境界上追求民俗学最高层次价值的实现——建构人类宏大而完整的知识谱系。

通过上述分析，我们能够清晰地认识到：三个维度的价值结构，本身反映了民俗价值和民俗学价值由小到大、由低到高的逻辑递进关系——民俗和民俗学的价值是分别对应着"人→人群→整个人类"不同层次的。

这种递进关系还进一步告诉我们，民俗和民俗学的价值，实际上是一个从具体到宏观的价值的递进过程，即：从民俗对人类个体具体生活行为的规范起始，到民俗学最终构建宏大的、服务于整个人类生活世界的完整知识谱系，是一个维度上层次递进的价值体系。

二、民俗和民俗学价值检验

如前所述，对民俗和民俗学三个维度价值体系的认识，是我们通过

---

①　刘铁梁：《民俗文化的内价值与外价值》，《民俗研究》2011 年第 4 期。

本次研究获得的一个具有创新意义的成果。同时，在上述分析中我们已经认识到，民俗的价值是客观性的，是本然存在的"内价值"；而民俗学的价值是主观性的，是通过民俗学者和相关价值主体的研究与实践不断发展、完善的"外价值"。

那么，当前我国的民俗学研究与实践在实现民俗学三个维度价值方面都达到了什么程度呢？在此，我们通过对标研究分别做一下检验。

（一）对人类个体日常生活层面的价值

根据所述的研究，在针对人类个体生活层面：民俗的价值体现为"对日常生活的规范价值"；民俗学的价值体现为"解释、服务和提升人的日常生活"的价值。

民俗的价值是客观存在的，而民俗学的价值则是通过民俗学者及相关价值主体的民俗学研究和民俗实践来实现的。

"解释、服务和提升人的日常生活"，虽然在具体的表述方式上在不同的时期有所不同——以钟敬文先生为代表的老一辈学者们与今天我们学界的认识有一定差异，但服务于老百姓的日常生活或为老百姓生活服务的宗旨确则是完全一致的。自"五四"时期中国民俗学产生至今，服务老百姓的日常生活一直都是民俗学者们始终秉承和为之坚守的宗旨。在民俗学的发源阶段，北大"歌谣运动"时期对歌谣的征集和研究、中山大学民俗学会时期举办的民俗讲习班、延安时期的新民歌创作、"文革"时期的"破四旧"与移风易俗、民俗学恢复后全国各地民俗学科建设和民俗学教育的开展、近期民俗学研究向日常生活的转向，特别是全国各地政府和民间机构组织的各类民俗节庆、活动、展演、保护、传承、创新发展，等等，不管这些活动的主观诉求和客观效果怎样，都充分体现了民俗学在服务人们的日常生活方面的价值和民俗学者们主观上的努力。特别是在上世纪 70 年代末 80 年代初民俗学科恢复之后，中国当代民俗学者基本上是在钟先生"帮助我们认识民族历史与文化传统，解释和改造现实生活""为人类社会的健康发展服务"① 理念的影响下，建构起自己的民俗学知识体系的，并在这一理念指导下来从事民俗学研究、参与民俗实践、服务社会生活。因此，可以这样断言：在服务于老百姓日常生活的价值方面，无论是在理论认知上，还是在民俗实践上，民俗学领域的意识基础是基本统一的正像陈勤建教授所指出的那样："民俗学科回归生活，面向现实社会，关注经世济民"，已经成为当代民俗学者的学术共识和共同行动。②

因此，可以认为，民俗学在"解释、服务和提升人的日常生活"方面的价值，无论是在学术认知上还是在民俗实践上，自始至终都是发挥得比较充分的。

（二）对人类特定群体意识形态层面的价值

对于人类特定的群体，包括地方、民族、国家等对象主体的意识形态层面：民俗的价值体现为作为"地方认同、民族认同、国家认同的意识基础"的价值；民俗学的价值体现为"服务于国家、民族发展和意识形态建构"的价值。

在国家危机、民族救亡的特殊年代，整个社会的民族意识高涨，民俗作为"地方认同、民族认同、国家认同的意识基础"，必然也会促使民俗学者们勇往直前地冲到民族救亡运动的前沿，将自己的命运、民俗学的命运和国家、民族的命运紧紧地捆到一起，积极地去将民俗学"服务于国家、民族发展和意识形态建构"的价值最大化，"五四"时期中国民俗学的产生就是在这样一种大背景下开始的。在这个特殊的历史发展阶段，民俗学者们是以高度的热情主动地投身到民族救亡的历史大潮中，并积极通过民俗学研究和民俗实践来建构和强化民族精神、国

---

① 钟敬文：《民俗学概论》，上海文艺出版社 2009 年版，第 6—9 页。

② 陈勤建：《面向现实社会，关注经世济民——21 世纪中国民俗学的一个重要选择》，《韶关学院学报·社会科学》2006 年第 11 期。

家意识，将学术与政治有机地融为一体，体现了学术与政治的高度一致性。

但在和平环境下，民俗学、民俗学者与政治和意识形态的关系就表现得比较复杂。从意识倾向上看，一方面与政治和意识形态撇清关系的所谓"纯学术"研究导向会自发地越来越强烈，另一方面，社会身份认同的欲望又促使他们不得不与政治和意识形态保持着若即若离的微妙关系。这种微妙关系也必然会发生连锁反应，影响到民俗学价值的实现。但总体来看，民俗学界的心态是积极的，这主要体现在：虽然对民俗学科的地位、学科体制以及民俗学的"社会科学化"有较多的意见，但客观上还是能够在接受现实的情况下，用行动去积极参与学术发展和学科建设、积极参与民俗实践、积极参与国家文化事业的发展和意识形态建设。

应该说，发源于民族救亡运动的中国民俗学，给民俗学界留下了一笔宝贵的财富和光荣的传统，这就是：以国家利益和民族利益为重！正因为如此，中国的民俗学者比其他学科的学者更关心国家和民族利益，因此，也就比其他学科更容易"与政治和政策结盟"，更积极地去服务于国家和民族的发展。自上世纪70年代末80年代初民俗学科恢复以来，在民俗学服务于国家文化发展和意识形态建设的实践上，国家层面上有几件具有重大影响的实践案例：

一是开始于上世纪80年代初的民间文学"三套集成"。"三套集成"即《中国歌谣集成》《中国谚语集成》《中国民间故事集成》，包括了省卷本90卷、县卷本4000多卷。有包括钟敬文、马学良、贾芝、刘魁立、乌丙安等一代民俗学人在内的几十万民俗学者、文化工作者参与了调查、搜集和编纂工作，该项工程被誉为"世纪经典"和"文化长城"。

二是将传统节日增设为国家法定假日研究项目。由中国民俗学会直接参与研究并提出建议，将中国传统节日清明、端午、中秋等增设为国家法定假日。"从2004年到2007年，中国民俗学会先后受中央文明办、文化部和国家发展改革委员会委托，组成课题组"①，分别成立了"中国节假日体系"和"民族传统节日与国家法定假日"两个课题组，对将中国传统节日纳入国家公共假日体系问题展开专门研究。通过中国民俗学会和广大民俗学者的努力，2007年国家正式确定增设清明、端午、中秋等传统节日为国家法定假日，自2008年起实施。"从传统节日到法定假日。这么重要的事情都能够办得成功，这是不得了的。假如是在'文革'时期，祭祖要放公假，这简直是天大的荒唐，是做梦啊！是要被弄成批斗对象的！但是今天民俗学办到了！在当下，把传统节日变成公共假期，民俗学能够把这么大的事办成，真是很了不起"。② "近百年来传统节日被排斥在国家时间制度之外的历史至此结束"。③

三是"非遗"保护工程。"非遗"保护工程是进入21世纪之后，中国民俗学者继"三套集成"之后又一次大规模参与的一次国家文化和意识形态工程。与"三套集成"不同的是，"非遗"保护工程"更加复杂、综合"，"'非遗'保护工程是制度建设，它要直接干预民间生活"。④ 全国有成千上万的民俗学者不仅为"非遗"保护提供了理论支持，"在理论、思路和方法上都为'非遗'作出了重要贡献，可以说为这项工作的形成和展开提供了学理上的基础"，⑤ 而且直接规模性地参与了"非遗"的调查、整理、评审、培训、展示、保护与传承等工作，为"非遗"保护工程作出了巨大贡献。据中国民俗学会2008年12月年会上的统计，当年会议230篇应征论文中，有"超过三分之一"的论文与"非遗"有关。⑥

①　朝戈金：《新中国民俗学历程》，《文化月刊》2013年第7期。

②　笔者访谈笔记，高丙中教授访谈录。

③　朝戈金：《新中国民俗学的历程》，载施爱东、巴莫曲布嫫《走向新范式的中国民俗学》，中国社会科学出版社2015年版，第3页。

④　笔者访谈笔记，李松主任访谈录。

⑤　安德明：《非物质文化遗产保护：民俗学的两难选择》，《河南社会科学》2008年第1期。

⑥　施爱东：《学术运动对于常规科学的负面影响——兼谈民俗学家在非遗保护运动中的学术担当》，《河南社会科学》2009年第3期。

同时，"非遗"保护工程也"成就"了民俗学，使长期以来默默无闻的民俗学因此成为"显学"。民俗学从此由"民俗学从原来的冷门学科迅速上升为炙手可热的热门学科，一大批民俗学家不得不暂时离开平静冷清的书斋生活，投身到民间文化保护的热点工程中去作贡献"①。所以，有学者认为，"就以大规模参与国家某个层面的工作而言，也很少有哪个学科能够像民俗学这样发挥作用的。"②

以上三项工程，是民俗学参与国家层面的文化事业发展和意识形态建设的代表性案例。如果我们做一下横向比较就可以发现，实际上很少有其他的人文科学或社会科学能够有条件、有能力、有机会如此大规模地参与一项国家级的大工程。这的确是因为民俗学的学科性质、学科价值使然——民俗学"作为现代多元民族国家的文化建构力量，最终成为政治民族主义的文化依据或政治——文化民族主义的意识形态式权力话语"③。

（三）对人类整个知识体系建构层面的价值

针对人类整个知识体系：民俗的价值体现为"完整地反映人类知识谱系"的价值；民俗学的价值体现为"建构完整的人类知识谱系"的价值。

民俗学"建构完整的人类知识谱系"的价值，从前述的论证过程可以看出，我们总结、提炼出的学界共识是基于理论认知的。那么，这种理论认知，我们能否在实践中进行验证？我们现实的民俗学研究实践中，在"建构完整的人类知识谱系"的价值实现方面又做得怎样呢？

从认识论和实践论的角度出发，单纯的理论认知，只是对民俗学价值研究的一个侧面。如果我们从民俗学的研究实践来进行一下验证——

① 乌丙安：《思路与出路：保护非物质文化遗产热潮中的中国民俗学》，《河南社会科学》2007 年第 2 期。
② 朝戈金：《新中国民俗学的历程》，《文化月刊》2013 年第 7 期。
③ 吕微：《民俗学：一门伟大的学科——从学术反思到实践科学的历史与逻辑研究》，中国社会科学出版社 2015 年版，第 67 页。

用田野作业使用的《民俗调查提纲》的内容构成来做对比研究，则可以鉴别一下我们当前的民俗学研究对人类知识体系的建构是否全面、完整。同时也是二者的互证，即反过来可以验证一下当前民俗学界的民俗实践是否能够与理论认知相吻合。

田野作业使用的《民俗调查提纲》或《民俗调查手册》，可以说是对民俗分类、民俗内容、民俗范畴的最全面分解和解读，是民俗学研究者建构地方民俗知识体系的基本依据。可以认为，《民俗调查提纲》或《民俗调查手册》是能够从民俗实践的角度反衬出民俗学建构的民俗知识体系与人类知识体系之间的关系的。

国内很多学者曾经对民俗调查的方法和内容体系进行过研究，包括刘铁梁[1]、乌丙安[2]、张紫晨[3]、叶涛[4]、高丙中[5]、陶立璠[6]、彭春梅[7]、黄龙光[8]等学者，都曾发表过关于民俗调查方法和调查内容体系的研究成果。同时，国内各个高校、研究机构等也都有自己建立和使用的民俗调查内容体系。

我们选取其中的几种，包括英国、日本、法国、瑞士和中国的几个民俗学领域田野调查提纲，内容体系大体如下：

英国民俗学家查·索·博尔尼的民俗调查提纲[9]，将民俗调查的内容分为三部分19类，包括：

---

[1]　刘铁梁：《北京民俗文化普查方案》（上、下），《民俗研究》2004 年第 2、3 期。

[2]　乌丙安：《村落民俗普查提纲》，《中国民族》2003 年第 5 期。

[3]　张紫晨：《民俗调查与研究》，河北人民出版社 1988 年版。

[4]　叶涛：《民俗调查及其方法刍议》，《民俗研究》1996 年第 1 期。

[5]　高丙中：《"中国民俗志"的书写问题》，《文化艺术研究》2008 年第 1 期。

[6]　陶立璠：《民俗学的研究方法》，《民俗研究》1986 年第 1 期。

[7]　彭春梅：《浅谈民俗志调查问题格》，《赤峰学院学报》（汉文哲学社会科学版）2014 年第 9 期。

[8]　黄龙光：《民俗志及其书写》，《广西民族研究》2012 年第 1 期。

[9]　[英] 查·索·博尔尼：《民俗手册》，程德祺、贺哈定、邹明诚、乐英译，上海文艺出版社 1995 年版。

第一部分　信仰与行为

1. 大地和天空

2. 植物界

3. 动物界（兽类、鸟类、爬虫、鱼类、昆虫）

4. 人类

5. 人工制品

6. 灵魂与冥世

7. 超人的神灵（神、小神及其他）

8. 预兆和占卜

9. 巫术

10. 疾病和民间医术

第二部分　习俗

11. 社会制度和政治制度

12. 人生礼仪（出生、成年、结婚和死亡）

13. 职业和工艺

14. 历法、斋戒和节庆

15. 游戏、体育和娱乐

第三部分　故事、歌谣、俗语

16. 故事

17. 歌曲和民谣

18. 谚语和谜语

19. 有韵的俚语和俗语

日本民俗学者中原律子的民俗调查提纲①，将民俗调查提纲分为11个大类，包括：

---

① ［日］中原律子：《民俗调查提纲》，张铭远译，中央民族学院（现中央民族大学）民族文化服务中心1985年印。

1. 衣、食、住

2. 生产

3. 交通、运输、通信

4. 交易

5. 社会生活

6. 信仰

7. 民俗知识

8. 民间艺术、娱乐游戏、体育和竞技

9. 人生仪礼

10. 岁时风俗

11. 民间文学

法国民俗学者山狄夫的民俗调查提纲①，将民俗调查提纲的内容分为 3 大类 11 小类：

1. 物质生活

(1) 经济之物质（如食料、衣饰、居屋、运输方法等）

(2) 生存之方法（如乡村生活、城市生活等）

(3) 盈利与财富（如劳力之生产、器具、不动产）

2. 精神生活

(1) 方言

(2) 民间学识与运用

(3) 民间智慧

(4) 艺术

(5) 神秘（如民间法术、民间宗教）

3. 社会生活

---

① 高丙中：《"中国民俗志"的书写问题》，《文化艺术研究》2008 年第 1 期。

（1）家族

（2）社团

（3）特别组合（如经济组合、政治组合、运动组合、宗教组合等）

瑞士民俗学者霍夫曼 - 克莱耶的民俗调查提纲①，将民俗调查提纲将民俗分为 18 类，包括：

1. 乡村

2. 建筑物（房屋、礼拜堂及其他）

3. 用具

4. 象征物（如福禄寿象征及其他）

5. 技艺与一般艺术（如染织、雕刻等）

6. 人民心理现象

7. 惯习及其原物（如首饰等）

8. 饮料及食物

9. 惯性（如仪式过程、会社、游戏等）

10. 民众法律

11. 信仰（如宗教、神话、崇拜等）

12. 家庭医药

13. 民间诗歌（如民歌、叙事诗等）

14. 民间故事（幻想故事、笑话、传说等）

15. 民间戏剧

16. 历法历书等

17. 民间语言（如谜语、谚语、俗语等）

18. 名号（如地名、人名、神名、动植物名等）

---

① 高丙中：《"中国民俗志"的书写问题》，《文化艺术研究》2008 年第 1 期。

北师大的张紫晨教授的民俗调查提纲①，采用平列式方法，将民俗调查提纲分为 10 类，包括：

    1. 巫术民俗

    2. 信仰民俗

    3. 服饰、饮食、居住之民俗

    4. 建筑民俗

    5. 制度民俗

    6. 生产民俗

    7. 岁时节令民俗

    8. 人生仪礼民俗

    9. 商业贸易民俗

    10. 文艺游艺民俗

高丙中教授的民俗调查提纲②，将民俗调查提纲分为 3 大类 8 个小类，包括：

    1. 物质生活民俗

    （1）生产民俗（农业、渔业、采掘、捕猎、养殖等物质资料的初级生产方面）。

    （2）工商业民俗（手工业、服务业和商贸诸业等物质资料的加工、交易与服务方面）。

    （3）生活民俗（衣食住行等物质消费方面）。

    2. 社会生活民俗

    （4）社会组织民俗（家族、村落、社区、社团等组织方面）。

---

① 高丙中：《"中国民俗志"的书写问题》，《文化艺术研究》2008 年第 1 期。

② 高丙中：《"中国民俗志"的书写问题》，《文化艺术研究》2008 年第 1 期。

（5）岁时节日民俗（节期与活动所代表的时间框架）。

（6）人生礼俗（诞生、生日、成年、婚、丧葬等人生历程方面）。

3. 精神生活民俗

（7）游艺民俗（游戏、竞技、社火等娱乐方面）。

（8）民俗观念（诸神崇拜、传说、故事、谚语等所代表的民间精神世界）。

由于篇幅的原因，我们不能将每一类之下具体的细类再做明细罗列。但从大类所表达的内容信息上看，也基本上能够窥视出这些调查提纲所反衬出的民俗知识体系框架。

从内容分析和比较上看，无论是进行平列式的体系分类，还是进行分层式的机构搭建，内容上基本都可以分为三大类，即：

——生活民俗；

——生产民俗；

——精神民俗。

只是具体的分类方法有所不同。如高丙中教授的分类，也是三种，但却描述为"物质生活民俗""社会生活民俗""精神生活民俗"三大类。其中，把"生产民俗""工商业民俗""生活民俗"三个细类都归入到"物质生活民俗"大类中。但如果细看具体每一小类的内容，就会发现，其"生产民俗"的内容包括"农业、渔业、采掘、捕猎、养殖等物质资料的初级生产方面"，实际上只是指的农业生产领域里的民俗，其与"工商业民俗"其实都应该属于"生产民俗"大类的内容。其他的分类方法也基本类似。

比较一致的是，对于在社会和意识形态领域比较敏感的"民间信仰"问题，几乎所有的方法都包含了这方面的内容，应该说，这已经是民俗学领域的常识问题了，虽然在社会的某些领域还会对此存有偏见或不同认识，但作为民俗学研究的内容来说，则已经形成共识。只是在不同的方法体系中具体的描述方式有所不同，分别表述为"预兆和占卜""巫术""民间医术""神秘（如民间法术、民间宗教）""信仰（如宗教、神话、崇拜等）""民俗观念（诸神崇拜、传说、故事、谚语等所代表的民间精神世界）"等。

有较大不同的是，著名英国民俗学家查·索·博尔尼的分类体系。这个民俗知识体系的内容结构更加全面，其第一部分"信仰与行为"的内容是其他分类方法大都没有或不明确的，其中包括了"大地和天空""植物界""动物界"等自然现象，"灵魂与冥世""超人的神灵"等神灵世界。这个体系一方面将"精神民俗"的内容进行了扩展，不单纯是一般的"民间信仰"，还扩展到了人类精神领域的"另一个世界"；另一方面将民俗的内容拓展到了自然世界，包括了天空、大地、植物、动物。这的确是能够反映和勾画出"人类完整的知识谱系"。

可以看出，学者们通过民俗调查提纲所建构的民俗知识体系，内容上大同小不同。虽然存在小的差异，但基本上能够较全面地反映人类以生活为中心所形成的知识体系的全貌，与学者们在理论研究上认识的民俗学价值是基本一致的。

但是，这种对比仍然是一种"理论互证"，还不能够完全代表民俗学研究实践在"建构人类完整的知识谱系"上的实际贡献和所达到的程度。

实际上，如果我们回溯一下本研究在学者访谈阶段所获得的口述资料及前期研究综述中的学术史梳理，就可以发现，民俗学在这一维度的价值实现方面是相对薄弱的。虽然在民俗调查的实际操演过程中，我们能够拟定一个与人类知识谱系基本对应的、比较完整的民俗调查提纲或调查手册，但我们在真正建构知识体系方面却远远不够深入、不够全面；或者说，我们的所谓知识体系建构，目前还仅仅局限于民俗调查，或者说也是止于民俗调查，而后续的对这些民俗事象的整体性研究、知识体系的整体性建构却未能跟上。正如访谈过程中朝戈金教授所评价的那样，"现在的研究过于碎片化"，以至于我们现在所描述的以往人类历史进步、文明发展的"历史图景是残缺的，缺很大一块"。①

　　或许是因为民俗学需要建构的那个人类完整的知识谱系过于宏大，以我们当前只有百年历史、中间还曾经间断过的民俗学科和民俗学学术共同体的力量还难以完成这样艰巨的历史使命。所以，那个本该应由民俗学所承担的——人类宏大、完整的知识谱系，至今也还未能建构起来。

三、学科自强与学者自觉

　　民俗学的地位与民俗学者社会价值的发挥途径及其效应是分不开的，未来民俗学科的发展更需要这两者的互动。

（一）学科自强与民俗学的地位

　　本研究中，对民俗学的社会地位和学科地位分别都进行了论证，并得到了相应的结论：

　　关于民俗学的社会地位：研究认为，越是在现代社会——城市化、工业化、现代化和全球化的大环境下，越是需要民俗学的理论和方法应用于社会实践和社会发展，去指导与民俗、"非遗"和传统文化等相关事务的处理与发展。所以，从民俗学与社会的关系来看，民俗学从来就没有被弱化，民俗学一直在服务老百姓日常生活、促进社会文化发展和意识形态建设等领域发挥着重要作用。特别是在一些"非学术领域"，一直都在使用着民俗学的理论和方法在处理各项与民俗和社会文化相关的社会事务。

　　关于民俗学的学科地位：研究认为，一方面，无论是从学理上，还是民俗学对其他相邻学科的影响，以及民俗学解决社会问题的能力上

---

① 笔者访谈笔记，朝戈金教授访谈录。

看，民俗学都具备上升为独立的一级学科的基本条件；但另一方面，民俗学当前"社会科学化"的趋势是不可阻挡的，而且，出于学科生存和发展的客观需要，民俗学的"社会科学化"也是一种"应然"的客观存在；而从学科升级的目标和愿景来看，在当前的学科管理体制机制下，民俗学面临着两个非常现实问题：一是学界缺乏对学科体系重构具有话语权或重要影响力的权威学者；二是民俗学界在对民俗学科地位的改变上，目前还只是局限在自发的、"愤青式"的学术讨论层面，并没有在体制层面和运作程序上采取行动。

从民俗学科发展的现状来看，这一结论的确比较客观地反映了民俗学科当前的实际情况：一方面，人类文明的进步、社会的发展，越是在进入城市化、工业化、现代化和全球化阶段，民俗、"非遗"等传统文化受到现代科技文化、商业文化、政治文化和意识形态的排挤和压迫就越大，就会有越来越多的传统民俗、"非遗"走向衰退，甚至消亡。但同时，传统文化的衰退、消亡趋势也激发了人类传统意识的觉醒和警惕，保护、传承和发展传统文化的意识也在这种传统文化衰退、消亡的趋势中逐步得到强化，特别是那些具有民族、国家意义的传统民俗、"非遗"的保护、传承与发展，不仅引起了学界的重视，更是得到了体制上的"政治关照"，在这样的时候，无论是在民间和学术层面上，还是在国家、政治层面上，的确需要民俗学科的理论和方法解决和处理一些实际问题；但另一方面，民俗学科本身的社会地位和学科地位，目前的确也还不高，与民俗学科应该具有的地位极不相称，这也是客观现实。

那么，为什么会出现这样一种需求与地位错位的矛盾呢？

实际上，究其原因，民俗学科的地位恰恰是由民俗学者自己来决定的！

访谈过程中，朝戈金教授、赵世瑜教授、高丙中教授、刘德龙教授、刘宗迪教授等都对此发表了相同的观点：无论是学术地位还是社会地位，都是靠学术共同体自身的作为、贡献获得的！即：

——你有什么样的作为，社会就会给你什么样的地位！

从本研究所总结的情况来看，民俗学科当前存在着一些学科发展的基本问题还没有在学理上和学科发展中解决好，包括：

——尚未建立起民俗学科自身的"元理论"；

——学科性质、学科定位尚未明确；

——学科价值特别是在"建构宏大、完整的人类知识谱系"这一最高维度的价值方面还没有发挥很好的作用；

——最关键的是，民俗学者在服务社会生活、推动社会文化发展和意识形态建设等方面的作用还没有很好地发挥出来。说到底，民俗学的价值是靠民俗学者的作为实现的。没有民俗学者的积极作为，就没有民俗学科应有的地位。

正是由于民俗学科自身的关键性问题还没有得到很好的解决，因此，一方面社会需要民俗学，另一方面民俗学的社会地位又不是很高，这种矛盾现象的存在也就成为必然的了。甚至在一定程度上，民俗学科的作用与其存在的基础之间还会发生相悖的现象。正如施爱东教授对现当代民间文学和民俗学作用和价值的一段耐人寻味的评价：所谓的民间文学和民俗学研究，对于它们"现实传承的生态环境来说，是有害无益的。几千年不研究它，它活得好好的；我们一研究它，它反而要濒危了"。而且，"大家心里都很清楚，却谁也不愿意戳破事实"。① 果真是如此，那可真的是民俗学和民俗学者的悲哀了！

当然，从根本上说，民俗的"濒危"肯定不是因为有了民俗学而造成的结果，但民俗学者没有把民俗学的价值发挥好则肯定是重要的原因之一。

（二）学者自觉与民俗学者社会价值的实现

在现行体制机制下，民俗学者要发挥社会价值，既需要选择适合自

---

① 施爱东：《中国现代民俗学检讨》，社会科学文献出版社 2010 年版，第 215 页。

己和学科的路径，也需要坚守自己与学科的原则和底线：

一是与"与政治结盟""与政府合作"，这是民俗学者社会价值实现的重要路径，也是现当代民俗学者服务于社会的必然选择。

二是在与政府合作的同时，要保持学术研究和学术思想的相对独立性，保持学者"批评的权利"。

三是要发扬和传承民俗学科的历史传统，将"团队精神"（或称"圈子文化"）作为把民俗学的事情办好、把民俗学的价值做大的重要手段。

虽然有学者认为民俗学应有"理论民俗学"与"应用民俗学"之分，并期望"理论民俗学"应该保持"价值中立"和"道德无涉"的纯真性。① 即要撇清与政治的关系，摆脱对政治的依赖，以避免因"对政治的过度依赖"而"牺牲学术独立性"。② 但我们纵观民俗和民俗学的发展历史就可以清楚地看到，自人类发展进入阶级社会开始，民俗本身就已经不可能存在于"政治真空的环境中"，不受政治、权力影响和干预的民俗是不存在的。③ 而在现当代的社会环境中，民俗学者的所谓"自足自觉"更是一种不切实际的幻想，而谋求在"既定社会的宏大格局中"构建与"国家规制格局"的共生关系才是民俗学生存和发展的基础。④ 民俗学的这种生存与发展环境实际上已经被许多民俗学者自觉或不自觉地接受，并予以积极呼应。即使是有学者偶尔发出关于学术追求的"伦理拷问"⑤，实际上也是在"与政治结盟"的过程中保持学者在思想意识上相对"独立性"的一种外在表现，与"合作""结盟"的行动

---

① 吕微：《民俗学：一门伟大的学科——从学术反思到实践科学的历史与逻辑研究》，中国社会科学出版社 2015 年版，第 568 页。

② 施爱东：《民俗学在非物质文化遗产保护运动中的尴尬处境》，《民间文化论坛》2014 年第 2 期。

③ 张士闪：《乡民艺术的文化解读——鲁中四村考察》，山东人民出版社 2005 年版，第 10 页。

④ 张士闪：《中国民俗文化发展报告 2012》，北京大学出版社 2013 年版，第 3—56 页。

⑤ 施爱东：《中国现代民俗学检讨》，社会科学文献出版社 2010 年版，第 220 页。

并不存在根本性对立。所以,"与政治结盟""与政府合作",实际上正是现当代民俗学者最现实和最积极的选择,并已经成为现当代民俗学者的共同意识和实际行动。

而关于民俗学界的"团队精神"或"圈子文化",除本项研究中受访学者们对此的认同外,施爱东教授在其著作中也专门讨论过民俗学界这种特有的"圈子文化",而且对这种现象的描述和分析从开篇第 1 页一直写到第 16 页。① 可以认为,"团队精神"或者"圈子文化"已经成为民俗学领域的一种标志性现象。正像笔者之前分析的那样,这种现象是中国民俗学界的一个传统,其已经成为我们把民俗学的事情办好、把民俗学的价值做大的重要手段。

四、价值共创与民俗学发展

中国民俗学的发展只有百年历史,而且由于发源于国家危机、民族救亡的特殊历史时期,使学科的发展一开始就表现出非常突出的特点:一是民俗学者们满怀热情积极投身于民族救亡运动,将学术与政治融为一体,使中国的民俗学从产生那一天开始就带有非常突出的民族主义价值取向和政治色彩;二是中国民俗学早期的开创是在具有不同学科背景的学者们的共同参与下进行的,表现出多学科参与共创的显著特点。而且,从当时参与学者的学科背景来看,参与的学者分别来源于文学、历史学、社会学等多个领域,而唯独没有一位是具有民俗学科背景的(当时中国也不可能有具有民俗学学科背景的学者),这就使民俗学的基础理论建设一开始就出现缺陷和不足。后来民俗学的发展又历经挫折,甚至中断。因此,直到今天,民俗学理论发育不成熟的缺陷依然存在。钟敬文先生针对中国民俗学理论体系的建构曾经有过一段评价,"有时一

---

① 施爱东:《中国现代民俗学检讨》,社会科学文献出版社 2010 年版,第 1—16 页。

种学术的发展，同其科学体系意识的发展不完全是同步的。但如果总是对一门学科的体系结构缺乏认识，还去夸夸其谈这门学科，那么，既使偶然兴中，也是根基不牢、影响不大的"。① 就是在这篇讨论民俗学结构体系的文章中，钟先生提出，民俗学的结构体系应该包括"六个方面"，其中第一即为"民俗学原理"，并且指出，民俗学原理是指"对民俗事象的理论的探索与阐述，包括综合的或单项的问题的研究"。②

钟先生的这段评论最初是在 1986 年末中国民俗学会第二次学术研讨会上的演讲中提到的，后来又于 1990 年 12 月进行了"校正"。③ 而在经过 20 多年后的今天，我们依然还在面对着与当年同样的问题：民俗学完整的理论体系仍然没有建构起来，特别是其中的"元理论"和本体论问题——民俗学原理问题、民俗价值观问题等，至今还在探讨之中。

"歌谣运动"百年之后的今天，是一个全新的时代。

而与百年前最大的不同，是我们今天进入了一个"价值共创"时代！

今天我们对民俗和民俗学价值的认识或民俗价值观的建构，既是一个价值认知的过程，也是一个价值共创的过程！

"价值共创"是 21 世纪初产生于管理学领域的新理论。该理论是基于社会资源的分散性、个体和组织"在广泛的社会交换中都无法控制为创造价值所需要的全部资源和条件，因此存在天然的相互依存关系"的现实，通过建立一种新型的个体或组织之间的合作关系来进行价值创造的理论，即：个体或组织之间的"相互依存关系是价值共创的基础"，"个体或组织之间的合作源于彼此对对方资源的需要，而且相关资源只有通过合作才能够获取并加以利用"，双方或多方通过"为了创造各自所需的价值而投入自己的资源，通过互动和合作来实现资源交换，在为

---

① 钟敬文：《钟敬文自选集》，首都师范大学出版社 2008 年版，第 383 页。

② 钟敬文：《钟敬文自选集》，首都师范大学出版社 2008 年版，第 386 页。

③ 钟敬文：《钟敬文自选集》，首都师范大学出版社 2008 年版，第 395 页。

自己创造价值的同时也为对方创造价值"。①

　　现代社会是一个复杂的网络体系。民俗和民俗学的价值存在于不同的维度、作用于不同的领域；民俗和民俗学的价值是由不同的主体、通过不同的途径、依托不同的资源和载体创造的；不同的社会人群、不同的社会领域需要民俗和民俗学不同的价值作用。这其中涉及了民俗价值体系中的不同价值主体，包括民俗的创造和使用者、民俗学者、政府及相关社会组织和机构，等等，大家在某一特定的社会网络或组织纽带下（如"地方族群""民族""国家"等），共同组成了一个"命运共同体"或"利益共同体"，在这个共同体中，各个价值主体通过合作来获取自己所需要的对方资源，来共同创造和实现各自的价值，在实现自身价值的同时也促成了对方的价值实现。这一过程是通过合作并在共同经历的过程中同时实现的。而对于我们所探讨的命题来说，站在民俗学者自身的角度和立场上，主观上积极参与价值共或积极地去组织价值共创，通过构建一种新型的社会网络关系，在实现自身价值的同时，也促成其他价值主体的价值实现，实际上是一种社会成本最低、同时也是效果最优的价值实现途径。当然，价值共创需要有两个必要前提，一是各个价值主体主观上对价值共创的认同；二是合理并充分关照民俗伦理的合作方式。

　　从价值共创的资源主导权、话语权上来说，民俗学者和政府的主观能动性对价值共创的过程和结果相对更为重要，这两个主体对民俗"外价值"——民俗学三个维度价值的发挥特别是民俗学作用于社会文化发展和意识形态建设等方面起着决定性作用。因此，价值共创首先是民俗学者与政府之间在"求同存异"或"和而不同"原则下的共同价值目标的锁定。在这一前提下，基于价值共创共识的价值主体之间的合作才能成为可能，包括其他社会机构（高等院校、研究机构、民间组织等）、

---

① 袁亚忠、胡观景：《价值共创研究述评：内涵、演进与形成机制》，《服务科学和管理》2016 年第 1 期。

参与民俗和"非遗"保护与开发利用的社会资本以及民俗的创造和使用者等，才能够共同参与、构建和形成价值共创的社会网络共同体。

价值共创合作方式在符合一般社会规则的前提下，还要充分考虑和关照民俗伦理。民俗是来源于人类社会生活的风俗习惯和生活方式，其中的很多内容和类型具有很强的地域性、传统性、民族性等特征，其价值的实现和价值的再创造必须与具体民俗的类型、性质、内容和特点相适应，尊重民俗本身的自然存在方式、存在状态和本体价值，即无论是其传统价值的实现，还是现代价值的再创造，都要在充分尊重民俗的"内价值"、符合民俗伦理的前提下进行。即民俗和民俗学的价值共创，必须在充分尊重民俗"内价值"的前提下进行。

衷心希望中国民俗学在新的起点上能够得到更快更好的发展！并在服务老百姓日常生活、服务国家和民族文化与意识形态发展、建构人类完整的知识谱系等方面发挥更大更重要的作用！

附录1：访谈对象推荐问卷

《民俗学的当下意义——当代中国
民俗学者民俗价值观研究》
访谈对象推荐问卷

尊敬的_____：

　　非常感谢您对我研究的支持！《民俗学的当下意义——当代中国民俗学者民俗价值观研究》是我的博士论文选题，我想就论文中所涉及的几个关键问题展开学者访谈，访谈人数15人以上。现请您根据您对民俗学界的了解，推荐15名以上受访学者（最多不超过30名），我将根据大家推荐的票数确定具体受访学者。非常感谢您的支持！

山东大学文化遗产研究院　　王德刚

说明：根据研究设计，研究的对象为"中国当代民俗学者"，研究的主题为"民俗价值观"。访谈对象推荐要求：

　　——"中国当代"：指的是中华人民共和国范围以内、现仍健在的。

　　——"民俗学者"：指的是在科研机构、高等院校、党政机关、

博物馆（含民俗馆、艺术馆等）、民间组织等单位和组织中以从
事民俗学研究、教学、保护、传承、利用及相关工作为职业的工
作者。

    ——在民俗学领域具有较长时间的研究经历，学术思想相对稳
定，对研究主题有一定的研究基础。

附：访谈提纲，作为您推荐受访学者的参考！

附录 2：访谈提纲

《民俗学的当下意义——当代中国民俗学者民俗价值观研究》访谈提纲

尊敬的教授：

您好！非常感谢您能接受我的访谈！这是我在导师刘铁梁教授指导下做博士论文研究所进行的访谈，向您请教的内容以这个提纲为主线但不局限于这些内容，您可以根据您的思路谈任何与提纲相关的话题，我都将认真学习、理解并作为研究依据。非常感谢您的支持！

山东大学文化遗产研究院　王德刚

1. 您认为民俗、民俗学的价值体现在哪些方面，在当代社会，我们应该树立怎样的民俗价值观？

2. 您对民俗学的传统价值观——"解释和改造现实社会生活"（钟敬文先生观点）如何评价？

3. 您认为微观的乡民文化与国家、民族宏大的历史和文化体系是一种什么关系？

4. 民俗学研究在当代社会能够发挥怎样的作用，或者说民俗学者应通过什么样的途径来确定自身和民俗学科的地位?

5. 民俗学研究成果作用于社会的途径有哪些, 民俗学者如何参与社会, 或者说民俗学应不应该有应用研究? 对一些民俗学者参与民俗文化的开发利用, 甚至走上政府、企业搭建的文化和经济舞台, 帮助政府和企业将民俗文化资源化等行为如何评价?

6. 您认为民俗文化当前的生存环境怎样?

7. 您认为政府通过评选"非遗""非遗传承人"等办法对保护和传承传统文化有效吗, 是否还有别的好办法?

8. 您认为民俗学研究与政治文化应保持什么样的关系, 在主流语境中如何保持民俗学研究的独立性?

9. 请介绍一下您的个人学术成长经历, 您的这些思想是怎样形成的(师承? 接受别的学者的观点? 自我逐渐形成? 或其他)。

10. 请您总结一下今天我们讨论"民俗学的当下意义"和"民俗价值观"这两个话题您的主要观点。

附录3：专家访谈确认表

专家访谈登记表

专家姓名	单位/职称/职务	访谈地点	访谈时间	专家签名
刘学迪	山东大学儒学高等研究院教授	北学国际饭店	2016.7.27 12:30 -16:30	刘学迪
刘铁梁	山东大学文化遗产研究院 教授	北京国际饭店	2016.7.27 17:00~18:30 19:30~24:30	刘铁梁
李松	文化部民族民间文艺发展中心 主任	朝阳科同发展中心数字平台	2016.7.28 15:00-16:50	李松
赵世瑜	北京大学历史系 教授	北京大学山西会馆	2016.7.29 9:00~11:50	赵世瑜
刘德龙	中国民俗学会副会长山东省民俗学会 会长	山东省民俗学会秘书处	2016.8.3 9:00-11:30	刘德龙
何晓铮	"非遗"传承人（山东窑瓶）山东陶瓷艺术学会会长	明湖花园研究	2016.8.4 13:00-15:00	何晓铮
范正安	国家级"非遗"（泰山皮影）传承人	泰山皮影剧场	2016.8.5 9:00~10:30	泰山皮影 范正安
田兆元	华东师范大学社会发展学院 民俗学研究所 教授	泰山宾大酒店 行程泰山会馆	2016.8.11.21:00 -8.12.0:30	田兆元
刘学斗	济南市民俗艺术馆馆长济南市民族文化艺术研究会副会长济南市民族艺术学校校长	济南市民俗艺术馆	2016.8.21 14:-16:00	刘学斗
高丙中	北京大学社会学系教授（北大美国访问）	微信语音高铁站天	2016.11.26 8:30~9:3	

（注：微信记者访谈尚老师拍录图）

专家访谈登记表

专家姓名	单位/职称/职务	访谈地点	访谈时间	专家签名
陈勤建	华东师范大学终身教授 汉语学院	绵师大语言	2016.8.24 13:30~15:30	陈勤建
乌丙安	辽宁大学 教授 中国民俗学会荣誉会长	乌先生 村上	2016.9.12 9:00~11:30	乌丙安
叶春生	中山大学教授 非物质遗产保护委员会主任	中大蒲园 叶先生村址	2016.9.18 16:00~17:30	叶春生
叶涛	中国社会科学院世界宗教研究所研究员	北京叶博 村址(社院)	2016.10.9 15:30~20:30	叶涛
刘锡诚	中国文学艺术界联合会 研究员 原中国非遗专家	北京银行 铜锣湾村	2016.10.10 8:50~9:10	刘锡诚
朝戈金	中国民俗学会会长 中国社科院民族文学所所长	社科院 1109(朝办)	2016.10.10 10:30~11:40	朝戈金
吴效群	河南大学文学院教授 北京中国民间文学周中	2016.10.27 12~14:00	2016.10.27 12:00~14:00	吴效群
张雅群	河南大学 教授	张先生 村上	2016.10.27 16:30~18:00	张雅群
刘魁立	中国民俗学会 原会长	中国艺术 研究院	2016.12.28 15:00~16:00	刘魁立
张士闪	山东大学非遗研究院 副院长，教授	山大非遗研究 院(知新楼)	2017.2.24 10:00~12:00	张士闪

后　记

这项成果，是我的博士学位论文。

四年过得真的很快，老师们的课还没听够，就快要毕业了！

这是我的真心话，以已经有了30年高校教学经历、12年的教授身份、50岁的"高龄"入学再次成为学生，是我人生中最重要、最特别的一段经历。

所以我要感谢山东大学文化遗产研究院和民俗研究所的老师们把我带进民俗学这个新的学术殿堂。学习期间，我听了很多老师的课，课堂笔记和同学们都可以证明，几年来我只缺过一次课，是因出国不得不请了一次刘宗迪教授课的假，其他的课程都是全勤。对此，张士闪教授还专门"表扬"我，说原以为你可能也就是意思意思、不一定真来听课，没想到你还这么认真。的确，对我来说，在自己教了三十年书后再以学生的身份进入课堂，真的是不一样的感受。刘铁梁教授、刘宗迪教授、张士闪教授等几位老师儒雅的风范、渊博的知识、娓娓道来的课堂风格，给了我很深的印象；而且几位教授的上课风格好像有一个共同的特点：几页PPT加娓娓道来的叙述，不知不觉把你带进民俗文化的时空中。他们上课的时候都是既有PPT课件，又有讲稿，但每一次下来，PPT只过了几页，讲稿几乎一页都没翻。在这样的课堂氛围中，带给人的真的是一种无法舍弃的享受。

感谢王加华教授、李浩副教授、刁统菊副教授、赵彦民副教授、龙圣副教授等，亦师亦友，都在学习和生活不同的领域给过我帮助。还有我的大学同学朱以青教授，她是《民俗研究》的编审，在为读博忙碌的咨询、报名、送材料等等烦琐的事务中，是她陪伴我走了很多路程。

感谢同门中的两位硕士小师妹厉彦萍、汪林林同学，是她俩帮我整理了 30 万字的访谈录音，减轻了我很多的压力。

Nvivo11 这个扎根理论的分析工具我实在是用不好，是我的学生、远在新西兰的易金博士不厌其烦地教我如何操作这样现代的分析工具，才使我顺利地完成了数据分析。

更要感谢那些接受我访谈的学界前辈们。访谈之前我跟几乎所有的前辈都未曾谋面，非常担心访谈是否能顺利进行。但访谈开始之后，每一位前辈的真诚接待和认真叙述，既让我非常感动，也更增加了我的信心。现任中国民俗学会会长朝戈金教授在中国社科院的办公室，前任中国民俗学会会长刘魁立先生在文化部艺术研究院的小会议室，乌丙安教授、叶春生教授和刘锡诚先生的家里，通过越洋电话连接到高丙中教授在美国的公寓，等等，都成为我访谈的"田野"；陈勤建教授牺牲休息时间中午 12 点就在华东师大的办公室等候；李松主任从贵州出差回来下飞机直奔办公室接受我访谈；因为下雨怕我没带雨伞，乌丙安教授提前半个多小时打着一把大伞在小区门前接我；田兆元教授从晚上九点到深夜两点陪着我在街边的小酒馆，一边吃饭一边接受访谈；叶涛教授在北京一个大商厦里的请我吃的特色小吃、吴效群教授在河南大学门口的小饭馆里请我吃的大碗面片、刘德龙主席的"八不食"孔子文化主题餐，还有赵世瑜教授在北师大小西门瑞草轩茶馆里的三年陈白茶等等。每一位前辈都给了我热情的接待，并不厌其烦地解释各种观点，真的让我无比感动。

有两位前辈的访谈过程让我终生难忘：叶春生教授和张振犁教授。

叶春生教授在我访谈前得了中风，活动不很方便，左耳朵听不太清楚。本来家人已经拒绝了我的访谈约请，但当我把访谈提纲通过短信发给叶教授的时候，他又让家人跟我联系，答应接受访谈。而最让我吃惊并感动的是，老先生竟然根据我的访谈提纲提前拟好了一份谈话提纲，叶夫人介绍说，叶先生对这次访谈非常重视，一是为了提高效率，二是怕脑子不好用，要提前把思路梳理好。所以用了整整一晚上的时间哆哆嗦嗦地写了一份谈话提纲。

我访谈张振犁教授的时候，张先生已经 92 岁高龄，通过吴效群教授联系其家人，说先生只能坚持半个小时，让我们一定注意。见到张先生时，看到老先生行动不便，只能坐在固定的椅子上，活动需要有人搀扶，耳朵也听不清楚，我的访谈内容完要靠吴教授"翻译"传达，所以当时也想半个小时虽短，但能够见到张先生也就算访谈到了。但老先生却对我的话题极感兴趣，我们问一句，然后老先生沿着自己的思路娓娓道来，有时也真的跑题老远，兴致一直很高，这样一直谈了将近两个小时，他的家人看着也说老先生好久没有这样高的兴致了！让我感叹的是：一位年近百岁的老学者、受人尊敬的老前辈，一直还念念不忘民俗学的人才培养。虽然访谈中学术话题的展开有点困难，但从张先生的谈话中，能够强烈地感觉到他老人家对民俗学发展前途的关心和担忧。

就是这些学术前辈们待人接物的儒雅和学术境界的高远，增加了我沿着这条道路走下去的决心。原本还有人向我建议，你还是选一个民俗旅游那样你熟悉和有积累的领域去写更容易，不要弄这么一个自讨苦吃的题目。通过访谈过程，我更加觉得这样的选择是对的，我愿为之付出！

要感谢的还有三位以民俗文化为职业的"非遗"传承人——何晓铮、范正安、刘学斌先生。何先生的家里、范先生的皮影剧场、刘先生的办公室以及他们的好茶，都给我留下了深刻印象。

不幸的是，在接受我访谈 3 个月后的 2016 年 11 月 26 日，何晓铮先生因病与世长辞，享年 77 岁。接受我的访谈，成为何先生最后的人生绝唱；而在我已经通过了博士学位论文答辩之后一个月的 2018 年 7 月 11 日，乌丙安先生也于德国柏林病逝，享年 90 岁，我们失去了一位尊敬的长辈。

作为一名"高龄"学生，虽然得到了很多不同寻常的快乐，但其中的心酸与辛苦也只有自己知道。多亏遇到了如同长辈的导师。所以，最后还是要再次表达对导师刘铁梁教授的感激之情，导师不嫌弃我这名"高龄"学生，对我的指导既认真又客气，让我深切感受到大学者的学术境界和品格风范。

王德刚

2018 年 8 月 18 日